A GUERRA NAS SOMBRAS

JIM SCIUTTO

ÂNCORA E CORRESPONDENTE-CHEFE DE SEGURANÇA NACIONAL DA CNN

A GUERRA NAS SOMBRAS

OPERAÇÕES SECRETAS DA
RÚSSIA E DA CHINA
PARA DERROTAR OS
ESTADOS UNIDOS

ALTA/CULT
EDITORA

Rio de Janeiro, 2021

A Guerra nas Sombras
Copyright © 2021 da Starlin Alta Editora e Consultoria Eireli. ISBN: 978-85-508-1580-0

Translated from original The Shadow War. Copyright © 2019 by Jim Sciutto. ISBN 978-0-06-285364-6. This translation is published and sold by permission of HarperCollins Publishers, the owner of all rights to publish and sell the same. PORTUGUESE language edition published by Starlin Alta Editora e Consultoria Eireli, Copyright © 2021 by Starlin Alta Editora e Consultoria Eireli.

Todos os direitos estão reservados e protegidos por Lei. Nenhuma parte deste livro, sem autorização prévia por escrito da editora, poderá ser reproduzida ou transmitida. A violação dos Direitos Autorais é crime estabelecido na Lei nº 9.610/98 e com punição de acordo com o artigo 184 do Código Penal.

A editora não se responsabiliza pelo conteúdo da obra, formulada exclusivamente pelo(s) autor(es).

Marcas Registradas: Todos os termos mencionados e reconhecidos como Marca Registrada e/ou Comercial são de responsabilidade de seus proprietários. A editora informa não estar associada a nenhum produto e/ou fornecedor apresentado no livro.

Impresso no Brasil — 1ª Edição, 2021 — Edição revisada conforme o Acordo Ortográfico da Língua Portuguesa de 2009.

Produção Editorial
Editora Alta Books

Gerência Editorial
Anderson Vieira

Gerência Comercial
Daniele Fonseca

Equipe Editorial
Ian Verçosa
Illysabelle Trajano
Luana Goulart
Maria de Lourdes Borges
Raquel Porto

Tradução
Carolina Gaio

Copidesque
Alessandro Thomé

Produtor Editorial
Thiê Alves

Rodrigo Ramos
Thales Silva

Revisão Gramatical
Hellen Suzuki
Thaís Pol

Coordenação de Eventos
Viviane Paiva
eventos@altabooks.com.br

Assistente Comercial
Filipe Amorim
vendas.corporativas@altabooks.com.br

Equipe de Design
Larissa Lima
Marcelli Ferreira
Paulo Gomes

Diagramação
Lucia Quaresma

Editor de Aquisição
José Rugeri
j.rugeri@altabooks.com.br

Equipe de Marketing
Livia Carvalho
Gabriela Carvalho
marketing@altabooks.com.br

Equipe Comercial
Daiana Costa
Daniel Leal
Kaique Luiz
Tairone Oliveira
Vanessa Leite

Capa
Larissa Lima

Publique seu livro com a Alta Books. Para mais informações envie um e-mail para autoria@altabooks.com.br

Obra disponível para venda corporativa e/ou personalizada. Para mais informações, fale com projetos@altabooks.com.br

Erratas e arquivos de apoio: No site da editora relatamos, com a devida correção, qualquer erro encontrado em nossos livros, bem como disponibilizamos arquivos de apoio se aplicáveis à obra em questão.
Acesse o site **www.altabooks.com.br** e procure pelo título do livro desejado para ter acesso às erratas, aos arquivos de apoio e/ou a outros conteúdos aplicáveis à obra.

Suporte Técnico: A obra é comercializada na forma em que está, sem direito a suporte técnico ou orientação pessoal/exclusiva ao leitor.

A editora não se responsabiliza pela manutenção, atualização e idioma dos sites referidos pelos autores nesta obra.

Ouvidoria: ouvidoria@altabooks.com.br

```
Dados Internacionais de Catalogação na Publicação (CIP) de acordo com ISBD

S436g    Sciutto, Jim
            A Guerra nas Sombras: Operações Secretas da Rússia e da China para
         Derrotar os Estados Unidos / Jim Sciutto ; traduzido por Carolina Gaio. - Rio
         de Janeiro : Alta Books, 2021.
            320 p. ; 16cm x 23cm.

            Inclui índice.
            ISBN: 978-85-508-1580-0

            1. Geopolítica. 2. Rússia. 3. China. 4. Estados Unidos. I. Gaio, Carolina.
         II. Título.

2021-66                                                           CDD 320.12
                                                                  CDU 911.3:32

            Elaborado por Vagner Rodolfo da Silva - CRB-8/9410
```

Rua Viúva Cláudio, 291 — Bairro Industrial do Jacaré
CEP: 20.970-281 — Rio de Janeiro (RJ)
Tels.: (21) 3278-8069 / 3278-8419
www.altabooks.com.br — altabooks@altabooks.com.br
www.facebook.com/altabooks — www.instagram.com/altabooks

Para Gloria, Tristan, Caden e Sinclair

Em memória de meus pais, Ernest e Elizabeth Sciutto

AGRADECIMENTOS

Este livro se baseia na crítica perspicaz, honesta e, em alguns casos, consciente de líderes de inteligência, militares e políticos dos Estados Unidos e da Europa. Agradeço ao ex-DNI James Clapper; ao ex-diretor da NSA e da CIA Michael Hayden; ao ex-secretário de defesa Ashton Carter; ao ex-vice-secretário de defesa Bob Work; ao ex-chefe do MI6 John Scarlett; ao ex-vice-diretor da NSA Rick Ledgett; ao ex-chefe do FBI Bob Anderson; ao general John Hyten, atual chefe do Comando Estratégico; ao ex-chefe de Comando Espacial da Força Aérea dos EUA general William Shelton; ao ex-assessor de Segurança Nacional Tom Donilon; e ao ex-embaixador dos EUA na Ucrânia (e atual embaixador na Grécia) Geoffrey Pyatt. Na Estônia, a presidente Kersti Kaljulaid, o ministro das Relações Exteriores, Sven Mikser, e o ex-ministro da Defesa, Jaak Aaviksoo, me apresentaram generosamente à experiência, muitas vezes chocante, das relações de seu país com seu vizinho gigante do leste. Alexander Hug, até pouco tempo integrante da OSCE, fez-me um relato único do abate do MH17 sobre a Ucrânia, que ainda é um dos atos mais chocantes da Guerra nas Sombras. O capitão da Marinha dos EUA, Ollie Lewis, agora membro do Estado-maior Conjunto e ex-comodoro do Esquadrão Submarino 12, me deu informações fundamentais sobre o papel vital dos submarinos em um novo "grande jogo" sob as ondas.

Preciso agradecer à CNN por me enviar em uma série de missões pelo mundo — da Ucrânia ao Mar da China Meridional e ao Ártico —, pelas comunidades de defesa e inteligência dos EUA, o que abriu meus olhos para a Guerra nas Sombras. Jeff Zucker, Rick Davis e Allison Gollust me apoiaram desde o início, mesmo em meio ao infindo ciclo nacional de notícias. Um agradecimento especial a minha produtora de longa data, Jennifer Rizzo, que me acompanhou nas linhas de frente desse conflito, incluindo vários lugares em que não fomos bem-vindos.

Agradeço a Gail Ross, da Agência Ross Yoon, por ajudar a transformar uma questão complexa em uma história que vale a pena contar; e a Eric Nelson, da HarperCollins, por considerá-la e apoiá-la completamente.

Em toda parada de minha saga global pela Guerra nas Sombras, encontrei militares e funcionários públicos dos EUA dedicando a vida à promoção dos interesses do país e o defendendo de uma série de ameaças de nossos dias. Na Guerra nas Sombras, esses norte-americanos são, ao mesmo tempo, humanos e gladiadores; porém seus papéis, essenciais à proteção dos Estados Unidos, são desconhecidos.

Uma atenção especial vai para as equipes que abriram suas portas para mim, com generosidade e honestidade. Aos comandantes e às tripulações do *USS Hartford* e do *USS Missouri*, obrigado por me receberem a bordo. E a todos os submarinistas, obrigado por se sacrificarem tanto. Vocês não são chamados de "serviço silencioso" só por se esconderem de adversários sob as ondas, mas por fazerem sacrifícios que a maioria dos norte-americanos nem sequer conhece. Como filho de militar da Marinha, ser membro da "Order of the Blue Nose", ou seja, reconhecido como marinheiro que cruzou o Círculo Polar Ártico, é uma grande honra.

Quero agradecer à Marinha dos EUA e ao esquadrão de patrulha marítima VP-45 (os "pelicans" [pelicanos]) por convidar meus colegas da CNN a bordo de uma aeronave de vigilância P-8 Poseidon sobre o Mar da China Meridional — a primeira vez que jornalistas foram autorizados em uma missão operacional do P-8. Seus pilotos e suas tripulações de voo conseguem ser tranquilos, gente boa e comedidos em um ambiente de tensão extrema.

O Comando Espacial da Força Aérea dos EUA abriu suas portas para mim e para meus colegas da CNN em várias bases em todo o país e, ao fazê-lo, me apresentou ao iminente conflito no espaço e aos "guerreiros espaciais" que se preparavam para ele. Eles realmente cumprem seu lema: "Guardiões da Alta Fronteira." Sou particularmente grato aos homens e às mulheres da Base da Força Aérea de Schriever e da Base Aérea de Peterson, em Colorado Springs, Colorado; da Base da Força Aérea Buckley, em Aurora, Colorado; da Vandenberg AFB, na Califórnia; e da Offutt AFB, em Nebraska, sede do Comando Estratégico dos EUA. Agradeço também às unidades altamente capacitadas na linha de frente desse conflito, incluindo a 50ª Ala Espacial da Base Aérea Schriever, conhecida como "Masters of Space", e a 460ª Ala Espacial da Base Aérea de Buckley.

A AGI (Analytical Graphics, Inc.) nos recebeu em seu amplo centro de operações fora da Filadélfia e compartilhou análises e ideias ao longo deste projeto, para me manter atualizado sobre as últimas atividades russas e chinesas no espaço. Agradecimentos especiais vão para Paul Graziani, CEO da AGI, e para Bob Hall.

A NSA recebeu minha equipe no Centro de Operações de Ameaças Cibernéticas (NCTOC, da sigla em inglês) da agência, descrito como a alma de sua "missão de operações de segurança cibernética 24/7/365". Dentro da NCTOC, percebi que essa era uma descrição precisa para a batalha espacial, na qual os ataques acontecem aos milhares todos os dias.

A Agência de Inteligência da Defesa concedeu, aos meus colegas da CNN e a mim, acesso ao seu Centro de Inteligência de Mísseis e Espaço, em Huntsville, Alabama, algo raríssimo. A área de Huntsville está se infiltrando na história do programa espacial dos EUA, com alguns de seus lendários foguetes organizados em um horizonte de outro mundo. Os homens e as mulheres do MSIC foram os especialistas altamente bem preparados que determinaram, em poucas horas, que foi um foguete russo, disparado de território controlado pela Rússia, que derrubou o voo MH17 sobre a Ucrânia.

Bob Anderson, ex-diretor assistente executivo da divisão Criminal, Cibernética, de Resposta e Serviços do FBI, expôs claramente o constante roubo de segredos de segurança nacional da China e a extensão e agressividade de suas iniciativas generalizadas para debilitar os EUA.

Andrew Erickson, professor de estratégia da Escola de Guerra Naval dos EUA, fez uma análise perspicaz e precisa da estratégia da China para a Guerra nas Sombras muito além do Mar do Sul da China. De maneira reveladora, Erickson traça os fundamentos históricos dos objetivos de Pequim até a fundação da China comunista.

Austin Lowe, analista da China e linguista mestre em Estudos Asiáticos pela Walsh School of Foreign Affairs, da Georgetown University, e bacharel em Línguas e Culturas da Ásia Oriental pela Columbia (e que, aliás, é meu sobrinho), fez uma análise e uma pesquisa essenciais sobre a China. O tempo em que viveu e estudou no continente fez toda a diferença.

CrowdStrike e FireEye compartilharam em primeira mão informações sobre suas experiências, para ajudar a acompanhar e explicar a interferência russa nas eleições de 2016.

AGRADECIMENTOS

Meus sinceros agradecimentos a Julie Tate, por sua ajuda na verificação dos fatos. Por fim, e o principal, este livro não teria se concretizado sem o apoio de minha família. Agradeço a minha esposa, Gloria Riviera, que acreditou neste livro desde a concepção das ideias até a conclusão e ajudou a transformar algumas das primeiras cópias imprecisas em uma história interessante. Quero agradecer também a nossos filhos, Tristan, Caden e Sinclair. Nossa família já me dá forças para lidar com a demanda diária de cobrir as notícias, então poder me entregar às cerca de 90 mil palavras sobre as complexidades das guerras modernas foi um grande presente. Um brinde às aventuras que viveremos ao redor do mundo pelos próximos anos.

Jim Sciutto
Washington, D.C.
Fevereiro de 2019

SUMÁRIO

CAPÍTULO 1	Nas Sombras da Guerra	1
CAPÍTULO 2	Abrir Fogo	21
CAPÍTULO 3	Segredos Roubados	43
CAPÍTULO 4	Soldadinhos Verdes	65
CAPÍTULO 5	Porta-aviões Inafundáveis	111
CAPÍTULO 6	A Guerra no Espaço	147
CAPÍTULO 7	Hackeando as Eleições	191
CAPÍTULO 8	A Guerra Submarina	221
CAPÍTULO 9	Vencendo a Guerra nas Sombras	255
	Epílogo	285
	Notas	291
	Índice	297
	Sobre o Autor	303

CAPÍTULO 1

Nas Sombras da Guerra

O alto funcionário do governo ficava quieto sempre que o garçom se aproximava da mesa, esperando ele se afastar para retomar o assunto. Ele foi minha fonte mais difícil de conhecer. Era eu quem o procurava, e, na maioria das vezes, recebia uma resposta negativa, quando recebia. Desta vez, no entanto, ele havia solicitado a reunião. Como se mostrava muito discreto, eu sabia que tinha algo a dizer. Sua escolha para o almoço foi estranha para uma conversa particular. O Café Milano é uma caricatura dos restaurantes seletos de Washington: comida e carta de vinhos caras demais, equipe subserviente e uma clientela composta de figurões de Washington e corretores internacionais de energia. E, no entanto, ali estávamos nós, discutindo o que era, sem dúvida, a operação mais audaciosa e assustadora da Rússia no exterior desde a Guerra Fria.

Minha fonte me disse que a inteligência ocidental estava muito confiante de que o próprio Vladimir Putin havia mandado e coordenado o envenenamento do ex-agente da KGB Sergei Skripal e de sua filha, Yulia, em Salisbury, Inglaterra, no início daquela primavera. A tentativa de assassinato com o poderoso agente nervoso produzido na Rússia, o

Novichok, chocou o Reino Unido e a Europa. O uso de Novichok foi particularmente alarmante. Mais letal do que o VX, o agente nervoso mais poderoso de todos os tempos do arsenal norte-americano, que fora banido por décadas, o Novichok destrói os sinais nervosos de todo o corpo, causando contrações musculares repetidas e incontroláveis. As vítimas têm convulsões dolorosas, vômitos e espumam pela boca, mesma forma como testemunhas encontraram os Skripals naquele dia em um banco de um parque em Salisbury. Nos meses seguintes ao ataque, todas as autoridades europeias que conheci o descreveram em termos assustadores. Ao realizar uma operação potencialmente letal no solo de um aliado da OTAN, argumentavam, a Rússia estabeleceu um padrão novo e assustador para suas atividades malignas no exterior.

As agências de inteligência do Ocidente logo supuseram que tal operação não poderia ter acontecido sem o conhecimento dos altos líderes russos, e, no alto do Kremlin, Putin era o único grande líder que importava. No entanto, uma ordem direta do presidente russo para assassinar alguém em solo britânico elevaria as apostas, e minha fonte me dissera que as agências de inteligência ocidentais concluíram que era "altamente provável" que Putin tivesse feito isso. Com a operação Skripal, Putin parecia ter enviado duas mensagens ousadas: aos britânicos e, mais amplamente, ao Ocidente, de que ele não via limites territoriais para as ações violentas da Rússia no exterior; e aos dissidentes russos e outros críticos, a de que eles não estavam seguros em nenhum lugar do mundo.

Meu contato se inclinou para compartilhar mais um detalhe perturbador: investigadores britânicos determinaram que os dois agentes da inteligência militar russa que realizaram a operação levaram o Novichok à Grã-Bretanha para matar milhares de pessoas.

"Milhares?", perguntei, para confirmar.

"Sim, milhares", repetiu ele.

A inteligência ocidental não acreditava que a equipe russa de ataque planejasse matar milhares de cidadãos, mas o descaramento de transportar uma substância extremamente perigosa, em uma quantidade tão imensa, no Reino Unido surpreendeu os líderes ocidentais. Até mesmo uma pequena quantidade de Novichok acarretaria enormes riscos para quem entrasse em contato com ele. Isso ficou claro quando dois moradores de Salisbury, sem conexão com os Skripals — Charlie Rowley e Dawn Sturgess —, encontraram um frasco da substância inocentemente disfarçado de perfume Nina Ricci, descartado na tentativa de assassinato dos Skripals. Depois de pulverizar a substância no punho, acreditando ser perfume, Sturgess ficou doente em poucos minutos e morreu em dias; Rowley sobreviveu por pouco. Skripal e sua filha sobreviveram também, mas depois de semanas hospitalizados. O contrabando de enormes quantidades de Novichok para o Reino Unido aumentou o risco de mais baixas. Moscou parecia nem se importar e, principalmente, não dar a mínima para a reação da Grã-Bretanha e do restante do Ocidente. Aquele foi um grave ataque com armas químicas ao Ocidente pela Rússia. Foi sem precedentes. Será?

Tão chocante quanto o envenenamento de Skripal era o fato de que nenhum detalhe me era estranho. Doze anos antes, quando estava em Londres como principal correspondente estrangeiro da ABC News, cobri o assassinato do dissidente russo Alexander Litvinenko. Em uma trama que parecia ter saído das páginas de um romance de John le Carré, dois agentes russos envenenaram Litvinenko com polônio-210 radioativo em sua xícara de chá. Uma partícula da substância é poderosa o suficiente para matar várias pessoas, e sua radioatividade é tão forte que os investigadores britânicos conseguiram rastrear todo o caminho até a Grã-Bretanha, dos assentos 26E e 26F no jato russo em que os dois agentes tinham voado para Londres a seu quarto no hotel Best Western, na Shaftesbury Avenue, em Piccadilly, para o estádio de futebol do Arsenal, onde assistiram a uma partida, ao restaurante japonês Itsu, onde conheceram Litvinenko, até o Pine Bar do Millennium Hotel, em Mayfair, onde lhe deram a dose letal.

O alvo e a arma eram diferentes dos usados no envenenamento de Sergei Skripal, mas o padrão era o mesmo: um assassinato extraterritorial — este, com sucesso — de um homem que o Kremlin via como inimigo do Estado. Como Skripal, Litvinenko era ex-agente do FSB, o sucessor da KGB. Ele fora expulso do FSB em 1998, depois de fazer denúncias públicas de atividades ilegais realizadas pelos serviços de inteligência russos. Sua acusação mais bombástica saiu em um livro afirmando que fora o presidente russo quem promoveu uma série de ataques terroristas a prédios residenciais de Moscou em 1999, e não os terroristas chechenos, que o Kremlin responsabilizara. O objetivo: garantir a eleição de Putin em 2000 e justificar a segunda intervenção militar da Rússia na Chechênia.

Em 2000, Litvinenko fugiu da Rússia, com sua esposa e seu filho, para o Reino Unido, onde pediu asilo político. Um ano depois, recebeu o asilo e se tornou cidadão britânico. Em sua nova casa, no Ocidente, em um aliado da OTAN, ele pensou que estaria seguro, e continuou seu trabalho expondo o que alegou serem crimes da liderança russa. Ele se aliou a outro dissidente russo em Londres, e crítico de Putin, Boris Berezovsky. Pouco antes de sua morte, Litvinenko acusou Putin de ordenar o assassinato, em 2006, da jornalista russa Anna Politkovskaya. No final, ele, como Skripal, ainda estava ao alcance do FSB.

A operação de 2006 foi excepcionalmente ousada. O hotel onde Litvinenko foi envenenado — o Millennium — ficava a apenas meio quarteirão da embaixada dos EUA em Londres. Mais alarmante, a arma era extremamente poderosa. Na época, autoridades britânicas, alarmadas, descreveram-no para mim como o primeiro ataque de armas químicas do país, comparando-o com a detonação de uma bomba suja nas ruas de Londres. E, como aconteceu com o envenenamento de Skripal, os agentes russos colocaram milhares de pessoas em perigo.

"Milhares de civis, incluindo residentes britânicos e visitantes, estão em risco de exposição à radioatividade", disse um advogado investigador do inquérito britânico sobre o envenenamento de 2016.

Na sequência do ataque, as autoridades britânicas testaram contaminação em cerca de 800 pessoas, e foram encontradas dezenas com altas doses de radiação. Algumas, como a esposa e o filho de Litvinenko, foram contaminadas ao entrar em contato direto com ele. A partir desses e de outros civis contaminados, a radiação se espalhou como um surto epidêmico de um patógeno letal. Pessoas que tiveram apenas um contato passageiro com sua família também foram contaminadas, assim como aquelas que entraram em contato com essas vítimas secundárias. A teia de contatos primários, secundários, terciários, e assim por diante, cresceria, atingindo centenas.

Cobrindo a história, também me tornei uma vítima em potencial. Como em minhas reportagens eu visitara muitos dos locais em que se acreditava que Litvinenko fora exposto ao polônio-210, incluindo o restaurante japonês Itsu e o Millennium Hotel, a ABC News me enviou para exames de radiação. Os detalhes do processo são grosseiros, mas envolviam beber contraste, muita água e enviar galões de amostras de urina, para detectar a contaminação radioativa. Foram dias tensos para mim e minha esposa, apenas alguns meses após nos casarmos. Felizmente, minhas amostras deram negativo.

Ainda assim, em seu discurso de encerramento do inquérito britânico, um advogado que representava a polícia de Londres descreveu a trama como "um ataque nuclear nas ruas de Londres".

"Quem se mete em um esquema para levar o polônio-210 ao centro da cidade não tem um pingo de consideração pela vida humana", declarou Richard Horwell. "Nunca saberemos os perigos da exposição do grande público ao polônio e quais efeitos de longo prazo visitarão os londrinos."[1]

O polônio-210 é uma arma vil de assassinato, que encobre bem o crime. Um especialista nuclear que testemunhou o inquérito britânico traçou a origem da substância até uma instalação nuclear russa na cidade de Sarov, quilômetros ao sul de Moscou, e os investigadores descobriram traços dele em todos os lugares nos quais os suspeitos tinham ido, conferindo uma teia indelével de impressões digitais radioativas. As maiores concentrações foram encontradas na mesa do Pine Bar, do Millennium Hotel, onde Litvinenko e seus supostos assassinos, Andrei Lugovoy e Dmitry Kovtun, encontraram-se para o chá, contaminado ainda dentro do bule.

No entanto, apesar das nítidas evidências, a Grã-Bretanha levaria uma década inteira para culpar oficialmente a Rússia pelo envenenamento. Um inquérito público de 2016 concluiu o que a inteligência ocidental avaliou nas semanas seguintes ao ataque: que a Rússia ordenara o assassinato de Litvinenko, enviando dois agentes, um deles ex-guarda-costas da KGB, para envenená-lo com polônio-210, proveniente de um reator nuclear russo. Como ocorreu com Skripal, tal operação, descobriu a investigação, provavelmente fora ordenada pelo próprio Putin.

Sir Robert Owen, que liderou o inquérito, concluiu: "Tenho certeza de que o Sr. Lugovoy e o Sr. Kovtun colocaram o polônio-210 no bule de chá no Pine Bar, em 1º de novembro de 2006. Também tenho certeza de que fizeram isso com a intenção de envenenar o Sr. Litvinenko."[2]

Em 2006, 12 anos antes de o envenenamento de Skripal alarmar o mundo, o Kremlin já calculara que poderia se livrar do assassinato em solo ocidental, o que, em grande parte, se provou correto. A resposta tardia da Grã-Bretanha foi expulsar quatro diplomatas russos, uma década após a morte de Litvinenko. Em 2017, sob a Lei Magnitsky, o Congresso impôs sanções a Lugovoy, único cidadão russo a ser alvo dos Estados Unidos. As penalidades para a operação de 2006 — delicadamente avaliadas e adiadas — foram claramente insuficientes para mudar o comportamento russo, talvez lançando as bases para uma repetição nas ruas de Salisbury, em 2018. Para acrescentar um insulto às graves lesões, Lugovoy foi eleito membro do estado russo Duma, onde serve até hoje.

Duas operações mortíferas em solo ocidental, com armas que ameaçaram a vida de milhares de pessoas, realizadas sob ordem do presidente russo, com 12 anos de intervalo. Para a Rússia, é difícil identificar um único ataque como o lançar fogo de sua Guerra nas Sombras contra o Ocidente. Porém os acontecimentos da última década mostraram duas frentes coerentes e perturbadoras: a crescente agressividade russa e as persistentes ilusões ocidentais sobre suas intenções. O mesmo padrão é perceptível na China, que lançou as próprias batalhas inaugurais em outra, talvez mais perigosa, Guerra nas Sombras contra os Estados Unidos.

Para a Rússia, os meses que se seguiram ao assassinato de Litvinenko acarretaram uma série de atos hostis, de audácia cada vez mais acentuada: seu ciberataque à Estônia em 2007, sua invasão à Geórgia em 2008. Em fevereiro de 2014, a Rússia invadiu e anexou a Crimeia, na Ucrânia, segmentando uma nação europeia soberana sem disparar um tiro. Logo depois, lançou uma guerra no leste da Ucrânia, armando "voluntários" para combater as Forças Armadas ucranianas e desestabilizar ainda mais o país. No ciberespaço, de 2014 a 2015, a Rússia realizou um longo e expansivo ataque ao sistema de e-mail do Departamento de Estado dos EUA — uma operação que funcionários da Agência de Segurança Nacional identificaram como um precursor dos ciberataques da eleição presidencial de 2016. A interferência da Rússia em 2016 levou sua atividade hostil a um novo nível de agressão, descrito como um ataque surpresa à democracia norte-americana — um "Pearl Harbor político", que chegou sem aviso e, portanto, compreensivelmente, pegou a comunidade de Segurança Nacional desprevenida. Mas, na verdade, houve vários alertas, antes de 2016, de uma nova e agressiva estratégia russa para minar o país aos poucos, com uma combinação de potência coercitiva e poder branco.

A China, outro grande concorrente dos EUA em nível internacional, seguia uma estratégia semelhante, talvez mais sutil, mas não menos agressiva. Em meados dos anos 2000, o esforço nacional da China para roubar a tecnologia e os segredos de Estado dos EUA já estava em alta velocidade e registrava sucessos alarmantes nos setores público e privado. Em 2014, a China desafiou tanto o direito internacional quanto as leis da física para produzir um território soberano no meio do Mar do Sul da China, iniciando a construção de uma série de ilhas artificiais em águas reivindicadas por vários de seus vizinhos do sudeste asiático. A China também estava expandindo suas forças e bases militares de dentro das ondas até o espaço, com a intenção expressa de superar os Estados Unidos e, se necessário, derrotá-los em uma guerra.

Dentro do governo dos EUA e da comunidade de inteligência, inicialmente, essas investidas bárbaras foram negligenciadas e, depois, subestimadas. Autoridades norte-americanas, lideradas pelo presidente Barack Obama, aceitaram as garantias da China de não militarização de suas ilhas artificiais no Mar da China Meridional — garantias que Pequim renegou quase que no ato. Mais tarde, Obama aceitaria as garantias chinesas de que Pequim reduziria o roubo cibernético dos segredos corporativos dos EUA, atividades maliciosas que continuam desenfreadas e brutais nos dias de hoje. Mesmo depois de, finalmente, reconhecer esses atos de agressão, muitas autoridades dos EUA e especialistas em suas políticas continuaram a encará-los como fugazes e reversíveis.

Quanto à Rússia, os sucessivos líderes dos EUA persistiram na convicção de que tudo ficaria bem, atendo-se aos pontos em que seus antecessores fracassaram. O malfadado "reset" do governo Obama com a Rússia ocorreu poucos meses após sua invasão à Geórgia. A imagem da então secretária de Estado, Hillary Clinton, apresentando seu homólogo da Rússia, o ministro das Relações Exteriores Sergei Lavrov, com um botão vermelho de reset em Genebra sobreviveu por muito tempo como um símbolo da péssima interpretação que o Ocidente faz de Moscou. Os hackers russos controlaram a rede de e-mails do Departamento de Estado meses antes de serem detectados. Mais tarde, nenhuma agência de inteligência dos EUA previu a anexação da Crimeia pela Rússia.

A visão desdenhosa que o governo Obama tinha do Kremlin persistiria até quase o final de seu mandato. Na cúpula do G7, em 2014, Obama relegou a Rússia ao status de "poder regional", dizendo que suas ambições territoriais "pertenciam ao século XIX". Seus comentários de 2014 ecoaram seu desdém pelas prioridades da política externa de Mitt Romney no debate presidencial de outubro de 2012: "Quando lhe perguntaram qual era a maior ameaça geopolítica enfrentada pelos EUA, você disse Rússia, não Al-Qaeda. Você disse que a Rússia e a década de 1980 estão pedindo a devolução de sua política externa, porque a Guerra Fria acabou há 20 anos."

A resposta de Romney a Obama agora parece presciente. "A Rússia indicou que é um inimigo geopolítico", disse ele. "Não usarei lentes cor-de-rosa quando se trata da Rússia ou do Sr. Putin."

No entanto, em 2016, o desprezo de Obama foi substituído pela visão cor-de-rosa do próprio presidente Donald Trump sobre Moscou e Putin. Se o período que antecedeu 2016 foi dividido entre alertas despercebidos e reações hesitantes, com sua resposta à interferência da Rússia na eleição presidencial de 2016, os Estados Unidos correm o risco de passar da inércia equivocada para a negligência voluntária.

No centro desses reiterados erros cometidos por ambas as administrações, havia uma impressão errônea das metas e intenções russas e chinesas, marcadas pela esperança — em última análise, falsa — de que os interesses da Rússia e da China estariam alinhados com os dos EUA.

"Conheci Vladimir Putin na década de 1990", disse Ashton Carter, que serviu como secretário de defesa de 2015 a 2017, e como oficial da defesa na década de 1990. "Ficou claro para mim, mas não para todos da defesa e nem, sem dúvida, para a comunidade estratégica, que Vladimir Putin [...] estabeleceu o objetivo de arruinar o Ocidente em si. E isso era uma barreira intransponível para lidar com ele de forma construtiva."

Carter diz que a visão predominante do governo dos EUA sobre a China sofreu de uma situação análoga ao espelhamento.

"A China, que, na década de 1990, achamos que pelo menos se dedicaria a um maior envolvimento com o sistema de segurança que os EUA criaram e de que se beneficiara", disse Carter, "na verdade, assumiu uma postura de conquistar um lugar ao sol para o Reino do Meio".

Além do equívoco fundamental em relação às intenções dos adversários dos EUA, não houve uma percepção da mudança crucial sobre o que a Rússia e a China estavam dispostas a fazer para atingir suas metas — e em como o fariam. Com efeito, os principais adversários dos EUA conceberam — e, então, empreenderam — um tipo inteiramente novo de guerra no Ocidente, com foco nos Estados Unidos.

Hoje, as principais autoridades de segurança nacional dos EUA, que lideram a instituição, após essa ameaça ter tomado corpo, reconhecem que não entenderam a profundidade e a amplitude do que agora identificam como a maior ameaça à segurança nacional dos EUA.

"Precisamos estudar suas táticas a fundo, porque, obviamente, não estamos preparados", disse-me o general Michael Hayden, diretor da CIA de 2006 a 2009. "Entendo de combate aéreo. E de ataques de segundo e terceiro escalão, porque temos que saber, mas não usamos isso."

"Isso" é a guerra híbrida, em suma, uma estratégia de atacar um adversário ficando logo abaixo do limiar da guerra convencional — o que os comandantes e estrategistas militares chamam de "zona cinzenta" — e usando uma série de táticas de poder branco: de ciberataques a infraestruturas críticas, para ameaçar ativos espaciais, a operações de informação destinadas a desencadear a divisão doméstica, a aquisições territoriais logo após uma invasão formal. Essa é uma guerra conduzida pelas sombras — uma Guerra nas Sombras —, embora suas consequências sejam tão concretas e duradouras quanto as da guerra completa.

Este livro conta o que aconteceu quando os inimigos do Ocidente perceberam que, embora seja improvável ganharem uma guerra a ferro e fogo, eles têm meios de vencer. O Ocidente se condicionou a interpretar mal o que seus inimigos fazem, a ver suas ações através das lentes do passado. Com frequência, as motivações russas e chinesas são mal interpretadas, seus objetivos são mal interpretados; e as consequências de longo prazo, também. Além disso, Rússia e China estão minando ou transformando em fraquezas o que o Ocidente vê como seus maiores pontos fortes: sociedades abertas, inovação militar, domínio da tecnologia na Terra e no espaço e liderança de longa data em instituições globais.

Os Estados Unidos precisam de um novo guia para o conflito internacional, porque os métodos antigos não estão funcionando. É como se a China e a Rússia tivessem iniciado uma nova Guerra Fria que ninguém notou. As táticas são novas e estão em constante transformação, mas as metas são as mesmas. Esses países querem se tornar soberanos no cenário mundial enfraquecendo e desestabilizando o Ocidente, seus aliados e os sistemas dos quais dependem. Esses dois adversários também estão pastoreando outros países, com o Irã e a Coreia do Norte encabeçando a jornada. A mira não está só sob os Estados Unidos: todas as nações que não os auxiliam são alvos em potencial.

Em algum momento, os Estados Unidos entenderão essa Guerra nas Sombras como seu principal problema de política externa, embora a maioria dos cidadãos norte-americanos ainda não saiba de nada disso. Quanto mais cedo tal guerra se tornar foco de debates políticos e reuniões internacionais, mais brilhante — e seguro — será o futuro do Ocidente.

———

A Guerra nas Sombras não é resultado de um plano secreto, espreitando nas vielas dos serviços de inteligência russos e chineses. Tanto a tática quanto o pensamento por trás dela se ocultaram. Em fevereiro de 2013, o general Valery Gerasimov, chefe do Estado-maior da Federação Russa, detalhou a estratégia de seu país em um ensaio, para quem quisesse ver no semanal *Military-Industrial Kurier*.

"No século XXI, vimos uma tendência a embaçar as fronteiras entre os estados de guerra e paz", escreveu Gerasimov no artigo intitulado, de forma um tanto ingênua, "O valor da ciência está na previsão". "As guerras não são mais declaradas, e, tendo começado, avançam seguindo um modelo desconhecido."[3]

Embora Gerasimov estivesse ostensivamente descrevendo como a Rússia acreditava que seus adversários estavam conduzindo a guerra na era moderna, seu ensaio definia a própria estratégia russa de travar guerra contra seus adversários, principalmente os Estados Unidos, formando a base daquilo a que os oficiais de inteligência ocidentais agora se referem como a "Doutrina Gerasimov", englobando métodos militares e não militares.

"As próprias 'regras da guerra' mudaram", escreveu ele. "O papel dos meios não militares para alcançar objetivos políticos e estratégicos cresceu, e, em muitos casos, tais meios excederam o poder [...] das armas em eficácia."[4]

Para um alto comandante russo traçando a estratégia militar de seu país em um fórum público, Gerasimov era extraordinariamente específico, identificando as táticas exatas que a Rússia empregaria no próximo ano na Crimeia e no leste da Ucrânia, incluindo forças especiais que se apresentavam como alheias aos soldados da Federação Russa.

"O uso aberto de forças — muitas vezes sob o disfarce de manutenção de paz e regulação de crises — é empregado apenas em um determinado estágio, para alcançar o sucesso derradeiro no conflito", escreveu Gerasimov.

Eram os "homenzinhos verdes" que apareciam nas ruas da Crimeia, aparentemente, a pedido dos russos étnicos, temendo os ataques dos compatriotas, cidadãos ucranianos. Hoje, o general Hayden vê o ensaio de Gerasimov, em toda sua franqueza e clareza, como um dos mais óbvios alertas perdidos.

"Esse foi um ataque contra uma fraqueza inédita, de uma direção inesperada", disse Hayden. "Inesperado porque estamos olhando para o lado errado, enquanto Gerasimov — embora tenha escrito, não o lemos, realmente — foi certeiro."

A doutrina da guerra híbrida da China — sua estratégia para vencer na zona cinzenta — tem um nome diferente: "vencer sem lutar", ou o que a Estratégia de Segurança Nacional dos EUA de 2017 descreve como "competição contínua", com os dois lados nem em paz nem em guerra. Suas ilhas artificiais no Mar do Sul da China são exemplos dessa estratégia em ação. Como a Rússia na Crimeia, a China conseguiu assegurar a soberania territorial em águas disputadas sem disparar um tiro.

No entanto, autoridades dos EUA com experiência direta em confrontos com a inteligência chinesa alertaram que Pequim não se esquiva de conflito e violência que julga necessários. Bob Anderson liderou a divisão de contrainteligência do FBI até 2015, e identificou e capturou dezenas de espiões chineses operando dentro dos Estados Unidos.

"Os chineses são até mais cruéis do que os russos", disse-me Anderson. "Eles vão matar pessoas num piscar de olhos. Vão matar famílias num piscar de olhos. Farão isso silenciosamente dentro da China ou em seus territórios, mas eles absolutamente o farão, se precisarem."

"Os chineses são uma cultura de inteligência muito cruel", acrescentou.

Hoje, encorajadas por seus sucessos, a Rússia e a China travam uma guerra híbrida contra uma série de adversários, grandes e pequenos. O ex-secretário de Defesa Carter a vê em ação em toda a extensão de sua fronteira com a Europa, incluindo inúmeros aliados da OTAN.

"Na verdade, segue por toda a sua costa ocidental com a Europa", disse Carter. "Tentam comprometer e devastar países, e intimidá-los por meio do planejamento, e, em alguns casos, realizam operações nas quais é fácil maquiar o que está acontecendo com uma grande mentira."

Em todas as frentes, "a grande mentira" é uma parte essencial da estratégia. Com a invasão da Crimeia e da Ucrânia, isso representava negar que as tropas eram russas. Com a intromissão na eleição presidencial de 2016, representava divulgar fake news por redes sociais e meios de comunicação tradicionais russos para semear dúvidas sobre o papel da Rússia e para dar voz aos políticos norte-americanos que endossavam essas dúvidas, incluindo o próprio presidente Donald Trump.

"Putin é um dos especialistas da grande mentira: você faz alguma coisa, nega e cria incerteza suficiente para que pelo menos o povo russo não acredite que você está fazendo o que está fazendo", disse Carter.

No caso da interferência eleitoral da Rússia, alguns norte-americanos também acreditavam na grande mentira, liderada por um candidato à presidência dos EUA, agora presidente, cuja retórica imitava a da Rússia, às vezes palavra por palavra.

"Eles pegavam os memes criados nos Estados Unidos para fazer ataques nas redes sociais; geralmente, usando a direita alternativa; eventualmente, o presidente", disse o general Hayden.

A China conduz as próprias operações de informação, inclusive por meio da presença internacional, cada vez mais representativa, de sua mídia estatal. No final de 2016, o país renomeou sua rede televisiva central (CCTV) como rede global de televisão chinesa (CGTN), a ala internacional controlada pelo governo que firmou forte presença nos EUA como RT Network da Rússia, mas com pouca demonstração do respaldo do governo. Segundo a cobertura da CGTN, muitas vezes feita por repórteres e âncoras norte-americanos, as ilhas artificiais não são uma ocupação de terras, mas uma questão de soberania, desafiada sob tratados que, a CGTN observa, nem os Estados Unidos ratificaram.

A Guerra nas Sombras começou há anos, mas a China e a Rússia começaram a tomar território quando os Estados Unidos estavam preocupados com outra ameaça e outro tipo de guerra — no Oriente Médio, nos anos seguintes aos ataques do 11 de Setembro.

"Na época em que a primeira guerra do Iraque começou", disse Carter, "a Rússia e a China já haviam estabelecido suas bases estrategicamente. Mas aquele foi o exato momento em que nos deparamos com algo maior do que uma década de preocupação em outros lugares".

"Acho que durante esse período, que durou duas administrações, havia uma falta de motivação para encarar o fato de que duas grandes dores de cabeça adicionais estavam se desenvolvendo durante nossas outras lutas. E nossas Forças Armadas estavam preocupadas com as ameaças concretas no momento, que eram o terrorismo e a contrainsurgência no Afeganistão e no Iraque", disse Carter.

Hoje, bastante tardia, a guerra híbrida e os meios de defesa e de vencer os conflitos na zona cinzenta ocupam a mente dos militares dos EUA e dos oficiais da inteligência. A partir de 2015, a OTAN desenvolveu um plano de guerra para defender a Europa da agressão russa — que, pela primeira vez, identifica e até mesmo incorpora táticas híbridas de guerra.

"Não tínhamos um plano de guerra há 25 anos", disse Carter. "Achávamos que não precisávamos de um."

Esse pensamento ainda não é unânime na Casa Branca. Oficiais da defesa e da inteligência, que serviram nas administrações de Obama e na de Trump, disseram-me que os EUA não podem se defender com eficácia e confiança desse novo tipo de guerra sem lideranças nos níveis mais altos e, mais importante, do presidente.

"Simplesmente não entendo por que nosso governo está tão engajado com questões relativas a comportamentos censuráveis da Coreia do Norte, do Irã e até mesmo da China, que considero questões legítimas, mas quieto em relação à Rússia", disse Carter. "Não consigo entender."

O advento da Guerra nas Sombras não deveria surpreender ninguém. Em termos militares, a guerra híbrida é um produto natural de um mundo com uma única superpotência e outras potências em ascensão ou declínio ansiosas para desafiá-la. Para a China, a Rússia e outros adversários norte-americanos e ocidentais em geral, a guerra híbrida é a única maneira de enfrentar um país como os Estados Unidos, com um poderio militar incontestável. Em outras palavras, a chamada zona cinzenta é o único campo de conflito em que esses adversários acreditam ter uma chance de vencer.

John Scarlett foi chefe do serviço de inteligência internacional da Grã-Bretanha, o MI6, de 2004 a 2009 e, antes disso, chefe de sua estação de Moscou. Ele explica a motivação — na verdade, a necessidade — para a guerra híbrida do ponto de vista da Rússia.

"Não é muito difícil entender o que está acontecendo", contou-me Scarlett. "Em pouco tempo vimos a humilhação, o ressentimento, a sensação de que as coisas estão acontecendo sem que os interesses da Rússia sejam levados em conta e a forte consciência da diferença de poder entre os EUA e a Rússia."

"Se você quer ser tratado como igual, tem que encontrar outra maneira de expressar isso", disse. "[A guerra híbrida] permitiu que países muito mais fracos assumissem países muito mais fortes. Há uma assimetria natural."

Apesar de empregar estratégias semelhantes, a Rússia e a China são adversários distintos. A China é uma potência em ascensão, com grandes ambições territoriais, econômicas e militares destinadas a conflitar com as do país mais poderoso do mundo. Pequim se vê em uma longa guerra com os Estados Unidos pelo domínio global.

A Rússia é uma potência em declínio. Com uma economia menor, em termos de PIB, do que alguns estados norte-americanos, o Kremlin sabe que nunca competirá, de fato, com os Estados Unidos pela liderança global. A competição é mais um jogo de soma zero: a derrota dos Estados Unidos é a vitória da Rússia e vice-versa.

"Com a União Soviética, estamos falando de um colapso", disse Scarlett. "Com a China, de mudanças rápidas, desenvolvimento e progresso, bem como de uma alta consciência da natureza frágil do progresso."

"Nesse crescimento, era previsível que [a China] passaria da autocomiseração para — em nível internacional — a autoconfiança", continuou Scarlett. "Vemos um grau de afirmação e assertividade chegando, começando de forma regional e ganhando proporções internacionais."

A Rússia e a China, acredita Scarlett, acabam enfrentando os Estados Unidos em termos semelhantes, embora tenham chegado de lugares diferentes e estejam seguindo trajetórias particulares.

No entanto, a Guerra nas Sombras da Rússia e da China nos Estados Unidos é impulsionada pelas mesmas forças cruciais e imutáveis, e essas semelhanças podem acarretar resultados desastrosos.

A primeira semelhança é estratégica: o domínio desafiador dos EUA na Europa e na Ásia serve tanto às ambições russas quanto às chinesas de exercer uma influência maior nas próprias regiões. Cada uma inveja a Doutrina Monroe — isto é, o exercício do poder absoluto dentro dos arredores dos EUA — e trabalha para estabelecer a própria versão.

A segunda força comum é política. Moscou e Pequim sofrem de uma crise de legitimidade em casa. Seus líderes não são eleitos pelo seu povo e, portanto, têm pouca reivindicação de poder além do fato de que o possuem. Na era moderna, não há censura e propaganda que impeça os cidadãos russos e chineses de observar que os norte-americanos escolhem os próprios líderes. Portanto, sua melhor defesa contra os próprios povos é retratar o sistema político dos EUA como falido e corrupto — pelo menos, mais do que o sistema chinês e do que o russo.

A terceira força é indiscutivelmente a mais poderosa. Ao enfraquecer os EUA, tanto a China quanto a Rússia tentam corrigir erros históricos e restaurar o que consideram as posições legítimas de seus países como potências mundiais. Para a Rússia, o pecado é recente: o colapso da União Soviética, seguido por aquilo que os russos consideram sua subjugação pelo restante da Europa e pelos Estados Unidos. Para a China, o pecado remonta a gerações, começando com sua humilhação em uma série de guerras do século XIX, o que, com o tempo, a seu ver, levou seu território e sua economia a ser igualmente subjugados pelo Ocidente.

Em suma, a Guerra nas Sombras tem todos os ingredientes de uma verdadeira guerra a ferro e fogo.

Os líderes russos e os chineses são extremamente conscientes da história uns dos outros. Estudar o colapso da União Soviética é obrigatório para os líderes do Partido Comunista Chinês. E Mikhail Gorbachev é uma figura tão difamada em Pequim quanto em Moscou. Diferentemente dos Estados Unidos, onde ele é visto como um líder russo que ajudou a evitar a Terceira Guerra Mundial; na Rússia e na China ele é visto como um líder que permitiu que seu país desmoronasse — e que o Ocidente juntasse as peças.

Hoje, os planejadores militares em Moscou e Pequim discutem abertamente toda uma gama de meios não convencionais para reduzir a vantagem militar e a influência dos EUA em tempos de paz e, se necessário, de guerra. Para eles, a guerra híbrida não é apenas assimétrica, é interminável. Como o general Gerasimov escreveu, ameaçadoramente, a estratégia da Rússia envolve a criação de "uma frente permanente em todo o território do Estado inimigo".

A interferência da Rússia na eleição presidencial de 2016 estendeu a "frente permanente" para o processo político dos EUA. Hoje, os investigadores da inteligência e os congressistas dos EUA estão percebendo que a interferência está muito mais entranhada do que se pensava. Além de hackear e liberar e-mails e outras comunicações do Partido Democrata e de funcionários de campanha de Clinton, a Rússia preparou grandes comunidades de trolls para influenciar milhões de eleitores indecisos com fake news e histórias divisivas. Com a aproximação das eleições em 2018 e 2020, a Rússia tomou medidas mais alarmantes, ameaçando o próprio processo eleitoral.

As autoridades norte-americanas de defesa e de inteligência agora falam abertamente sobre o perigo de repetir os erros dos anos 1930, isto é, observar a agressão de adversários na Europa e na Ásia, enquanto impõem limites frouxos a suas ambições. Esse medo de repetir os erros do passado alimenta o chamado para se defender da Guerra nas Sombras agora ou enfrentar o perigo de um conflito mais amplo nos próximos anos. E, ainda, sem um compromisso em todos os níveis do governo dos Estados Unidos, a perspectiva alarmante é a de que o país saia da Guerra nas Sombras encolhido e derrotado.

CAPÍTULO 2

Abrir Fogo

(RÚSSIA)

Os cidadãos da Estônia, o pequeno país báltico precariamente assentado na fronteira com a Rússia, zombam de si mesmos por serem os homens e mulheres entediantes do norte da Europa.

"Nossos vizinhos têm inúmeras piadas sobre sermos lerdos e frios", disse-me um jornalista estoniano, Jaanus Lillenberg.

Assim, no final de abril de 2007, quando Tallinn, a capital estoniana, foi abalada por violentos protestos de rua, o caos foi um choque. Naqueles dias frios e chuvosos de abril, Tallinn foi engolida pela violência.

"Eles quebraram janelas, atacaram carros estacionados à beira da estrada, jogaram pedras, garrafas e tudo mais", disse Lillenberg, que trabalhava com tecnologia para o matutino *Postimees*. "Foi algo que nunca havia acontecido em nossa história."

Para os moradores de Tallinn, as cenas nas ruas pareciam de outro mundo. A Estônia é um país de baixa criminalidade. As ruas são limpas. Os estonianos são apaixonados... por tecnologia, não por protestos. As manifestações públicas são assuntos sérios. O caos parecia emprestado de um conto de fadas sombrio, ou — mais provavelmente — das ruas de seus aliados e vizinhos "não tão frios".

"Vimos isso na TV — em Paris, Estocolmo ou nos Estados Unidos —, mas nunca na Estônia", disse Lillenberg. "Foi quase como uma história oriunda do Polo Norte."

A tropa de choque lutou para restaurar a ordem, mas não conseguiu controlar a multidão. Quase 200 pessoas ficaram feridas, e mais de 1.000 foram presas — um número considerável em uma cidade com menos de meio milhão de habitantes.

A Estônia tem uma longa história, mas ainda é uma nação jovem, que só reconquistou a independência após o colapso da União Soviética, uma geração atrás, em 1991. Sua separação da Rússia, junto dos parceiros bálticos Letônia e Lituânia, enfureceu Moscou, remexendo amargamente memórias de um império perdido. A ferida ainda se agita no Kremlin. Quando as batalhas de rua se desdobraram, as testemunhas notaram que os desordeiros tinham um nome — um país — na ponta da língua.

"A multidão gritava: 'Rossiya, Rossiya', que significa Rússia, é claro", disse Lillenberg.

A faísca para os protestos foi a decisão do governo estoniano de mover um memorial de guerra soviético de décadas. O Soldado de Bronze, como era conhecido, homenageava as tropas do Exército Vermelho soviético que morreram combatendo forças nazistas na Estônia durante a Segunda Guerra Mundial. O memorial se tornara um ponto de encontro para os nacionalistas russos e estonianos em manifestações por vezes violentas nas semanas e meses anteriores. Para os russos, representava a vitória sobre os nazistas e o passado orgulhoso do país. Para os estonianos, era uma lembrança dolorosa de décadas de repressão após a anexação de seu país à União das Repúblicas Socialistas Soviéticas, ou URSS.

Após mover a estátua de Tallinn, o governo planejava colocá-la em um cemitério militar, afastado do centro da cidade, e exumar os corpos dos soldados soviéticos não identificados, enterrados nas proximidades, para lhes dar um enterro digno. Porém muitos russos étnicos na Estônia, e seus compatriotas do outro lado da fronteira, interpretaram a iniciativa como um insulto à herança russa e, pior, como uma demonstração extra da independência da Estônia da influência russa. Para inflamar ainda mais as tensões, a mídia russa circulava histórias falsas nas redes sociais e em sites de notícias alegando que a Estônia planejava destruir o memorial.[1]

O então ministro das Relações Exteriores da Estônia, Sven Mikser, um jovem membro do parlamento, lembrou um crescente sentimento de medo entre os compatriotas.

"A gravidade, trocentos carros de cabeça para baixo. Quero dizer, as pessoas ficam exaltadas quando coisas assim acontecem", disse Mikser.

Poucos estonianos acreditavam que os tumultos eram espontâneos. Eles suspeitaram que foram orquestrados pelo governo russo. "Absolutamente", disse Lillenberg. "Não, isso não acontece assim do nada."

Conforme as horas se passavam e a confusão aumentava, a violência nas ruas se reduziu a apenas uma frente de um ataque mais amplo. Silenciosamente, no ciberespaço, um exército invisível formava uma ofensiva que prenunciaria ataques cibernéticos posteriores na Europa Ocidental e nos Estados Unidos. As primeiras pistas foram confusas e difíceis de relacionar. Lillenberg e sua equipe assistiram ao ataque cibernético se desdobrar em ondas de interações online aparentemente inócuas. O alvo? A seção de comentários de seu jornal, que estava sendo inundada.

"Recebíamos comentários anônimos, de 8 a 9 mil por dia. Mas, de repente, foi como chegar a mais de 10 mil em 10 minutos", disse ele. "Eu estava meio: 'Quê?!'"

Além do ritmo sem precedentes, Lillenberg notou uma estranha uniformidade nos comentários que chegavam. Ele e seus colegas identificaram e contaram um punhado de mensagens idênticas que estavam sendo repetidas aos milhares. Estava ficando claro que esse trabalho vinha de bots de computador, em vez de leitores reais.

"Houve uma variação de cerca de 30 mensagens", disse ele. "Elas se repetiam. E parecia que não havia pessoas por trás, porque as pessoas não conseguem enviar comentários tão rapidamente."

"Foi o primeiro sinal para entendermos que havia algo errado", falou.

Tanto o ritmo quanto a proporção do ataque se acelerariam rapidamente. Em uma hora, o número de comentários que inundavam o site de seu jornal saltou para 100 mil a cada 10 minutos.

O ataque ao site do *Postimees* estava sendo replicado nos setores privado e público. Jaak Aaviksoo, com apenas duas semanas de trabalho como ministro da Defesa, imediatamente tomou nota. Como todos na Estônia, ele foi educado sob o domínio da tecnologia.

"Olhei diferentes portais de notícias, e eles tinham caído. Eu me perguntei o que estava acontecendo, então soube que os sites dos bancos e do governo também tinham caído", disse Aaviksoo.

Sentado em um escritório do qual ele ainda tinha que remover a mobília e a decoração de seu antecessor, Aaviksoo suspeitava de um ataque coordenado do exterior.

"Ficou claro que não era apenas um incidente ruim", disse ele. "Eram pessoas ruins lá fora."

Os estonianos, talvez a população mais conectada do mundo, de repente viram-se desligados — sem acesso a notícias ou sites do governo e, portanto, sem informações sobre o que estava acontecendo. Os bancos eletrônicos, que àquela altura eram responsáveis pela maioria das transações financeiras da Estônia, também ficaram inacessíveis. O ataque explorou uma vulnerabilidade gritante para o país. A pequena Estônia, conhecida pelas muralhas medievais e ruas de paralelepípedos de sua capital antiga, é uma potência tecnológica: o primeiro país a permitir a votação online e o berço do Skype. Mas, agora, um dos países mais conectados estava sob um dos ciberataques mais incapacitantes que o mundo já vira.

A Estônia foi a primeira vítima de um ataque cibernético patrocinado por um Estado para outra nação. Ele tomou a forma de um ataque distribuído de negação de serviço, ou DDoS, na sigla em inglês [distributed denial of service]. Os ataques DDoS não eram novidade, mas a proporção deste foi sem precedentes. Hackers russos sequestraram milhares de computadores em mais de 100 países e os colocaram, sem o conhecimento dos donos, sobre alvos em toda a Estônia.

"Pense em um enorme shopping center", explicou Lillenberg. "As pessoas entram, fazem compras e saem. O mesmo vale para os servidores da web. Um usuário entra, faz pedidos, o servidor dá alguns retornos, e o usuário sai. É assim que o fluxo segue."

"Imagine que seu shopping comporte 10 ou 15 mil pessoas. Mas, agora, imagine 2 milhões de caras pressionando a porta da frente sem nenhuma intenção de comprar nada, apenas para bloqueá-la. Isso é um ataque DDoS", disse Lillenberg.

A Estônia se tornou tão vulnerável justamente por ser muito avançada.

"Descobrimos que o ciberespaço constitui uma parte — essencial — da infraestrutura crítica", disse Mikser. "Portanto, temos que defender e manter esses sistemas funcionando mesmo em tempos de crise, mesmo em tempos de ataques."

O ataque, no entanto, estava acontecendo em várias frentes: tumultos nas ruas, botnets na web. Foi uma guerra híbrida em ação. Juntos, esses exércitos secretos pareciam encarregados de paralisar o país. Como estudante de táticas militares soviéticas, o ministro da Defesa, Aaviksoo, reconheceu a mão do vizinho russo.

"Tumultos de rua, até certo ponto, nunca tínhamos visto. Ataques coordenados e concentrados no ciberespaço... Esse foi o alerta para a Estônia", disse-me Aaviksoo. "Claro, descobrimos que esses ataques não eram tão espontâneos quanto demonstravam. Coordenados, focados, globais. Indícios claros de que havia recursos consideráveis os viabilizando."

O ciberataque foi o maior já lançado por um Estado a outro, e o acréscimo de tumultos orquestrados em terra incluiu um elemento alarmante de violência física. O fato de a Estônia ser membro da OTAN fez daquele um desafio aberto não apenas ao país, mas também aos Estados Unidos e à Europa. O ataque à Estônia em 2007 foi o abrir fogo da Guerra nas Sombras.

Alguns estonianos temiam que os motins e ataques cibernéticos estivessem preparando o terreno para uma invasão em grande escala. Os estonianos estavam bem conscientes da profunda insatisfação de seus vizinhos com a perda dos estados clientes na Europa Oriental. Os países bálticos, incluindo a Estônia, que fazem fronteira com a Rússia eram particularmente sensíveis, tendo sido os primeiros a ser anexados pela União Soviética e os primeiros a declarar independência após seu colapso.

"O propósito de um DDoS muito forte é esse mesmo, um ataque em grande escala para derrubar um país por um tempo, no que concerne à informação", observa Lillenberg.

Como seus semelhantes na Ucrânia, na Geórgia e em outras ex-repúblicas soviéticas, os estonianos há muito tempo eram alvo da propaganda russa. Os defensores da independência eram destituídos como nacionalistas e fascistas, e os russos étnicos eram retratados como vítimas que precisavam da ajuda russa. Quase 16 anos desde que a Estônia recuperara a independência, as lembranças da dominação soviética ainda estavam frescas, e as feridas, abertas.

"Houve algo que percebi. Todos estavam tentando ser fortes, mas todos ainda são humanos. Houve um nível de preocupação muito pessoal", disse Lillenberg. "Estavam preocupados com eles mesmos e com suas famílias. Nós estávamos muito, muito preocupados."

"Se você conhece a doutrina russa, sabe que é uma questão de progressão. Em alguns pontos, há tanques; em outros, armas nucleares, mas tudo faz parte do mesmo plano, que começa com a criação e a distribuição de fake news e, em seguida, aumenta de proporção", acrescentou.

Tal pânico não foi exclusivo do público. O ministro da Defesa, Aaviksoo, fez apelos urgentes aos seus comandos de combate. Eles não relataram incursões no espaço aéreo estoniano e nem no território da Estônia, incluindo sua fronteira leste, bem defendida, com a Rússia. Ainda assim, o Ministério da Defesa se colocou em pé de guerra contra um inimigo que ainda não tinha sido identificado.

"O ponto era que, pelo menos psicologicamente, o ataque representava uma ameaça à segurança nacional", disse-me Aaviksoo. "Uma grande parte da população estava com medo, desestabilizada. Não houve vítimas humanas nem perdas materiais, mas o entendimento de que estávamos sob ataque era claro."

"A batalha real está acontecendo no espaço psicológico — entre as orelhas das pessoas, na mente delas", disse ele.

Esse foi um ataque à psicologia de uma nação e seu povo: confundir, dividir, antagonizar, amedrontar e semear dúvidas sobre seus líderes.

"As pessoas passaram a duvidar do poder do governo", acrescentou. "O que estava acontecendo?"

Enquanto o governo lutava para acalmar o público, restaurar a ordem e repelir o ciberataque, foi confrontado com uma série de questões críticas, ainda sem respostas. Um inimigo sem rosto estava sistematicamente silenciando seu país. A Estônia estava sofrendo o equivalente a um bloqueio cibernético, limando os estonianos de praticamente todos os serviços públicos e privados, e, em breve, cortando o contato do país com o mundo exterior. O público e o governo tinham apenas um suspeito na Rússia. No entanto, nem os manifestantes nas ruas e nem os bots na web usavam uniformes. A Estônia estava em guerra? E, se sim, contra quem?

Para o ministro da Defesa, Aaviksoo, uma guerra não precisa de tropas invasoras e mísseis.

"Um entendimento comum é o de que a guerra não depende dos meios para você realizar um ataque, mas do impacto. Se houver dano material extenso, perda de vidas, lesões", explicou Aaviksoo. "Então, se o impacto está nessa escala, é um ato de guerra."

"Não importa se foi um míssil ou um ataque cibernético", acrescentou.

A Rússia, com todas as suas capacidades militares de primeiro mundo, incluindo um arsenal nuclear maior que o dos Estados Unidos, estava pegando emprestado táticas de Estados e atores não estatais desonestos. Ela estava atacando a pequena Estônia por meios assimétricos. As autoridades estonianas comparam 2007 aos ataques do 11 de Setembro.

"Muitas pessoas chamaram o 11 de Setembro de ataque de baixa tecnologia e alta execução", disse Mikser. "O que acontece em um ataque cibernético como esse é que, quando você baixa a guarda, quando não é cuidadoso, obviamente, os invasores abusam. Eles se aproveitam disso."

Os líderes da Estônia ponderaram minuciosamente essas questões ao mesmo tempo em que tentavam defender o país. Mas elas não eram questões exclusivas da Estônia. A Estônia pertence à OTAN, cujos membros são obrigados, por um tratado, a entender um ataque armado a uma nação como um ataque armado contra todas e a se mobilizar para defender seus aliados.

O Artigo 5 do Tratado estabelece: "As Partes concordam em que um ataque armado contra uma ou várias delas na Europa ou na América do Norte será considerado um ataque a todas, e, consequentemente, concordam em que, se um tal ataque armado se verificar, cada uma [...] prestará assistência à Parte ou Partes assim atacadas, praticando sem demora, individualmente e de acordo com as restantes Partes, a acção [sic] que considerar necessária, inclusive o emprego da força armada, para restaurar e garantir a segurança na região do Atlântico Norte."[2]

A Estônia estava sendo forçada a definir e interpretar as leis da guerra moderna em tempo real. Um ataque cibernético, junto a protestos orquestrados nas ruas, desencadearia uma resposta da OTAN, se houvesse perdas significativas de vidas e danos a propriedades? Alguns acreditavam que a ação não militar só se qualificaria se desencadeasse uma perda de vidas equivalente à decorrente das ações militares. Essa questão demandava uma definição nova, ou adaptada, para ameaças inéditas em uma era inédita de guerra.

No fim das contas, a Estônia não pediu a seus aliados da OTAN para responder militarmente. Aaviksoo disse que eles apenas os mantiveram informados.

"Nossa resposta foi dizer a todos que estávamos sob ataque. Compartilhamos nossa experiência, informamos nossos amigos e vizinhos", disse Aaviksoo.

Por sua vez, a Estônia optou por não fazer retaliações. Seu governo e a instituição de defesa estavam focados em repelir o ataque cibernético, apaziguar os ânimos nas ruas e reposicionar o país no mundo digital.

"Nunca fizemos uma retaliação no sentido estrito da palavra", disse ele. "Mas acho que em todo conflito deve haver a possibilidade de represália. Você precisa demonstrar, de forma crível, sua capacidade de reagir. Esse é um elemento integrante. Você não pode abrir mão dessa capacidade crível de reagir."

Cinco dias depois do ataque, a Estônia deu um passo ousado: nomeou publicamente, e envergonhou, a poderosa vizinha Rússia como culpada. O ministro das Relações Exteriores da Estônia à época, Urmas Paet, disse que seu país tinha evidências eletrônicas que levavam até o Kremlin.

"Descobriu-se que os ataques cibernéticos terroristas contra os sites de instituições governamentais da Estônia e do Gabinete do Presidente foram feitos de endereços de IP de computadores e indivíduos concretos de órgãos governamentais russos, incluindo a administração do presidente da Federação Russa", disse Paet, ministro das Relações Exteriores, em um comunicado oficial divulgado em 1º de maio de 2007.[3]

Paet considerou o ciberataque um atentado, e não apenas à Estônia, mas a toda a Europa.

"Consideramos que a União Europeia está sob ataque da Rússia, porque ela está atacando a Estônia", continuou Paet. "Os ataques são psicológicos, virtuais e reais."

Psicológicos, virtuais e reais. As palavras de Paet eram uma descrição poderosa da Guerra nas Sombras em ação. A experiência da Estônia assombrou e mobilizou os planejadores militares da Estônia para defendê-la de ataques semelhantes no futuro, e para alertar seus aliados da OTAN, incluindo os EUA, sobre o que provavelmente aconteceria em seguida.

O foco da Estônia continuou na defesa e recuperação. No *Postimees*, Jaanus Lillenberg e seus colegas lançaram uma pequena, porém ágil, retaguarda cibernética. Com as redes de e-mail fora do ar e antes do amplo uso das mensagens do Twitter e do Facebook, eles coordenaram sua estratégia por meio de mensagens de texto, começando com ferramentas cibernéticas simples.

"Primeiro de tudo, limitamos a quantidade de comentários que poderiam ser enviados de um endereço IP", lembrou ele. "Então construímos em poucas horas esse sistema de filtragem muito rápido e inteligente."

O sistema que eles desenvolveram filtrou comentários que incluíam certas palavras-chave e frases que Lillenberg notou na enxurrada de comentários gerados por botnets, como "fascistas" e "SS". Os bots, como os trolls russos do Twitter de hoje, alimentavam teorias da conspiração, incluindo histórias falsas sobre o governo da Estônia planejar destruir o memorial de guerra soviético. Lillenberg e sua equipe estavam escrevendo o código para esses novos programas de filtragem em tempo real, enquanto seus sistemas estavam sob ataque. Foi uma operação feita a várias mãos.

"Tinha um cara", lembra Lillenberg, "um desenvolvedor de software, que estava gripado e me ligou às 3h da manhã para dizer: 'Sim, acho que consegui fazer funcionar'".

Seu sistema reduziu enormemente o tráfego online.

"Aquele último sistema foi arrasador", disse-me Lillenberg com um sorriso.

Lillenberg e sua equipe desenvolveram outra ferramenta para confundir os bots. Julgando — corretamente — que o ataque fora arquitetado por falantes de russo, em vez de falantes nativos de estoniano, ele teve uma ideia: aplicar um teste simples para os visitantes dos sites.

"Não queríamos usar um que fosse público, porque eles saberiam as formas de contorná-lo", explicou ele. "Então escrevemos outro que era muito, muito estúpido, mas não era algo que se encontrava na internet."

"Você tem três ícones", disse ele. "Vamos dizer, tesoura, relógio e avião. E há uma ordem em estoniano: 'Clique no avião.' Se o visitante — ou o bot, na verdade — não entender estoniano, vai se perguntar o que fazer com esses ícones."

Não foi bem como a antiga instalação militar secreta de Bletchley Park quebrando o código Enigma. No entanto, sua correção simples funcionou, pressagiando o tipo de correção que os especialistas em cibersegurança implementariam para derrotar ataques DDoS semelhantes nos meses e anos que se seguiram.

"Demorou um pouco. Eu diria de 48 a 50 horas de trabalho para que conseguíssemos controlá-lo", disse ele. "Nós resolvemos as coisas, colocamos os caras para trabalhar e esperamos os resultados."

O reparo de Lillenberg foi uma pequena vitória em uma pequena batalha em um longo ataque cibernético. Os ataques de baixa tecnologia e alto impacto continuaram por semanas. Por fim, os líderes da Estônia chagaram a uma opção punitiva para impedi-los: bloquear todo o tráfego internacional na web, desconectando temporariamente do resto do mundo um dos países, até então, mais conectados.

"Ninguém do mundo exterior conseguiria obter nenhuma informação da Estônia. Acho que esse também era o objetivo do ataque", disse Jaanus Lillenberg. "Se você tem uma área fechada, na qual as informações não entram nem saem, pode fazer muitas coisas por lá. Operações militares, operações de informação..."

Olhando para trás, o ataque cibernético da Rússia à Estônia em 2007 incorporou elementos que caracterizariam ataques semelhantes, nos anos que se seguiram, aos ex-Estados soviéticos, como a Geórgia, e — mais tarde — a nações ocidentais, incluindo os Estados Unidos.

Primeiro, a Rússia empregou armas cibernéticas expansivas, mas relativamente simples, para ataques DDoS projetados para sobrecarregar as redes e tirá-las do ar. A proporção era sem precedentes: sequestrar milhares de computadores em mais de cem países. No entanto, as ferramentas estavam longe de ser sofisticadas.

Além disso, mesmo que a Rússia não declarasse guerra, era fácil identificar sua mão no ataque. Por um lado, a parte cibernética da investida coincidiu com a ação física em terra, no caso, protestos pró-russos, que as autoridades estonianas acreditavam ter sido coordenados com a ajuda de autoridades russas. E, apesar de os botnets operarem a partir de dezenas de países, foram marcados por impressões digitais eletrônicas, incluindo ligações com endereços de IP russos e código escrito em russo.

Mais amplamente, a Rússia estava revelando uma parte essencial de seu grande plano na Guerra nas Sombras: minar o Ocidente, enfraquecendo a confiança no sistema ocidental como um todo.

"A Rússia tem os próprios interesses estratégicos, que são — e que eles assim o definem — diametralmente opostos à visão estratégica da aliança ocidental", disse Mikser. "Portanto, eles vêm usando maneiras diferentes de dividir o Ocidente, criar conflito e, basicamente, minar a confiança das sociedades e das pessoas nos processos democráticos."

Hoje, mais de uma década depois, 2007 continua sendo um momento decisivo para a Estônia e seus líderes. Assim como os ataques do 11 de Setembro transformaram a abordagem da comunidade de inteligência dos EUA em relação ao terrorismo, o ataque cibernético sem precedentes da Rússia gerou uma forte reflexão sobre as vulnerabilidades cibernéticas da Estônia e de como atenuá-las.

"Foi a primeira vez na história em que alguém empreendeu [um ataque desse tipo]", disse-me Kersti Kaljulaid, presidente da Estônia. "E foi possível porque a Estônia é um Estado digital. Você não poderia atacar nenhum outro Estado dessa maneira, nesse ponto. Então foi um momento histórico, sem dúvidas."

Com apenas 46 anos, Kaljulaid é a mais jovem presidente da Estônia. Pessoalmente e em público, a mãe de 4 filhos transmite a atitude sensata da Estônia ao enfrentar o vizinho muito maior e cada vez mais agressivo. Como muitos oficiais e cidadãos da Estônia que conheci, ela não expressa nenhum medo, apenas um senso de propósito e convicção. Esse senso de propósito é latente nas inúmeras medidas e investimentos que a Estônia fez desde 2007 para se defender. O país se tornou uma espécie de "cyber Beirute" — perpetuamente cercada pela Guerra nas Sombras e sob a ameaça de ser engolida por ela, mas, ainda assim, consegue sobreviver e até mesmo prosperar.

Ataques de negação de serviço, como o que paralisou o país em 2007, são agora comuns, mas as defesas da Estônia os tornaram ineficazes.

Ataques DDoS, me disse a presidente Kaljulaid com confiança, tornaram-se "garoa". "Ninguém nem percebe as gotas caindo em nossos sistemas", acrescentou.

Claro, dez anos é uma vida em termos de tecnologia. Rússia, China, Coreia do Norte e outros atores cibernéticos adaptaram e aprimoraram suas capacidades cibernéticas. E, com esses recursos avançados, ocorreram ataques cibernéticos ainda mais agressivos.

"Isso mostra como a tecnologia e as defesas se desenvolveram, mas também o quanto essas ações agressivas [se tornaram] mais ativas na esfera da internet", disse ela.

E, no entanto, à medida que a sofisticação dos ataques cibernéticos avançou, o mesmo aconteceu com sua capacidade de se defender deles. Seu registro fala por si. A situação da Estônia é atípica, por ela não ter sofrido grandes perdas em dois dos ataques cibernéticos mais prejudiciais dos últimos anos: o ataque ransomware de 2017, "WannaCry", que os EUA atribuíram à Coreia do Norte, e um ataque global à infraestrutura de rede em 2018, pelo qual culparam a Rússia.

"Na verdade, eles não causaram danos à Estônia porque nossos profissionais são melhores em higiene cibernética do que os de qualquer outro lugar. Eles sabem manter a segurança na esfera digital", disse Kaljulaid. "Na verdade, acredito que estamos vendo menos atividades cibernéticas obstrutivas, porque a sociedade estoniana está no nível mais alto de higiene cibernética, então somos mais difíceis de atacar."

Notavelmente, Kaljulaid disse que a Rússia encontrou as defesas cibernéticas da Estônia tão impenetráveis que nem está mais tentando.

"Estamos nos preparando... para evitar esses ataques. E, adivinhe, não sofremos um sequer há tempos", disse ela.

Seu sucesso, enfatizam os líderes estonianos, não seria possível sem uma consciência nacional da ameaça nem sem um esforço nacional para se defender dela.

"Você tem a responsabilidade nacional de explicar às pessoas que elas precisam assumir sua responsabilidade individual", enfatizou Kaljulaid. "Na realidade, a tecnologia nunca as protegerá."

Todas as autoridades da Estônia demonstram a sabedoria e a necessidade da "higiene cibernética". Uma ironia dos ataques cibernéticos mais prejudiciais da última década, incluindo a interferência da Rússia nas eleições de 2016, é que eles usaram ferramentas relativamente simples, que exigem erros simples do usuário. Os ataques de phishing, como o bem-sucedido da campanha de Hillary Clinton, exigiram que o presidente de campanha clicasse em um link. Os estonianos são treinados — intimidados, até — a nunca cometer o mesmo erro.

"Higiene cibernética, higiene cibernética e higiene cibernética", repetiu a presidente Kaljulaid. "Nós ensinamos nosso povo. É essencial."

Sua educação cibernética começa nas escolas, com a chamada política da web, que educa as crianças para evitar agentes desconhecidos na internet com a mesma cautela relativa a um estranho no parquinho. Como Kaljulaid disse, a tecnologia não pode proteger as pessoas contra as ameaças cibernéticas. As pessoas precisam aprender a se proteger.

O sucesso da Estônia é notável, considerando quantas atividades os estonianos fazem online, desde receber pagamentos de apoio público até serviços bancários e eleições. Mesmo com a subsequente interferência da Rússia nas eleições em toda a Europa e nos Estados Unidos, a Estônia nunca desistiu de seu sistema de votação online. As apostas não podem ser maiores. Uma violação cibernética minaria a confiança nas eleições e no sistema financeiro da Estônia. Como resultado, as assinaturas digitais são norma para todos os tipos de transações online.

"Nosso povo sabe que, se algo não for assinado digitalmente, não é seguro", disse Kaljulaid. "Se alguém assinou digitalmente algo com a identidade digital e lhe enviou as informações, você pode ter certeza de que é seguro e de que foi criptografado no momento da assinatura. A internet segura existe. Todo o resto, nosso povo sabe, é perigoso."

Contudo, o governo da Estônia não deposita toda sua fé na vigilância dos civis. A Estônia está tomando medidas agressivas não apenas para evitar futuros ataques, mas para assegurar que eventuais ataques não consigam paralisar o país, como a Rússia fez em 2007. Uma dessas medidas é o estabelecimento das chamadas embaixadas de dados.

Uma embaixada de dados é uma coleção fortemente protegida de servidores localizados fora do país, com uma cópia de segurança digital gigante de todos os dados e comunicações do governo, dados de eleitores e registros financeiros e de saúde. A ideia é ter essa cópia para que a Estônia possa acessá-la no caso de um ciberataque incapacitante. Ao anunciar seus planos, em junho de 2017, o governo disse, esperançosamente, que "seu projeto piloto poderia, novamente, dar um exemplo ao resto do mundo".[4] A Estônia abriu sua primeira embaixada de dados, em Luxemburgo, em 2018.

"Ela goza de todos os direitos, segundo o acordo bilateral entre a Estônia e o outro país em que a embaixada está", explicou a presidente Kaljulaid. "Assim, como qualquer embaixada, ela é tecnicamente nosso território; só nós podemos entrar e conceder permissão para entrarem."

As empresas do setor privado da Estônia também estão buscando ajuda externa.

As agências de notícias, por exemplo, contrataram parceiros estrangeiros para resguardar imagens espelhadas de sites de notícias da Estônia em servidores fora do país. A Rádio Pública da Estônia é uma delas, embora, por motivos de segurança, não divulgue em quais países as cópias de segurança estão.

"Não posso dizer os lugares, mas temos boas casas de mídia, que agora têm espelhos geográficos de nossos sites de notícias", disse Lillenberg, que agora trabalha para a Rádio Pública da Estônia.

Lillenberg, agora um veterano grisalho do ciberataque de 2007, descreve esses postos avançados digitais em termos militares.

"Então, se eles disparam um novo míssil de cruzeiro e atingem o prédio de notícias, nada acontece, porque outro prédio, em outra localização geográfica, está em pleno funcionamento", disse ele.

No atual conflito cibernético com a Rússia, o setor privado da Estônia está na linha de frente. Na verdade, o governo da Estônia depende de empresas privadas como soldados cidadãos.

"Outra coisa que aprendemos foi que, na verdade, grande parte do conhecimento necessário para lidar com essas ameaças está no setor privado", disse o ex-ministro da Defesa, Aaviksoo. "E é importante que a cooperação entre o governo e o setor privado seja boa."

Para destacar essa parceria e o papel essencial dos cidadãos estonianos na defesa cibernética, a Estônia se destacou na "Unidade Cibernética" da Liga de Defesa da Estônia, composta de voluntários especialistas em tecnologia da informação e com habilidades de segurança cibernética, além de especialização em direito, economia e muito mais, que treinam regularmente para ajudar a combater um ciberataque incapacitante em caso de crise. A unidade também propiciou que o governo recorresse a talentos do setor privado a que nunca se associaria em tempo integral.[5]

A Liga de Defesa da Estônia é uma milícia voluntária que foi fundada em 1918 e restabelecida com a independência da Estônia após o colapso da União Soviética, em 1991. Os estonianos dizem que a Liga foi inspirada nos Minutemen da Guerra de Independência dos Estados Unidos. E, hoje, as unidades de milícias armadas da Liga treinam regularmente para evitar um ataque convencional. Os membros da Unidade Cibernética são os Minutemen do campo de batalha cibernético, operando como uma unidade de reserva de voluntários do setor privado que aguarda a convocação para defender o território cibernético. Os aliados da Estônia na OTAN têm estudado a Unidade Cibernética como um modelo para os próprios países.[6]

Apesar do sucesso em sobreviver em 2007, os líderes estonianos enfatizam que a Guerra nas Sombras extrapola o ciberespaço. E os ataques da Rússia se dão também por outros meios, dos quais é mais difícil se defender, particularmente operações de informação, como ataques a eleições ocidentais.

"Isso é muito mais perigoso do que no ciberespaço convencional, porque, nele, os problemas se resolvem com sistemas técnicos e boa higiene cibernética", disse-me a presidente Kaljulaid. "Temos que nos esforçar — temos que explicar ao nosso pessoal qual é o X da questão."

"Os cenários híbridos estão em voga após a anexação da Crimeia e a agressão à Ucrânia Oriental", disse Mikser. "Na verdade, vivemos esse tipo de pressão híbrida desde que recuperamos nossa independência."

"Sempre houve uma combinação de pressão política, guerra psicológica, se entendermos assim, medidas econômicas sendo aplicadas e tentativas de interferir em nossos assuntos políticos internos", disse ele.

Em meio à Guerra nas Sombras, Kaljulaid diz que o Ocidente deve olhar para os ataques da Rússia como um todo, não isolados — e combatê-los como um todo.

"Todas as ações russas, cibernéticas ou físicas, começaram com a ocupação de parte da Geórgia, passando para a Ucrânia, então testando nossas defesas cibernéticas e atacando democracias", disse ela. "Tudo isso é elemento e sinal da tentativa de virar a mesa do nosso [sistema] baseado em regras. Precisamos entendê-lo de maneira holística, como um processo conectado."

Essa abordagem requer unidade entre os aliados ocidentais e uma disposição para identificar e punir o comportamento russo. Como um exemplo poderoso, Kaljulaid citou o momento em que o presidente francês Emmanuel Macron confrontou o presidente russo Vladimir Putin na escadaria do Palácio do Eliseu, em Paris, sobre a interferência russa nas eleições presidenciais da França.

"Você vê o presidente Macron ao lado do presidente Putin dizendo: 'Você fez isso com nossa eleição democrática'", lembrou ela. "Isso as pessoas veem. São coisas grandes o suficiente para chamar a atenção."

Mesmo com tais avisos, a Rússia realizou ataques ainda mais agressivos contra o Ocidente, abrindo novas frentes na Guerra nas Sombras. Muitos diplomatas e oficiais europeus reagiram com particular alarme ao envenenamento promovido pela Rússia ao ex-espião russo Sergei Skripal e a sua filha, Yulia, nas ruas de Salisbury, Inglaterra, em março de 2018. A arma, que a polícia acreditava estar lambuzada na maçaneta do apartamento de Skripals, era o agente nervoso russo Novichok. Três meses depois, um casal britânico, Dawn Sturgess e Charlie Rowley, que não tinha parentesco com os Skripals, foi envenenado com o mesmo agente nervoso, segundo a polícia, depois de manusear um contêiner contaminado. Mais tarde, Sturgess também faleceu.

"Essas foram ações físicas no território de um país da OTAN sem precedentes em sua história", disse-me Kaljulaid. "Minha pergunta é: qual será o próximo? Precisamos sempre pensar nisso. E estar prontos."

LIÇÕES

O ataque cibernético da Rússia contra a Estônia em 2007 proporcionou duas lições importantes para os Estados Unidos, especificamente, e para o Ocidente, como um todo. Primeiro, mostrou que até mesmo uma arma cibernética apenas relativamente contundente pode paralisar uma nação inteira. O "ataque distribuído de negação de serviço", ou DDoS, da Rússia à Estônia demandou custos e complicações mínimas, e é uma tática que pode ser facilmente replicada e implementada por uma série de agentes estatais e não estatais menores. Segundo, o ataque de 2007 mostrou que a Rússia estava disposta a lançar armas cibernéticas contra nações ocidentais com a intenção de perturbá-las e arrasá-las em larga escala, o que, até certo ponto, nunca tinha sido feito. Junto a uma elaborada operação de influência em terra, sob a forma de protestos orquestrados e disseminação de informações falsas, a Rússia criou pânico e divisão em um adversário estrangeiro, um indício inicial da campanha de ruptura que mais tarde lançaria contra a Europa Ocidental e os Estados Unidos.

Os Estados Unidos e seus aliados ocidentais, em grande parte, não perceberam essas lições em 2007 e, portanto, deixaram passar sinais do que estava por vir na década que se seguiu. Esse padrão de alertas perdidos continuaria, mesmo com esses avisos se tornando mais claros e ameaçadores. Por toda parte, os líderes e formuladores de políticas do Ocidente insistiram em sua visão errônea de que os líderes russos queriam, em grande medida, o mesmo que o Ocidente: um relacionamento amistoso governado pela ordem internacional, baseado em regras criadas e definidas pelo Ocidente. Isso incluiu a adesão a tratados destinados a minimizar o perigo de confrontos militares e a instaurar a cooperação militar. Essa expectativa equivocada se sedimentou como senso comum a respeito da Rússia. Porém os eventos que se seguiram mostraram o quanto essa perspectiva era ilusória.

CAPÍTULO 3

Segredos Roubados

(CHINA)

Para seus amigos e contatos norte-americanos, Stephen Su era um homem de negócios afável e um sujeito sociável.

"As pessoas gostavam dele", disse-me Bob Anderson, ex-chefe de contrainteligência do FBI. "Elas não o achavam um otário. E, sei que parece estúpido, mas sabe como as pessoas são, e foi assim que tudo começou."

Stephen Su, que também usava o nome chinês, Su Bin, morava em sua China natal, mas viajava com frequência para os EUA e para o Canadá, para fazer negócios nos setores de aviação e aeroespacial. Sua empresa, a Lode-Tech, era uma pequena participante em um campo de gigantes. Ele se concentrava na fabricação de chicotes de cabos para aeronaves, um produto seguro na extremidade de baixa tecnologia do setor de aeronaves militares. No entanto, em cerca de cinco anos, de 2009 a 2014, Su teceu uma rede de contatos comerciais próximos dentro das contratantes da defesa norte-americana e canadense, com alguns dos contratos militares mais sigilosos dos EUA. Como Anderson explicou, Su fez questão de conhecer as pessoas que tinham acesso a essas tecnologias, ou que conheciam quem tivesse, e "fazer com que confiassem nele".

Seus contatos o descreviam como o sócio ideal, que buscava fechar acordos que beneficiassem todos os envolvidos. Ele era muito focado em negócios, mas também era uma boa companhia. Ao longo dos anos, desfrutou de incontáveis jantares caros regados a vinho nos melhores restaurantes de Seattle, Vancouver e Los Angeles.

"Ele era muito cativante", lembrou Anderson. "Mal conhecia alguém e já dizia: 'Em que você trabalha? O que tem feito? Rapaz, isso é muito interessante.' Então, em muitos desses casos, ele falava: 'Bem, você sabe, tem uma ótima maneira de ganhar dinheiro com isso' ou 'Podíamos fechar uma ótima parceria. Conheço muita gente que se interessaria por informações como essa'".

As informações que, de fato, interessavam a Su se relacionavam a três das mais avançadas aeronaves militares dos EUA já construídas: os caças "invisíveis" Lockheed Martin F-35 e F-22, e a aeronave de transporte Boeing C-17 Globemaster. Embora fossem produtos de dois dos maiores empreiteiros militares do Pentágono, cada um precisou de milhares de componentes de dezenas de fornecedores menores. Essa cadeia de suprimentos dava a Su informações sobre incontáveis envolvidos — bem como uma explicação conveniente para eventuais sócios que se preocupassem com o tipo de informação que Su procurava.

"Su diria algo como: 'Não estou pedindo para você me fornecer o F-35, mas qual é o problema de eu conseguir um sistema para vendê-lo a um amigo ou possível cliente?'", disse Anderson. "E assim ia."

Seus contatos não sabiam, mas Su não trabalhava sozinho. Na verdade, ele fazia parte de uma equipe transnacional de três pessoas: ele agia na América do Norte, e seus dois parceiros — identificados na queixa criminal do FBI, em 2014, apenas como "coconspirador não encarregado 1" e "coconspirador não encarregado 2"—, na China continental. De acordo com o FBI, Su identificava arquivos de valor inestimável nos computadores das empresas-alvo, então os transmitia para os parceiros na China, que invadiam os sistemas dessas empresas-alvo para roubá-los. A equipe então vendia esses arquivos roubados para as partes interessadas da China, ou seja, empresas estatais do setor militar. Como a acusação criminal observou, eles não fizeram isso só a pedido do governo chinês, mas também "para seu lucro pessoal". A espionagem servia tanto ao país quanto a suas contas bancárias.[1]

Os e-mails que o FBI levantou mostraram que seu *modus operandi* era simples e eficiente. A equipe se reuniu pela primeira vez no verão de 2009, quando Su enviou os primeiros e-mails para os coconspiradores identificando possíveis alvos dentro dos EUA. Em um e-mail datado de 6 de agosto de 2009, Su anexou uma planilha do Excel protegida por senha com endereços de e-mail, números de telefone e posições de cerca de 80 engenheiros e outros funcionários que trabalhavam em um novo projeto militar. A espionagem de Su era de baixa tecnologia, até mesmo desajeitada. O assunto do e-mail de 6 de agosto era "My Cell Phone Number" ["Meu Número de Telefone], o que, o FBI descobriu mais tarde, indicava que a senha do arquivo protegido do Excel era o número de seu celular.[2]

Quatro meses depois, em 14 de dezembro de 2009, Su enviou um e-mail similar, dessa vez com o assunto "Target" [Alvo], listando os nomes e cargos de outros quatro executivos, incluindo o presidente e os vice-presidentes de uma empresa que fabricava armas e sistemas de guerra eletrônicos para os militares dos EUA. Posteriormente, a análise do FBI determinou que as divisões identificadas nesses primeiros e-mails correspondiam a alvos que a equipe de Su hackeou.[3]

O próximo passo dos hackers se assemelhou aos métodos usados pelos hackers russos para invadir o Partido Democrata na eleição presidencial dos EUA de 2016. Eles enviaram os chamados e-mails de phishing para funcionários específicos da empresa-alvo, como explicou o FBI: "Para parecer que vieram de um colega ou contato comercial." Se o destinatário clicasse no link contido no e-mail ou abrisse o anexo, uma "conexão de saída" era estabelecida entre o computador da vítima e outro na China, sob controle dos hackers. Eles então instalavam malwares no computador da vítima, para que o controlassem remotamente e — o mais alarmante — explorassem toda a rede da empresa.[4]

Su e sua equipe tomavam medidas cuidadosas para esconder a origem da invasão cibernética. Para isso, a conexão de saída dos hackers da empresa-alvo era roteada por uma série de servidores em diversos países do mundo. Esses "hop points", como são conhecidos, obscureceriam quem eram os hackers e sua localização — se e quando fossem descobertos.

Como escreveram em um relatório interno de 2013, obtido pelo FBI, "para evitar complicações diplomáticas e legais, o trabalho de vigilância e a coleta de inteligência são feitos fora da China. A inteligência coletada é enviada primeiramente a um oficial da inteligência por um servidor temporário pré-ordenado, de fora da China, ou por um jump server, que fica em um terceiro país, antes de finalmente chegar às regiões/áreas circunvizinhas ou a uma estação de trabalho de Hong Kong ou Macau".[5]

A etapa final do roubo — ou seja, o último "salto" de volta para os clientes na China continental — não passava por nenhuma rede de computador. Su e seus parceiros montaram o que chamavam de "salas de máquinas" em Hong Kong e em Macau, onde a inteligência roubada seria coletada e depois levada para a China.

"A inteligência é sempre captada e transferida para a China pessoalmente", escreveram em um e-mail de 2013.[6]

Acontece que Su e seus parceiros tiveram acesso irrestrito à rede da Boeing por 3 anos antes que a invasão fosse descoberta. Durante o período, eles alegaram ter roubado cerca de 630 mil arquivos digitais — totalizando monstruosos 65 gigabits de dados — apenas do C-17. E roubaram dezenas de milhares de arquivos do F-22 e do F-35.[7]

Embora a equipe de Su Bin tenha tido um enorme sucesso, ela foi apenas uma pequena parte de um enorme exército de hackers chineses dedicados a roubar os segredos mais importantes do governo e do setor privado dos EUA. Nas últimas duas décadas, a China construiu uma enorme infraestrutura encarregada de espionagem cibernética. O Escritório do Representante de Comércio dos EUA (USTR) estima que o país tenha perdido até US$600 bilhões por ano em propriedade intelectual. Uma vez que considera a China "o principal detentor de IP do mundo", o USTR acredita que ela é responsável pela maior parte dessas perdas.

O roubo de segredos norte-americanos é uma das frentes mais insidiosas da Guerra nas Sombras: constante, profundamente prejudicial à segurança nacional e à vista de todos. Quando fui chefe da equipe da embaixada dos EUA em Pequim, as empresas norte-americanas — embora cientes do roubo — muitas vezes se recusavam a pedir ajuda do governo, ou mesmo a identificar ciber-rupturas, por medo de alienar seus parceiros chineses ou perder o acesso ao mercado chinês. De fato, a estratégia da China depende desse medo — e o cultiva.

Um alto funcionário da lei dos EUA descreveu o aparato de espionagem da China como uma "tênia", alimentando dezenas de milhares de instituições e indivíduos dos EUA para extrair seu bem mais precioso: sua engenhosidade. O objetivo de Pequim é ultrapassar os Estados Unidos como superpotência mais poderosa e tecnologicamente mais avançada do mundo. Os líderes chineses preferem fazê-lo pacificamente, mas, se houver uma guerra, eles nivelarão o campo de batalha.

Isso não é simplesmente conjectura, mas se reflete na retórica dos mais altos níveis de liderança chinesa. O presidente Xi Jinping prevê a China na vanguarda da inovação até 2035 e, além disso, como a potência global líder até 2050. Objetivos nobres a serem concretizados, mas, para tal, a liderança demonstrou que será preciso implementar o leapfrogging — e até a espionagem cibernética — no caminho.

"Isso se resume à dominação mundial, e, se e quando houver um conflito — e, infelizmente, é provável que haja —, eles querem estar mano a mano, se não melhor que os EUA, e é para isso que estão se preparando nos últimos 30 ou 40 anos", explicou Anderson.

A espionagem cibernética parece uma frente branca e menos sangrenta da Guerra nas Sombras. Porém Anderson diz que os serviços de segurança chineses operam tão brutalmente no ciberespaço quanto em qualquer outro campo de batalha.

"Os chineses são até mais cruéis do que os russos", disse-me Anderson, parando para ter certeza de que eu estava ouvindo. "Eles vão matar pessoas num piscar de olhos. Vão matar famílias num piscar de olhos. Farão isso silenciosamente dentro da China ou em seus territórios, mas eles absolutamente o farão, se precisarem."

Bob Anderson foi parar na contrainteligência de aplicação da lei, onde "brutal" é acessório de fábrica. Ele começou como policial estadual de Delaware, fiscalizando crimes de motoristas imprudentes a traficantes de drogas ilícitas e homicídios. Entrou para o FBI em 1995, em um esquadrão antidrogas no sudeste de Washington, D.C., quando a capital tinha uma das maiores taxas de tráfico e consumo de drogas e crimes violentos do país.

"Comprávamos cocaína, crack, metanfetamina, heroína", lembra Anderson. "D.C. foi a capital do assassinato dos EUA na época."

Subindo na hierarquia, ele serviu em uma equipe da SWAT e de resgate de reféns, antes de ser promovido a supervisor da contrainteligência do FBI, em 2001. Sua experiência nas ruas foi um treinamento vital para lidar com a espionagem internacional. Agentes estrangeiros, lembra Anderson, eram tão violentos e perigosos quanto os traficantes que perseguia pelas ruas de Washington. Os russos eram implacáveis.

"Ah, merda! Eles odeiam sua coragem", disse Anderson. "Eles o odeiam porque você é norte-americano, e não é porque você é branco, negro, homem ou mulher. Eles o odeiam porque é norte-americano."

Anderson me contou que certa vez se sentou com um alto funcionário do serviço de inteligência estrangeira da Rússia (SVR) para uma troca de espiões. Foi a primeira vez que o diretor assistente de contrainteligência do FBI se sentou com o inimigo russo em solo norte-americano.

"Ele trouxe dois secretários — obviamente, dois caras gigantes da GRU [agência de inteligência militar da Rússia] — que estavam de terno, prontos para quebrar o pescoço de qualquer pessoa no restaurante a que fomos", disse ele. "Foi uma cena saída de um romance policial."

O funcionário russo, de 72 anos, sentado a sua frente para a troca, era, como Putin, um veterano da antiga KGB.

"Esse cara provavelmente matou a maior parte do próprio pessoal e estava me encarando do outro lado da mesa sem dar a mínima para o fato de eu ser um agente do FBI", disse-me Anderson. "Ele simplesmente me odiava por eu ser norte-americano."

O ódio continua sendo uma constante, mas, em seu posto na contrainteligência, ele observou como a própria natureza da espionagem mudou, sobrecarregada pelo advento e pela expansão das ferramentas cibernéticas.

"Eu estava prendendo um monte de espiões e comecei a perceber uma mudança em seu padrão de ação", disse Anderson. "Em vez das tradicionais quedas de uma ponte, tudo estava em um pen drive. Tudo estava na nuvem, e, nessa época, as pessoas nem sabiam de que porra eu estava falando."

Anderson conta suas histórias de espionagem com a indiferença de um policial veterano e com um toque de bravura. Para ele, um traficante de drogas ilícitas de Washington, D.C., compartilha mais do que você imagina com um ladrão cibernético da China. Ambos estão dispostos a mentir, enganar, lutar e até mesmo matar para conseguir o que querem. Com suas credenciais de rua, Anderson se viu como o principal investigador do que viria a ser um dos ataques cibernéticos mais devastadores nos Estados Unidos, incluindo a violação extensiva da NSA, por Edward Snowden; o hack da Coreia do Norte na Sony

Pictures; e a penetração da China no Escritório de Administração de Pessoal dos EUA, que exporia as informações pessoais de milhões de funcionários do governo que detinham, ou mantinham, autorizações de segurança (inclusive minhas, fui descobrir depois).

"Eram 600 pessoas de 123 países", disse Anderson. "E, quando você começa a ver essa merda, começa — pelo menos eu — a entender tudo de uma perspectiva criminosa; como cartéis, eles usam dinheiro, mas agora é a moeda virtual. E eles podem lavá-la, sei lá, em 50 países em uma hora. Quero dizer, como acompanhar isso?"

O número exato de espiões como Stephen Su é difícil de definir, mas Anderson estima que, a qualquer momento, existirão dezenas de equipes como a dele agindo nos Estados Unidos. E atrás deles, na China, diz Anderson, há muito mais hackers trabalhando; alguns, em tempo integral, pelos serviços de segurança chineses; outros, em regime de meio período. Entenda esse sistema como um programa cibernético de "serviço nacional" para jovens chineses de alto nível.

"Você iria para a cadeia aqui, mas os chineses têm milhares de jovens — como os melhores do MIT ou de Stanford — contra os EUA", diz Anderson. "Eles recebem para fazer isso, é uma rotina para eles."

"E são muito calculistas no que fazem, têm requisitos, como a comunidade de inteligência dos EUA tem exigências", disse Anderson.

Também são extremamente ambiciosos em seus objetivos. Em um e-mail de 2011, a equipe de Su afirmou com um floreio que as informações que estava roubando "nos permitiriam alcançar rapidamente os níveis dos EUA [...] usando seu conhecimento para superá-los".[8]

Em busca de seu objetivo grandioso, Su e seus coconspiradores mantiveram registros meticulosos — ansiosos para provar sua utilidade aos clientes do governo chinês e para melhorar seus resultados. E, assim, com uma série de autoavaliações brilhantes em e-mails, teceram um relato exaustivo de seus crimes. Eles eram defensores ferrenhos de seus arquivos roubados. Afinal, sua missão não era apenas roubar informações confidenciais, mas vendê-las pelo maior preço possível. Para isso, enviavam por e-mail atualizações regulares de seu trabalho — atualizações que pareciam propagandas, cheias de elogios e floreios.

Em 7 de julho de 2011, cerca de um ano após a infiltração na segura rede da Boeing, o "coconspirador 1 não declarado" de Su Bin enviou um relatório a seu supervisor, o "coconspirador 2 não declarado", intitulado "Past Achievements" [Conquistas Passadas], que incluiu uma longa lista de materiais roubados de empresas de defesa dos EUA. Eles alegaram ter ganhado o controle dos servidores de um contratado e roubado 20 gigabytes de dados tecnológicos. Além de roubar arquivos relacionados às aeronaves C-17 e F-22 e F-35, eles se gabaram de realizar "reconhecimento" em arquivos relacionados a um veículo aéreo não tripulado (UAV) fabricado nos EUA.

"Coletamos uma grande quantidade de informações e caixas de e-mail do pessoal relevante", estava no e-mail de 7 de julho. "Também obtivemos a senha para o sistema de gerenciamento de clientes do fornecedor e controlamos as informações dos clientes dessa empresa."

Outras "conquistas passadas" incluíam alvos fora dos EUA. "Por meio de reconhecimento e infiltração de longo prazo, asseguramos a autoridade para controlar o site do […] míssil desenvolvido em conjunto pela Índia e pela Rússia", escreveu um dos coconspiradores chineses de Su. Ele citou a tecnologia militar roubada de Taiwan e informações políticas roubadas do "Movimento Democracia" e do "Movimento da

Independência Tibetana", dentro da China. Eles se concentravam em todas as informações que acreditavam que o governo chinês gostaria de saber — e que estariam dispostos a pagar para ter.[9]

Contudo, os EUA foram, de longe, seu principal alvo. Em 27 de fevereiro de 2012, um dos coconspiradores enviou um e-mail com o assunto "Complete Listing" [Listagem Completa]. Um anexo documentou cerca de 32 projetos militares dos EUA alvejados, com a quantidade de dados tecnológicos que alegavam ter roubado de cada um deles.

Segundo a acusação criminal do FBI de 2014, ao lado de "F-22", estava "220M", indicando 220 megabytes de dados. Os números ao lado dos outros 31 projetos visados foram seguidos por um "G", que um especialista do FBI concluiu se referir a gigabytes de dados. Um gigabyte equivale a 1.000 megabytes, o equivalente a cerca de 5 mil livros.[10]

Foi uma extraordinária coleção de informações sobre alguns dos projetos militares mais avançados e sigilosos dos EUA. Mais tarde, a análise do FBI confirmou que os diretórios de arquivos, esquemas técnicos e outras informações proprietárias roubadas correspondiam aos "originais obtidos [pelo FBI] diretamente de empresas e de entidades do governo dos EUA".[11]

Os anos de 2012 e 2013 foram extremamente turbulentos. Su e seus coconspiradores reivindicaram uma série de sucessos enquanto atualizavam seus clientes chineses sobre o progresso de seu roubo.

Em 13 de fevereiro de 2013, um dos parceiros de Su escreveu ao supervisor explicando: "O foco dos EUA está nas tecnologias militares, mas isso afeta outras áreas, enquanto o de Taiwan está nas manobras e construções militares."

"Nos últimos anos", continuou, com um floreio, "nós, com trabalho incansável e por meio de múltiplos canais, obtivemos uma série de dados militares de tecnologia industrial, incluindo F-35, C-17 [...] bem como as manobras militares taiwanesas, planos de operações de guerra, alvos estratégicos, atividades de espionagem e assim por diante".[12]

Em agosto de 2013, a equipe de Su enviou seu relatório mais abrangente sobre suas atividades de invasão dos Estados Unidos. O brilhante relato inclui alguns de seus característicos elogios a si mesma.

"Cumprimos com segurança e sem problemas a missão confiada", escreveram. "Com contribuições vitais para o desenvolvimento da pesquisa científica da defesa nacional e críticas favoráveis unânimes."[13]

Os hackers documentaram a duração e a sofisticação de seu trabalho. Em um e-mail, revelaram a data em que invadiram pela primeira vez a rede interna da Boeing, em janeiro de 2010. Eles disseram que obter acesso à "rede secreta" da Boeing foi difícil, pois era protegida por "equipamentos de segurança anti-invasão aos montes", com cerca de 18 redes de domínio separadas e 10 mil computadores.

Eles tomaram precauções especiais para evitar a detecção, inclusive operando apenas durante o horário comercial dos EUA, acrescentando que "alternavam em sua rede interna para dificultar a detecção do reconhecimento". Eles também destacam que usavam "hop points" em pelo menos três diferentes países, acrescentando que "garantimos que um deles não tivesse relações amigáveis com os EUA". Ou seja, eles escolheram um país que não compartilharia inteligência com os Estados Unidos, para evitar que revelassem suas operações às autoridades norte-americanas.

A perda de informações foi enorme e abrangente. Um e-mail de 3 de maio de 2012 continha um anexo que parecia apresentar o plano de teste de voo completo para o F-35. Os 630 mil arquivos roubados relacionados ao C-17 cobriam quase todos os aspectos do projeto do avião.

"Os desenhos incluem frente, meio e traseira da aeronave; asas; estabilizador horizontal; leme; e pilão do motor. O conteúdo inclui desenhos de montagem, peças e peças sobressalentes. Alguns desenhos contêm medidas e permissões, bem como detalhes de diferentes tubulações, cabos elétricos e instalação de equipamentos", escreveu C1. "Além disso, havia documentos de testes de voo."

Em outras palavras, eles roubaram o que alguém precisa para construir e pilotar um avião. E concluíram, novamente com um floreio: "Esse trabalho de reconhecimento, por causa dos preparativos, planejamento meticuloso, acumulou uma rica experiência para nosso trabalho no futuro. Estamos confiantes e aptos [...] a completar a nova missão."[14]

Dada essa tendência dos chineses de se gabar de seus sucessos, o FBI incluiu na acusação: "O sucesso e a extensão da operação podem ter sido exagerados."

No entanto, muitos dos arquivos que eles alegaram ter roubado correspondiam aos arquivos genuínos, fornecidos ao FBI pelas empresas-alvo como parte da investigação da agência. E, como as autoridades da inteligência norte-americana observam, com um sarcasmo ácido, o avião de transporte Y-20 da China é muito similar ao C-17 da Boeing — assim como o caça J-31 da China é quase indistinguível do F-35.

A equipe de Su teve um sucesso notável por um longo período, por meio de uma combinação de coleta humana e intrusão cibernética. E eles foram impulsionados por uma combinação de motivos também: dinheiro e patriotismo. Bob Anderson diz que esses objetivos não são excludentes. Na verdade, funcionam bem juntos.

"Com os chineses, parece que tudo acontece em uma via de mão dupla", disse-me Anderson. "As pessoas querem ganhar dinheiro. Eu cuido de você, você cuida de mim. Mas, ao mesmo tempo, elas sabem muito bem o que a nação está pedindo que adquiram."

"A diferença sutil é que todos também querem ser recompensados", continuou Anderson. "Não necessariamente pelo governo, mas querem qualquer tipo de vantagem indireta de quem recebe o dinheiro."

Essa não é uma combinação que a lei dos EUA veja em seu outro maior adversário cibernético, a Rússia.

"Você nunca os verá vender de volta à Rússia e depois tentar vender em outro lugar. Nunca acontece. Nunca vai acontecer", disse Anderson. "Nunca verá isso acontecendo no SVR, FSB, GRU [agências estrangeiras, domésticas e de inteligência militar da Rússia], com nada relacionado à Rússia."

"[Para] a China, é como se essa fosse uma maneira padronizada de fazer negócios", concluiu.

As trocas de e-mails mostram que o dinheiro sempre esteve na mente de Su Bin e de seus comparsas. Muitas eram melancólicas, até mesquinhas. Em um e-mail de 2010, eles observaram que excederam o financiamento de 2,2 milhões de RMB, recebido até aquele momento para "construir sua equipe e infraestrutura". Eles alegaram que suas despesas reais foram mais que o triplo: 6,8 milhões de RMB, ou quase

US$1 milhão. E tiveram de cobrir a diferença com um empréstimo bancário. Esse deficit orçamentário, disseram, obrigou-os a "perder a melhor oportunidade" de tirar informações do C-17.

Todos os membros da equipe pediam atualizações frequentes sobre sua remuneração. Em 30 de março de 2010, um dos hackers da China enviou um e-mail a Su lhe perguntando se ele "tinha boas notícias", presumivelmente, sobre o pagamento. Seis dias depois, em 5 de abril, ele enviou um e-mail novamente, com assunto "...".

Para dar início ao processo de pagamento, ele se ofereceu para compartilhar uma amostra do material roubado de C-17 com os compradores, para despertar seu interesse. No mesmo dia, Su respondeu ao e-mail rejeitando a ideia, avisando ao parceiro: "Se retirarmos dinheiro para a amostra do 17, não será fácil retirar a grande quantia seguinte."

Esquivando-se, ele atacou a burocracia do governo chinês: "Além disso, pedir ressarcimento das despesas é um longo processo."[15]

Su, no entanto, fez o próprio lamento. Em março de 2010, escreveu aos parceiros para reclamar da fabricante estatal de aeronaves que estava comprando os dados do C-17: "É dessas informações que a [empresa chinesa de aeronaves] precisa. Eles são muito mesquinhos!"

Na visão de Anderson, o desejo de obter uma recompensa financeira não enfraquece o comprometimento dos ladrões de informações. O nacionalismo continua sendo um poderoso motivador — que inspira muitos cidadãos chineses a fazer sua parte pelo país, sejam agentes formais do governo ou voluntários em tempo parcial.

"O MSS [Ministério de Segurança do Estado, o serviço de inteligência nacional e estrangeiro da China] e o Partido [Comunista Chinês] entendem cada indivíduo no continente como um colecionador. E sua família é uma extensão da coleção", disse Anderson. "Sua força é o povo."

Essa é uma vantagem exclusiva da China, diz Anderson. "É diferente do SVR [serviço de inteligência estrangeira da Rússia] e do FSB [serviço de inteligência nacional da Rússia]. É diferente do NIS [serviço de inteligência da Coreia do Sul]. É diferente do SIS [serviço de inteligência estrangeiro do Reino Unido, conhecido como MI6]", continuou. "Essa é a força, eu acho, que a China tem quando falamos disso."

A saga de Su Bin como um dos espiões chineses mais nocivos de sua época terminou no verão de 2014, quando foi preso no Canadá, com um mandado emitido pelos EUA cinco anos após ter enviado as primeiras instruções a seus coconspiradores na China detalhando alvos a hackear dentro dos Estados Unidos. Uma declaração do Departamento de Justiça anunciando sua acusação informou que ele "trabalhou com dois coconspiradores na China para se infiltrar em sistemas computacionais e obter informações confidenciais sobre programas militares, incluindo o avião de transporte C-17, o caça F-22 e o jato de combate F-35".[16]

Dois anos depois, em fevereiro de 2016, Su consentiu ser enviado para os Estados Unidos, onde se declarou culpado perante a juíza da corte distrital, Christina Snyder, na Califórnia. No acordo, a declaração do Departamento de Justiça dizia: "Su admitiu conspirar com duas pessoas na China, de outubro de 2008 a março de 2014, para obter acesso não autorizado a redes de computadores protegidas nos Estados Unidos, incluindo computadores pertencentes à Boeing Company, em Orange County, Califórnia, para obter informações militares confidenciais e para exportá-las ilegalmente dos Estados Unidos para a China."[17]

Su também admitiu buscar lucro financeiro. Em julho de 2016, foi sentenciado a 46 meses de prisão e condenado a pagar uma multa de US$10 mil.

Ao anunciar a condenação, o então procurador-geral assistente John P. Carlin disse: "Essa sentença envia uma forte mensagem de que roubar dos Estados Unidos e de nossas empresas tem um custo significativo; podemos e vamos encontrar esses criminosos e levá-los à justiça. A Divisão de Segurança Nacional continua focada em interromper ameaças cibernéticas à segurança nacional, e continuaremos implacáveis em nossa busca pelos que tentam minar nossa segurança."

"A segurança cibernética é uma prioridade máxima não apenas para o FBI, mas para todo o governo dos EUA", acrescentou o diretor assistente da divisão cibernética do FBI, James Trainor. "Nossa maior força é a colaboração, e o culpado de hoje demonstra isso. As capacidades de nossos adversários estão em constante evolução, e permaneceremos vigilantes no combate à ameaça cibernética."[18]

Foram declarações ousadas, adequadas à seriedade com que os EUA tratam esse tipo de roubo, o que esperavam que seus adversários entendessem. E emitir acusações contra hackers estrangeiros, mesmo quando os EUA não podem prendê-los, é uma parte de sua reação aos ataques cibernéticos: isto é, nomear e envergonhar os perpetradores. "Dar o recado", dizem as autoridades policiais dos EUA. Mas, além do constrangimento de ser pego e dos danos à futura coleta de informações de inteligência, o que os EUA aprenderam com a espionagem cibernética chinesa foi que essas acusações não mudariam o comportamento de Pequim.

"Nós nunca vamos ver esses caras", observou Anderson. "E os chineses voltariam e nos diriam: 'Um, nós negamos tudo e, dois, não nos importamos. Nós nem mesmo honramos um estatuto de espionagem econômica. Nem achamos que exista.'"

A acusação de Su Bin em 2014 foi uma vitória do FBI e um exemplo do bom trabalho da polícia cibernética. Apesar dos esforços prodigiosos de Su e de sua equipe para encobrir seus rastros eletrônicos, os analistas do FBI os acompanharam muito bem pelo mundo, passando por vários países e múltiplos "hop points", e chegaram a um simpático e sociável empresário chinês.

Como em muitos casos de espionagem, havia indícios e pistas de operações visando a Boeing e outros contratados de defesa dos EUA antes que Su Bin e sua equipe fossem identificados e capturados. Bob Anderson se lembra de ter visto a inteligência nos meses anteriores à sua prisão, indicando uma possível violação.

"Em muitos casos [cibernéticos], como nos casos de espionagem convencional, você tem um palpite ou uma parte da inteligência lhe indicando um culpado", disse Anderson.

Identificar esse "culpado", no entanto, nesse caso levou anos, o que permitiu à China aprimorar sua tecnologia militar no processo. E hoje a China tem dois jatos muito similares ao F-35 e ao C-17.

Anderson e outras pessoas alertam que a equipe de Su era apenas um nó em uma enorme rede global de ciberespiões chineses.

"Há muitos deles por aí. Acho que o que as pessoas precisam entender é que essa situação não foi um caso isolado, nem vai parar só porque você indicia um cara, ou até mesmo centenas", alertou Anderson. "Eles não dão nem um pouco de trégua."

"Há centenas, se não milhares, dessas pessoas, na minha opinião, que estão aqui ou nos países que são nossos parceiros, porque este agora é um ambiente de negócios global", acrescentou.

De forma mais alarmante, Anderson alerta que a Divisão Cibernética do FBI está ciente, talvez, de 10% ou menos de todas as invasões cibernéticas como a realizada por Su Bin e seus parceiros. Eles são sobrecarregados e, muitas vezes, superados.

Esse campo de batalha da Guerra nas Sombras está em constante mudança. Enquanto os Estados Unidos capturam um ou vários espiões, novos entram na briga com novas armas. O avanço da tecnologia é constante, e, portanto, o das táticas chinesas para hackear, também. Já o *modus operandi* de Su Bin e de sua equipe, empregado com tanto sucesso — o de ter um operador local nos Estados Unidos identificando alvos para operadores baseados na China hackearem —, está obsoleto. As capacidades cibernéticas da China avançaram a tal ponto que Pequim não precisa mais de um operador em campo nos Estados Unidos. Cada vez mais, tanto a segmentação quanto a invasão podem ser feitas de longe, dentro dos limites seguros da China.

"Não acho que eles precisem da proximidade de que precisavam cinco anos atrás, por causa da capacidade cibernética, por causa de aspectos diferentes para entrar em áreas altamente restritas das empresas, por causa de sua capacidade de hackear de forma silenciosa, muito mais especializada do que antes", disse-me Anderson.

"A única coisa em que a China é muito boa é em modificar sua espionagem com frequência", acrescentou.

Isso significa que o que o FBI aprendeu com o caso Su Bin não pode ajudá-lo a pegar o próximo Su Bin. Eles estão procurando um tipo diferente de ladrão, com um *modus operandi* diferente.

"Se você está procurando Su Bin, vai perdê-lo. Eles já estão aqui fora. Este é um ponto-chave: se você está procurando alguém, já o perdeu."

Para os militares dos EUA, a extensão dos danos causados pelo hacking de Su Bin e de seus parceiros ainda não está totalmente clara. A China já implementou aeronaves semelhantes, com capacidades semelhantes. No entanto, oficiais militares dos EUA me disseram, muitas vezes com certo escárnio, que o caça J-31 e o transporte Y-20 da China são, na melhor das hipóteses, cópias baratas.

Bob Anderson é menos otimista. Ele não é um comandante militar. Dedicou toda sua vida profissional à aplicação da lei. No entanto, conheceu a inteligência. E quando lhe perguntei quantos dados confidenciais referentes aos aviões militares mais avançados dos EUA Su Bin e sua equipe tinham roubado, sua resposta foi perturbadora.

Quanto ao C-17, apenas disse: "Muito, muito." Quanto ao F-35, ele foi mais longe: "Muito, a ponto de acarretar um grande problema."

A China, em cinco anos, com apenas três agentes, reduziu a diferença com os Estados Unidos em três de seus aviões militares mais avançados — que levaram mais de uma década para ser desenvolvidos e bilhões de dólares para ser projetados e produzidos. E a China fez isso não apenas com a intenção de alcançar tecnologicamente os Estados Unidos, mas também para nivelar o campo de batalha com os norte-americanos em caso de guerra — uma perspectiva que alguns comandantes militares de ambos os lados consideram inevitável.

Anderson e outros agentes de inteligência e policiais que entrevistei falam da China com um respeito relutante pelo adversário.

"Conhecê-los é respeitá-los, se você entender o que estão fazendo", disse Anderson. "Pode não gostar deles. Pode não concordar com o que fazem. Mas é melhor respeitar o que fazem, ou eles vão superá-lo todas as vezes, porque são muito bons nisso."

"Somos vistos como seu principal adversário, e eles mentem, trapaceiam e roubam [...] para descobrir como ficar à frente de nós", disse-me Anderson. "Não acho que as pessoas entendam a situação dessa maneira."

LIÇÕES

A enorme conspiração de Su Bin para roubar segredos detalhando alguns dos aviões mais avançados das Forças Armadas dos EUA contém duas lições importantes para o país. Primeiro, a China tem roubado agressivamente segredos e propriedades intelectuais do governo e do setor privado dos EUA há décadas. Para a China, esse roubo patrocinado pelo Estado não é crime, mas uma política. Seu custo para os Estados Unidos é estimado em bilhões de dólares por ano. Por essa medida, é indiscutivelmente o roubo mais expansivo da história moderna — e ainda está em andamento. Para a China, o objetivo desse roubo não é apenas alcançar os Estados Unidos, mas superá-los. E essa intenção não é um segredo guardado nos profundos recantos do complexo do governo de Zhongnanhai, em Pequim, mas que autoridades chinesas discutem abertamente em discursos e publicações oficiais.

Segundo, os EUA tentaram incessantemente, durante suas múltiplas administrações, se defender e alertar Pequim para o fato de que tais ataques não mudaram o comportamento chinês. Isso inclui tudo, desde a advertência pessoal de Obama ao presidente chinês Xi Jinping, ao Departamento de Justiça dos EUA indiciando membros das Forças Armadas chinesas, ao presidente Trump impondo centenas de bilhões de dólares em tarifas sobre as importações chinesas. Além disso, semelhante à abordagem ocidental à Rússia, os líderes e formuladores de políticas dos EUA erroneamente persistiram na opinião de que os objetivos da China são os mesmos que os do Ocidente, isto é, a adesão a uma ordem internacional baseada em regras.

Para piorar o erro, o governo e os líderes empresariais dos EUA proclamaram corajosamente que a entrada da China em tratados e associações internacionais, como a Organização Mundial do Comércio, mudaria seu comportamento ao longo do tempo. Na verdade, sua entrada provavelmente não restringiu, mas facilitou, por parte da China, o roubo do maior patrimônio dos Estados Unidos: sua propriedade intelectual. É uma lição que o Ocidente ainda está aprendendo.

CAPÍTULO 4

Soldadinhos Verdes[*]

(RÚSSIA)

Na tarde de 17 de julho de 2014, Alexander Hug estava em seu escritório, em Kiev, Ucrânia, quando recebeu os primeiros relatórios de uma aeronave abatida. Como líder da Missão Especial de Monitoramento da Organização para a Segurança e Cooperação na Europa (OSCE) na Ucrânia, liderou a perigosa e frustrante tarefa de documentar a sangrenta guerra entre separatistas ucranianos e pró-russos armados, financiada e encabeçada pela Rússia. Ele e sua equipe monitoravam as instáveis linhas de frente, tentavam facilitar o diálogo e — o mais perturbador — acompanhavam o crescente número de vítimas civis. As atividades aéreas só chamaram a atenção quando um jato caiu.

---

[*] No original, *Little Green Men*, uma referência aos soldados mascarados e, portanto, não identificados, que chegavam armados em uniformes camuflados durante a anexação da Crimeia pela Federação Russa, entre fevereiro e março de 2014.

Nas semanas que antecederam a polêmica tarde de julho, a equipe de Hug viu relatos frequentes de aeronaves militares abatidas. A Ucrânia manteve uma força aérea moderna e considerável que, por um tempo, comandou o espaço sobre o campo de batalha. No entanto, à medida que aumentavam as perdas de caças apoiados pela Rússia, Moscou passou a fornecer mísseis antiaéreos, ou MANPADs (o sistema portátil de defesa aérea). A decisão teve um impacto imediato e devastador.

Pouco mais de um mês antes, em 14 de junho, forças apoiadas pela Rússia derrubaram um jato de transporte militar ucraniano IL-76 que seguia para Luhansk, no leste do país, matando todas as 49 pessoas a bordo. No dia seguinte, quando destroços e corpos encheram os campos da fazenda fora de Novohannivka, um comandante de forças separatistas reivindicou o crédito pela perda do jato. Em um vídeo postado no YouTube, Valery Bolotov disse: "Não posso dar detalhes sobre o IL-76, mas repito que foi atingido pela nossa milícia, as forças de defesa aérea da República Popular de Luhansk." Suas forças usaram um míssil de ombro, fabricado e fornecido pela Rússia. Como o jato estava próximo, sua altitude possibilitava o alcance pelo míssil.

Mais recentemente, no entanto, Hug fez relatos de aeronaves abatidas em altitudes muito maiores, além do alcance dos MANPADs. Em 14 de julho, apenas três dias antes, outro transporte militar ucraniano, um Antonov-26, foi derrubado perto de Luhansk, a uma altitude entre 6.200 e 6.500 metros.[1] Dois dias depois, em 16 de julho, o jato ucraniano Sukhoi Su-25 foi derrubado a 6.250 metros.[2] Para derrubar aviões nessa altitude eram precisos sistemas de mísseis superfície-ar mais potentes, com alcance muito maior do que o dos de ombro — um que se estendesse até a altitude de cruzeiro das aeronaves civis da Europa.

"Na época, houve vários relatos de aeronaves abatidas, inclusive no dia anterior, então é claro que tomamos nota", lembrou Hug. "Mas, logo depois, vieram as primeiras mensagens de que aquela era uma aeronave civil."

Até hoje Hug guarda as primeiras anotações daquela tarde em um cavalete em seu escritório em Kiev. Ele as leu para mim quatro anos depois: "Boeing 777–200", "Amsterdã para Kuala Lumpur", "último contato às 16h30", "aproximadamente 300 passageiros".

"Estes foram meus primeiros rabiscos", disse-me Hug, com a voz vacilante conforme se lembrava. Também foram os primeiros sinais de que ele e sua equipe enfrentavam algo para o qual não estavam preparados.

Quatro anos depois, as memórias de Hug ainda estão frescas. Com uma fala doce, apesar da altura, seu comportamento calmo parece conflitar com tudo o que testemunhou em seu papel documentando uma guerra sangrenta na Europa moderna. Como pai de três, ele diz que seus filhos estão sempre em seus pensamentos enquanto narra o custo humano dos combates. As vítimas daquele acidente fariam o mesmo por ele, em termos ainda mais dolorosos.

Com origens na Guerra Fria, a OSCE ficara obsoleta na Europa do pós-guerra. Fundada em 1973, por Richard Nixon e o então secretário-geral do Partido Comunista Soviético, Leonid Brezhnev, a OSCE monitorava os acordos firmados sobre armas nucleares de 1970 e 1980.[3] Porém após o colapso da União Soviética, em 1991, a representatividade da OSCE sucumbiu. Ela assumiu missões menos ambiciosas, como o controle de Kosovo e da Bósnia do pós-guerra em meados de 1990. Seu papel, outrora grandioso, de pacificadora das superpotências, tinha acabado. Em 2014, no entanto, as invasões da Rússia à Crimeia e à Ucrânia Oriental levaram o grupo de volta ao centro das atenções internacionais.

Em 17 de julho, o voo MH17 da Malaysia Airlines saiu do aeroporto Schiphol, de Amsterdã, com destino a Kuala Lumpur, na Malásia, às 12h31 no horário holandês (7h31 no horário de Brasília) com 283 passageiros e 15 tripulantes a bordo.[4] O Boeing 777 atingiu a altitude de cruzeiro, de 33 mil pés, rumo ao sudeste da Alemanha, Polônia e Ucrânia. O céu estava limpo; o voo, tranquilo; e as amplas planícies da Europa Oriental se mostravam pelas janelas dos passageiros.

Perto da partida do MH17 de Amsterdã, um morador de Makeevka, leste da Ucrânia, fez uma foto de um caminhão transportando pela cidade um míssil superfície-ar BUK-TELAR, de fabricação russa. Makeevka estava na trajetória de voo do MH17, cerca de três horas à frente.

No verão de 2014, a companhia aérea nacional da Malásia voava sob a nuvem da perda inexplicável de outro Boeing 777 — o famoso voo MH370, que desaparecera quatro meses antes, de Kuala Lumpur a Pequim. Uma forte iniciativa de busca internacional ainda não localizou nenhum sinal do avião, e a causa de seu desaparecimento continua sendo um mistério. Enquanto esperava para embarcar no MH17, em Amsterdã, Cor Pan, um cidadão holandês, como a maioria dos colegas de viagem, postou uma foto do jato em sua página do Facebook, brincando: "Se o avião desaparecer, saibam que ele é assim."

Com 2h48min de voo, às 15h19min56 (10h19min56), o MH17 sobrevoava o leste da Ucrânia, perto da fronteira com a Rússia, quando o controle de tráfego aéreo regional autorizou a tripulação a seguir o trajeto no espaço aéreo russo. A tripulação do MH17 reconheceu a transmissão.[5]

De acordo com o relatório investigativo do Dutch Safety Board, quatro segundos depois, às 15h20 (10h20), o controle de tráfego aéreo contatou a cabine com mais instruções. Não houve resposta. A torre de controle fez mais quatro tentativas, perguntando a cada vez: "Malaio um-sete, está na escuta?" Mais uma vez, não houve resposta.

Preocupado, o controlador na Europa ligou para o colega do outro lado da fronteira, na Rússia, perguntando: "Rostov, você vê o malaio 17 [MH17] pelo transponder?"

Sem comunicação com o cockpit, o controle de tráfego aéreo queria saber se o sinal do transponder do jato ainda estava sendo detectado. Rostov respondeu: "Não, parece que seu alvo despencou."[6]

O gravador de voz do cockpit, mais tarde recuperado no local, mostrou que a gravação parou abruptamente às 10h20min03 (horário de Brasília), sete segundos após sua transmissão final. Mais uma vez, de acordo com o relatório investigativo holandês, uma onda sonora de alta energia com duração de 2,3 milissegundos foi detectada pouco antes do final da transmissão. A análise acústica achou que o som se originou de fora do avião, acima do lado esquerdo do cockpit.

Poucos minutos após a transmissão final, os moradores da cidade de Grabovo, no leste da Ucrânia, 50km a nordeste de Makeevka, começaram a compartilhar vídeos e fotos nas redes sociais dos destroços do avião. Testemunhas oculares descreveram uma explosão e uma gigantesca bola de fogo no céu, com destroços em chamas caindo.

Quando o burburinho nas redes sociais voltou a Kiev, Hug observou que sua localização estava no epicentro da área de conflito armado na época. O local ficava muito distante da capital, a quase 800km de carro. Hug instruiu sua equipe a fazer as malas e se preparar para sair de manhã.

Nas estradas irregulares e envelhecidas da Ucrânia, a viagem teria levado um dia inteiro de carro. Naquele momento, mais de 24 horas após o acidente, Hug se preocupava que corpos e provas importantes tivessem sido removidos pelos moradores ou, pior, adulterados por forças pró-russas em terra. Sua preocupação mais imediata, no entanto, era a segurança de sua equipe. Eles estavam tentando definir os fatos de um acidente mortal no meio de uma zona ativa de guerra.

Hug encontrou uma companhia local de helicópteros disposta a voar de graça. Àquela altura, a notícia do acidente se espalhara por todo o país. O derramamento de sangue se tornara familiar na Ucrânia nos últimos meses, e os cidadãos comuns estavam se oferecendo para ajudar.

A missão de monitoramento da OSCE não era uma força de manutenção da paz. Nenhum de seus membros estava armado. Eles eram burocratas bem-intencionados tentando manter a justiça em um conflito atolado em mentiras e decepções. Hug se sentia responsável pela segurança de toda a equipe. E se um jato de passageiros atravessando o céu a cerca de 1.000km por hora, a 10km da Terra, estava em risco, então um helicóptero de baixa velocidade a apenas centenas de metros do chão era um alvo fácil. Seria uma viagem tensa.

"Confiei que esses pilotos sabiam o que estavam fazendo, mas o conflito era intenso, então havia risco", disse ele, de forma seca.

No início da manhã de 18 de julho, eles pousaram em segurança em um campo aberto ao sul de uma cidade chamada Izium. De lá, foram para o sul, em direção ao local do acidente, em veículos blindados organizados pela sede da OSCE, em Kiev. Enquanto percorriam os quilômetros restantes, viam uma nuvem de fumaça se erguendo a distância. Eles estavam perto, à vista dos destroços que ainda queimavam, quando foram recebidos por um obstáculo inesperado.

Os soldados que encontraram não usavam insígnias nos uniformes de camuflagem. Hug se lembrou dos "soldadinhos verdes" que apareceram nas ruas da Crimeia quatro meses antes, falando russo e carregando armas russas, mas identificados pelo governo como cidadãos interessados em "se voluntariar" para proteger a população russa étnica da Crimeia. Não era um disfarce, e sim um deboche. Os sotaques e as armas dos soldados que os confrontavam denunciavam que eram estrangeiros. E o próprio

Hug entrevistou os combatentes separatistas, que admitiram pertencer a unidades militares russas implantadas na Ucrânia por Moscou. Mas, na época, sem bandeiras e crachás, quem poderia provar de onde eram?

Agora, no leste da Ucrânia, outro contingente de "soldadinhos verdes" havia aparecido. No local do acidente, o líder da unidade era uma volumosa farda camuflada russa de chapéu, que fez uma pose teatral em frente ao comboio da OSCE.

"Ele estava no meio da estrada com uma metralhadora — não um AK-47, uma metralhadora — e não nos deixou chegar a mais de 300 metros da estrada paralela ao acidente", lembrou Hug.

"Ele estava entorpecido. Dava para sentir o hálito dele", acrescentou Hug. "Está bêbado, pensei."

Hug e sua equipe ficaram presos em um impasse bizarro, a poucos metros do acidente mortal ao qual haviam sido enviados para cobrir, mas sem liberdade para fazer seu trabalho. Enquanto os monitores da OSCE eram mantidos a distância, socorristas locais, soldados russos e até mesmo um punhado de jornalistas se moviam livremente no local de colisão, cheio de corpos, partes de corpos e pedaços de destroços ainda em chamas. Essa era possivelmente uma cena de crime internacional, mas não estava sendo tratada assim.

"Aquela área era uma bagunça selvagem. Não havia ordem", disse Hug. "Homens armados, jornalistas e outros civis perambulavam pelo campo de destroços."

Essa "bagunça selvagem" estava bem na linha de contato entre as forças russas e as ucranianas. As baixas haviam aumentado em ambos os lados nas semanas anteriores. Nenhum deles estava disposto a baixar a guarda, apesar de o avião destroçado agora cobrir o campo de batalha.

A cena era tensa e perigosa. Hug podia ouvir a artilharia pesada a distância. O homem armado no comando disparou seu rifle no ar quando um membro da equipe de Hug tentou se aproximar dos destroços.

"Tentamos seguir em frente, mas houve tiros disparados sobre nossa cabeça pelos homens armados para nos afastar e, para ficar claro, eles não nos deixariam avançar", disse ele.

Os moradores da área encontravam corpos nas ruas, em seus jardins e telhados, e faziam fotos para mostrar a Hug e sua equipe. Naquele primeiro dia, Hug observou pelo menos 20 corpos, alguns já mostrando sinais precoces de decomposição, devido ao calor impiedoso. Era o auge do verão. As temperaturas estavam acima de 38°C.

"Os corpos foram marcados, mas ficaram expostos às intempéries", lembrou Hug. "Uma equipe de resgate uniformizada, presente no local, informou a mim e a meus colegas que sua tarefa era marcar os corpos, mas não removê-los."

Pressionados por Hug, ninguém dizia de quem era a responsabilidade de remover os corpos. Os moradores da área foram vencidos.

"Eles estavam todos devastados. Alguns choravam, outros tentavam ajudar", disse Hug. "A população civil teve o duplo problema de ter que lidar com o incidente enquanto era bombardeada e alvejada."

No final do dia, o comandante russo permitiu que a equipe de Hug se aventurasse a 200 metros na cena do acidente, mas não mais que isso. O imenso pedágio era inevitável. Eles viram uma parte da cauda do avião e outros detritos, incluindo assentos e bagageiros. Os moradores faziam pilhas de bagagens, em respeito às vítimas, mas eles foram forçados a sair — sob a mira de uma arma — após apenas 75 minutos.

Hug não foi instruído a determinar a causa do acidente. No entanto, desde o início, detectou detalhes reveladores. O revestimento do avião, principalmente ao redor do cockpit, estava cheio de buracos irregulares, com as bordas viradas para dentro, indicando que projéteis haviam atingido o avião em alta velocidade. Ele serviu nas Forças Armadas e reconheceu o padrão dos explosivos.

"Vi partes diferentes que haviam sido perfuradas e, com base em meu passado militar, sei que eram um tipo de impacto de estilhaços", recordou Hug. "Também acredito que a colisão tenha ocorrido em alta velocidade."

Hug não estava sozinho em suas suspeitas. No dia do acidente, a mais de 8.000km, outra equipe de investigadores dava uma primeira olhada no desaparecimento do MH17. No exato momento em que ele perdera o contato com o controle de tráfego aéreo, os satélites de vigilância dos EUA capturaram um flash no céu sobre a Europa Oriental. E no Centro de Inteligência de Mísseis e Espaço (MSIC), da Agência de Inteligência de Defesa (DIA), em Huntsville, Alabama, os analistas de inteligência dos Estados Unidos formavam uma equipe para examinar os dados dos satélites, a fim de determinar o que causara aquele flash. Fui o primeiro repórter a entrar na sala de análise técnica do MSIC, onde conheci membros da equipe de investigação que estavam de serviço naquela manhã de julho e onde os técnicos dizem que realizam "CSI" para zonas de guerra.

"É o tipo de capacidade forense do CSI, semelhante à investigação da cena do crime, um pouco de DNA aqui e uma impressão digital ali começam a juntar uma história bastante elucidativa", disse Randy Jones, cientista-chefe do MSIC. "Tudo isso fornece pequenos pedaços do quebra-cabeça, que, encaixados, darão uma ideia do que aconteceu. Então, esta é a sala onde o quebra-cabeça é montado."

Para os analistas do MSIC, as peças desse quebra-cabeça foram extraídas de uma enorme quantidade de dados de satélite e radar. Huntsville, Alabama, tem uma história longa e célebre em tecnologia de mísseis. A cidade é decorada com exemplares dos foguetes mais poderosos já feitos, monumentos imponentes para os programas nucleares e espaciais dos EUA. Casa do programa de mísseis dos EUA desde a década de 1940, ainda ostenta uma série de restaurantes alemães, um legado dos exilados nazistas, liderados por Wernher von Braun, que ajudou a impulsionar o programa de mísseis e foguetes dos EUA após a Segunda Guerra Mundial.

À medida que a era nuclear caía sobre o mundo, a inteligência dos mísseis da DIA se concentrava em identificar e rastrear os mísseis que chegavam, além de lançá-los ao céu. Hoje, na disposição do DIA, há uma constelação inteira de satélites que orbitam a Terra a cerca de 36.000km. Junto das vastas matrizes de sistemas de radar baseados em terra, eles são o sistema de alerta precoce do país para um ataque nuclear — preparados para detectar qualquer explosão em todo o mundo que indique o lançamento de um míssil em direção à pátria dos EUA.

Para ajudar a distinguir entre lançamentos hostis e amigáveis, os analistas da DIA têm um profundo conhecimento de todos os sistemas de mísseis estrangeiros. Em seu quintal, em Huntsville, estacionaram uma coleção de alguns dos mais notórios mísseis estrangeiros, comprados no mercado internacional de armas ou "adquiridos" de adversários por outros meios. Eles não relatam como. Subi ao lançador de um SCUD móvel como os que Saddam Hussein atirou contra Israel e Kuwait durante a Guerra do Golfo Pérsico. Apertei um botão, e o gigante de quase 13 metros se levantou. O SCUD, no entanto, é uma tecnologia antiga.

Hoje, enquanto a Rússia, a China, a Coreia do Norte e o Irã atualizam constantemente seus programas e conhecimentos sobre mísseis, o DIA aprimora sua capacidade de rastreá-los. Os analistas me garantiram que estudaram e se prepararam para todas as ameaças de mísseis possíveis. Entre eles está o sistema de mísseis superfície-ar da Rússia, SA-11, ou BUK-TELAR.

"Não apenas posso dizer qual é o sistema de armas, mas também do que é feito, o que está fazendo e o que está prestes a fazer, a partir dos padrões que observamos nesses dados", disse Jones, com um orgulho patente.

Naquele dia de julho, eles assumiram uma missão nova e desconhecida: identificar a causa e o culpado por trás da perda de um jato de passageiros sobre a Europa. As perguntas para os analistas de inteligência eram simples: houve uma explosão no momento em que o contato foi perdido? Veio de dentro ou de fora do avião? De dentro indica um ataque terrorista. De fora, um míssil. E, se a explosão veio de fora, havia uma prova satélite do lançamento de um míssil pouco antes?

Por sorte, eles tinham visitantes naquele dia: um grupo de representantes de toda a comunidade de inteligência, cuja especialidade era esse tipo de análise.

"Nós os tínhamos aqui no prédio, revisando as atividades de um ano de ameaças adversárias", disse Jones. "Houve o timing para trabalharmos dessa maneira."

A equipe do DIA começou os trabalhos assim que ouviu os primeiros relatos do acidente. Em uma hora, a equipe de analistas de inteligência foi designada para atuar com o MH17. Em uma hora e meia, a equipe reuniu todos os dados relevantes de satélite e radar. Usando os dados do satélite e do radar e o tempo preciso, eles conseguiram estabelecer uma trajetória coerente para um míssil superfície-ar.

"Após uma hora e meia, estávamos confiantes de que um míssil havia derrubado o avião", disse-me Jones mais tarde. "Um míssil superfície-ar o atingiu. Tínhamos uma boa ideia de qual, embora ainda tivéssemos um pouco de lição de casa para fazer."

De forma decisiva, a análise identificou o local de lançamento do míssil: um campo agrícola perto da cidade de Pervomaiskyi — dentro do território, então, controlado por forças pró-russas.

Para eliminar qualquer dúvida, os separatistas pró-russos mais uma vez se gabaram da carnificina. Apenas 30 minutos após o acidente, um comandante separatista postou um vídeo nas redes sociais com uma entrevista do então secretário de Estado John Kerry, em 20 de julho, à Fox News.[7]

"Sabemos que o dito ministro da Defesa da República Popular de Donetsk, o Sr. Igor Strelkov, fez uma postagem nas redes sociais sobre ter abatido um veículo militar", disse Kerry. "Quando se soube que a aeronave era civil, o vídeo foi retirado."

Strelkov era uma figura bem conhecida entre os separatistas e, como muitos deles, um veterano do exército russo. A postagem foi feita na página de Strelkov em uma versão russa do Facebook às 17h50, hora local, cerca de meia hora depois de o MH17 desaparecer. Em anexo, havia vídeos semelhantes aos das testemunhas oculares do acidente do

MH17. O post de Strelkov dizia: "Na região de Torez, um AN-26 [um avião militar Antonov-26] foi atingido, está perto da mina 'Progress'. Nós os avisamos para não voar 'no céu'. Aqui está a prova de vídeo de mais uma 'queda de pássaros'. O pássaro caiu atrás do [monte de lixo], perto dos bairros residenciais."[8]

"Os cidadãos pacíficos não foram feridos", afirmou.

De acordo com autoridades de inteligência dos EUA, o post de Strelkov foi corroborado por outras comunicações entre separatistas, interceptadas por agências ocidentais de inteligência. As evidências indicam que os separatistas pró-russos cometeram um erro terrível, confundindo um jato de passageiros sobre a Europa com um avião militar ucraniano, um Antonov-26, ou AN-26, como o que fora abatido três dias antes. De volta ao DIA, a evidência foi vista como conclusiva.

Imagens dos destroços levados ao local forneceriam mais evidências para endossar a avaliação. O que os analistas viram naquelas fotos era coerente com o padrão explosivo de um SA-11.

"Analisamos os padrões de fragmentos aqui, a densidade e onde tudo aconteceu na aeronave", explicou Jones. "Então, com base na modelagem de como o SA-11 voa, avaliamos que a ogiva explodiu a cerca de seis metros de distância da aeronave, no topo esquerdo do cockpit."

Os SA-11 são projetados para explodir na frente e acima do alvo, para maximizar o dano causado pelo estouro dos estilhaços. O míssil corria por terra, fora do campo de visão dos pilotos, a uma velocidade muito alta para se registrar a olho nu. O jato foi dilacerado sem aviso.

"Naquela tarde, publicamos um relatório dizendo que avaliamos que o MH17 fora abatido por um SA-11, disparado do território de uma célula separatista no leste da Ucrânia", disse-me Jones.

Naquela noite, as agências de inteligência dos EUA entregaram a avaliação à Casa Branca, informando ao então presidente Obama que os separatistas russos haviam destruído um avião comercial sobre a Europa com um poderoso míssil fornecido pela Rússia. Todos os 298 passageiros e tripulantes estavam mortos.

"Nesse mesmo dia, em menos de 12 horas, registramos uma avaliação de alta credibilidade", disse Jones. "Na comunidade de inteligência, a alta credibilidade tem muito a ver com essas evidências irrefutáveis."

"Foi um dia de emoções controversas. Como um dia em que seu trabalho assume um novo significado e há uma certa urgência em descobrir o que aconteceu. Mas as baixas reais e todo o resto dão um lado sombrio a isso", afirmou.

Dentro de 24 horas, as agências de inteligência dos EUA estavam certas tanto sobre a motivação quanto o culpado pelas perdas do MH17: um míssil russo feito por separatistas pró-russos. Autoridades e especialistas em políticas do governo dos EUA estavam a par dessa avaliação. No entanto, alguns ainda expressavam cautela e dúvidas.

Quando o MH17 caiu, o embaixador Geoffrey Pyatt estava para completar 1 ano de mandato como o principal diplomata dos EUA na Ucrânia. Pyatt era oficial do serviço estrangeiro há 25 anos e veterano de nomeações em Honduras, Índia e Viena, com organizações internacionais, incluindo a Agência Internacional de Energia Atômica (AIEA). Nenhuma de suas nomeações foi tão difícil, e até perigosa, como aquela de embaixador de um país em guerra com a Rússia.

No dia seguinte ao acidente do MH17, Pyatt relembrou uma videoconferência controversa com funcionários do governo Obama em Washington.

"Aquele foi um dos dias mais sombrios de meus tempos na Ucrânia", disse o embaixador. "Lembro-me de um de meus colegas de Washington dizendo algo como: 'Temos que ter muito cuidado para não tirar conclusões precipitadas.'"

Essa resposta foi demais para Pyatt.

"Foi um dos momentos em que me senti mais desamparado. Lembro-me de dizer: 'Vocês dizem que não sabemos o que aconteceu, mas nós sabemos. Sabemos que a Rússia é responsável, que não havia mísseis ucranianos dessa classe na região, e, de uma forma ou de outra, o Kremlin é o responsável pela morte de 300 pessoas.'"

O abatimento do MH17 provocou uma mudança radical na maneira como os Estados Unidos e a Europa viam a Rússia.

"Isso catalisou uma união dos europeus como resposta às sanções duras que nos pressionavam por semanas", disse Pyatt.

No entanto, essa resposta ao assassinato em massa nos céus da Europa demonstrou, mais uma vez, o quanto o Ocidente subestimava a Rússia e persistia atribuindo limites falsos a suas ambições e agressões. A Rússia estava profundamente envolvida na Guerra nas Sombras, muito antes de os líderes norte-americanos e europeus perceberem. E seriam necessárias as mortes dos 298 passageiros e tripulantes do MH17 para desmantelar os equívocos do Ocidente e desencadear uma ação mais decisiva.

Na verdade, a Rússia traçou planos a respeito da Ucrânia quase 10 meses antes. Em setembro de 2013, um seleto grupo de agentes de poder mundiais reuniu-se para uma conferência no elegante e imponente Livadia Palace, em Yalta, na Crimeia. O palácio está repleto de história, além de sua arquitetura neoclássica e moura. Quase 70 anos antes, Franklin Roosevelt, Joseph Stalin e Winston Churchill se reuniram com as mesmas intenções, para decidir o destino da Europa pós-Segunda Guerra Mundial e delimitar as fronteiras e o equilíbrio de poder entre o Ocidente e a União Soviética nas décadas seguintes.[9]

A conferência de 2013, organizada e patrocinada pelo bilionário ucraniano Victor Pinchuk, incluiu sua impressionante lista de líderes mundiais e corretores corporativos: Bill e Hillary Clinton; Tony Blair; David Petraeus e Bill Richardson; o então presidente da Ucrânia Viktor Yanukovych e seu futuro sucessor, Petro Poroshenko; Gerhard Schröder e Dominique Strauss-Kahn; além de um conselheiro próximo de Putin, Sergei Glazyev, que faria o discurso mais memorável da conferência.[10]

O tópico dominante da conversa, embora não decidisse o destino do mundo ocidental, assumia suas responsabilidades na Europa. A Ucrânia negociava um acordo de livre comércio e associação política com a União Europeia, veementemente vetado pela vizinha Rússia. Ainda assim, os ânimos eram, em grande parte, positivos. Poucos esperavam que a Rússia se interpusesse no caminho. Uma Ucrânia mais integrada, pensavam eles, também integrava os interesses econômicos da Rússia.

De forma decisiva, os diplomatas dos EUA tiveram o cuidado de não se arriscar a falar sobre a possível admissão da Ucrânia na OTAN, um obstáculo direto para os interesses de segurança nacional da Rússia. Na verdade, os diplomatas dos EUA pediam aos colegas ucranianos que não se excedessem aventurando-se em um território que, inevitavelmente, seria entendido pelo Kremlin como uma provocação.

A mensagem de Glazyev, no entanto, foi mais ampla. Ele deixou claro que qualquer parceria ucraniana com a Europa seria um erro e considerou quaisquer benefícios prometidos ou percebidos como "utopia".

"Quem pagará pelo inevitável calote da Ucrânia? A Europa assumiria essa responsabilidade?", perguntou.

E foi mais longe, emitindo uma ameaça aos líderes ucranianos, o que provocou vaias da multidão.

"Não queremos usar nenhum tipo de chantagem", avisou. "Mas, legalmente, ao assinar este acordo de associação com a UE, o governo ucraniano viola o tratado de parceria estratégica e amizade com a Rússia."[11]

O embaixador Geoffrey Pyatt tinha acabado de iniciar o mandato como enviado dos EUA para a Ucrânia.

"Foi extremamente conflitante. Ele estava falando com os ucranianos e, basicamente, disse que persistir nessa tarefa, ou no caminho da associação com a União Europeia, buscar um acordo de livre comércio com a UE, uma relação mais próxima, acarretaria consequências lancinantes e terríveis para a Ucrânia e seu povo", disse Pyatt.

Pyatt se lembra de, na época, ele mesmo e de muitos outros presentes terem subestimado a ameaça russa. O desejo de integrar a Ucrânia à Europa era forte, tanto nas capitais europeias quanto entre os próprios ucranianos.

"Não acho que alguém tenha levado esses avisos a sério", diz o embaixador. "Acho que eles refletiam um erro estratégico de julgamento que os europeus e nós cometemos."

Nem todos os presentes estavam tão otimistas. Pyatt se recorda de uma reunião por baixo dos panos com um diplomata europeu que parecia compreender o grau de ira da Rússia em relação à Ucrânia.

Curiosamente, o diplomata era um funcionário da UE cujo trabalho era aumentar o número de membros do sindicato, o chamado Comissário do Alargamento, Štefan Füle.

"Sentei-me com Füle em uma mesa como esta, para uma conversa informal. Foi o dia em que o conheci, e ele chegou muito determinado dizendo: 'Onde diabos estão os norte-americanos? Você não percebe que há uma grande luta acontecendo agora para definir o futuro da periferia europeia? Precisamos de uma América engajada.'"

Ignorar a mensagem ousada e controversa por trás do discurso de Glazyev em Yalta foi mais um em uma série de alertas negligenciados sobre a postura do Kremlin em relação à Ucrânia. Nos meses que se seguiram, diplomatas e formuladores de políticas dos EUA e da Europa persistiriam em fazer uma imagem espelhada dos colegas russos, enquanto Putin e seus oficiais seguiam regras muito diferentes.

A Rússia enviou alertas até mesmo anos antes de Yalta, em 2013. Muitos especialistas russos concretizaram o discurso do presidente russo, Vladimir Putin, seis anos antes, em fevereiro de 2007, na Conferência de Segurança de Munique. Ali, Putin surpreendeu os participantes, incluindo o então secretário de Defesa dos EUA, Robert Gates, e o futuro candidato à presidência, o senador John McCain, com uma crítica violenta à política externa dos Estados Unidos.

"Um Estado e, é claro, em primeiro lugar e principalmente os Estados Unidos, extrapolou suas fronteiras nacionais em todos os sentidos", disse ele.[12]

O discurso anunciava o fim dos esforços do governo Bush para cultivar um relacionamento mais próximo e cooperativo com a Rússia, enquanto Putin se concentrava na ação militar dos EUA no exterior, incluindo declarar a Guerra do Iraque como "ilegal".

"Isso é muito perigoso. Ninguém mais se sente seguro, porque ninguém pode se esconder atrás da lei internacional", falou. "Estamos testemunhando o uso desimpedido do militarismo em assuntos internacionais. Por que é necessário bombardear e atirar em todas as oportunidades?"[13]

Além de condenar a ação militar dos EUA no exterior, ele questionava a utilidade dos tratados internacionais de armas que estabeleceram as bases para a paz entre as superpotências por décadas, incluindo o acordo EUA–União Soviética de 1988 para banir os mísseis balísticos de alcance intermediário. Sua raiva foi desencadeada por uma recente decisão dos EUA de implantar uma defesa antimísseis na Europa para se proteger contra a crescente ameaça nuclear e de mísseis do Irã.

"Não quero acusar ninguém de comportamento agressivo", declarou Putin. "Mas, se sua defesa antimíssil não apontar para nós, nossos novos mísseis não apontarão para vocês."

Hoje, o discurso de Putin em 2007 parece um plano de ação para uma nova política externa russa que redefiniria as relações da Rússia com o Ocidente na década seguinte. E, de fato, a Rússia disparou um tiro de alerta apenas dois meses depois de Munique, lançando os ciberataques devastadores na Estônia a partir de abril de 2007. No entanto, sucessivos presidentes e secretários de Estado dos EUA continuariam tentando melhorar — "resetar" — as relações de Washington com Moscou, com pouco resultado. Dois anos depois, o governo Obama, liderado pela secretária de Estado Hillary Clinton, ofereceu o famoso "botão de reset" a seu colega russo, Sergei Lavrov, em Genebra. Como candidato e como presidente, Donald Trump falaria repetidamente sobre a construção de um "bom relacionamento" com a Rússia, inclusive realizando uma cúpula com o presidente Putin em Helsinque, em julho de 2018, enquanto a Rússia intensificava seus ataques. O período entre 2013 e 2014 se provou crucial: um ponto de virada para o pior.

A Rússia começou a transformar suas ameaças em ações mais violentas na Ucrânia no final de 2013, demonstrando a leitura incorreta que o Ocidente fazia de Moscou e sua má interpretação paranoica.

Dois meses após a conferência de Yalta, em novembro de 2013, o governo ucraniano se preparava para assinar o Acordo de Associação União Europeia–Ucrânia. A maioria dos ucranianos saudou a perspectiva de um relacionamento mais próximo com a Europa. Moscou não fez isso. Com o Kremlin pressionando o presidente ucraniano, Viktor Yanukovych, um aliado próximo de Putin, começaram a surgir sinais de que o acordo não seria assinado. Em 21 de novembro, por decreto, o Conselho de Ministros suspendeu os preparativos, e os cidadãos ucranianos ficaram indignados. Naquela noite, os primeiros manifestantes começaram a aparecer na Praça da Independência de Kiev, mais conhecida como Maidan, que significa simplesmente "praça" em ucraniano.

Naquela primeira noite, as multidões eram modestas, mas em 24 de novembro haviam crescido expressivamente. A primeira grande manifestação pró-europeia, do que viria a ser conhecido como "o Maidan", por causa do nome da praça onde se encontraram, atraiu algo entre 50 e 100 mil pessoas. Suas demandas eram ambiciosas: não mais apenas assinar o Acordo de Associação, mas, agora, a renúncia do governo pró-russo da Ucrânia e a dissolução do parlamento. Quatro dias depois, na cúpula da UE na Lituânia, o governo da Ucrânia rejeitou formalmente o Acordo de Cooperação. Os manifestantes — ainda indignados — deixaram claro que estavam no Maidan para ficar, erguendo tendas na praça. Em 30 de novembro, um grupo de 200 a 1.000 manifestantes marcava presença 24 horas por dia.[14]

Esse foi um ponto de virada para os manifestantes e para o governo ucraniano. De acordo com um relatório posteriormente realizado pelo Gabinete do Procurador-Geral da Ucrânia, os principais funcionários do Ministério da Segurança Nacional e do Interior decidiram dispersar os manifestantes por meio da força naquela noite.[15]

"Uma estratégia inteligente para Yanukovych teria sido deixar para lá", disse o embaixador Pyatt. "Porque ia ficar cada vez mais frio. E, por um tempo, parecia que essa era a estratégia."

No início da manhã de 30 de novembro, segundo um relatório posterior da Human Rights Watch (HRW): "A polícia de choque avançou de súbito e sem aviso, e começou a bater nos manifestantes com bastões, empurrando-os e arrastando-os para longe do monumento."[16]

A operação durou apenas 20 minutos. A HRW reviu imagens de vídeo mostrando "a polícia de choque se aproximando dos manifestantes, atingindo-os com cassetetes, e chutando e acertando as pessoas que caíam". Houve também relatos de uso de gás lacrimogêneo e bombas de efeito moral. Entre 60 e 90 pessoas ficaram feridas, de acordo com um relatório posterior do International Advisory Panel.

A repressão saiu pela culatra. Mais tarde, na manhã de 30 de novembro, a multidão no Maidan mais do que duplicou, para algo entre 500 mil e 1 milhão de pessoas. Os organizadores do protesto também ficaram mais agressivos. Na tarde de 1º de dezembro, um grupo de cerca de 60 manifestantes, liderados por uma conhecida jornalista ucraniana, Tetiana Chornovol, invadiu os escritórios do administrador da cidade de Kiev, alegando que era sua própria sede. No final da tarde, oficiais da polícia de segurança especial da Ucrânia — os Berkut — contra-atacaram. Centenas de manifestantes e cerca de 50 policiais ficaram feridos nos confrontos subsequentes.

As manifestações, que haviam começado pacificamente, transformaram-se em confrontos quase diários. Nos dias seguintes, as táticas policiais se tornaram mais agressivas. No entanto, as multidões só cresceram. Em 8 de dezembro, outro protesto atraiu milhares de pessoas.[17]

Os oficiais do governo ucraniano e seus aliados russos estavam ficando impacientes. Em 17 de dezembro de 2013, o então presidente Yanukovych viajou a Moscou para se encontrar com o presidente Putin. Putin e Yanukovych — padroeiro e pregador — acordaram um plano de ação conjunta. Nos dias que se seguiram, a repressão cresceu ainda mais. Em uma semana, o número de representantes da lei, incluindo a polícia, Berkut e as chamadas tropas internas, dobrou para mais de 10 mil. O primeiro manifestante morreu após ser severamente espancado por desconhecidos. A jornalista e líder do protesto Chornovol também foi severamente espancada e acabou hospitalizada. No entanto, os manifestantes não recuaram — levaram seus protestos até a porta da residência oficial de Yanukovych.

Em janeiro, a assembleia da Ucrânia aprovou o que veio a ser conhecido como as "Leis Draconianas", que aumentaram as penalidades para manifestações públicas e outras injúrias, incluindo o uso de máscaras. Mais ameaçadoramente, a polícia começou a atirar contra os manifestantes com balas de borracha e metralhadoras. Os manifestantes foram espancados e sequestrados. Mais 3 foram mortos em janeiro. O número de policiais e outros oficiais mobilizados em Kiev aumentou para 30 mil.[18]

Em Washington, cresceram os temores de um massacre no estilo do da Praça Tiananmen. E, de fato, a Rússia discutia por baixo dos panos uma repressão desse tipo. Investigações posteriores revelaram o que eram autênticos planos militares russos pedindo o envio de tanques para a praça e helicópteros que levariam forças especiais ao prédio do sindicato, onde os manifestantes tinham se instalado.

"Havia uma nota [nos planos russos] que me pareceu particularmente russa, que era: 'Certifique-se de encontrar [os políticos da oposição] Yatsenyuk, Klitschko e Tyahnbok e matar todos eles'", lembra Pyatt. "Então, não há como reacendermos isso em algum momento no futuro."

O Kremlin fazia planos para massacrar tanto os manifestantes quanto a liderança política independente da Ucrânia.

No Kremlin, uma mentalidade de cerco se estabelecera. Putin via a mão de Washington em todos os movimentos dos manifestantes e seus líderes. Desde o início, a Rússia suspeitava de que os Estados Unidos estivessem orquestrando os protestos. Eles culparam o governo Obama em geral, e Hillary Clinton, em particular. Essa crença mais tarde ajudaria a alimentar o ânimo pessoal de Putin contra a secretária de Estado, o que, por sua vez, alimentaria suas motivações para interferir nas eleições presidenciais de 2016 em favor do adversário.

Na primeira semana de fevereiro, quando os protestos ganharam força, o Kremlin parecia ter obtido provas da intromissão norte-americana. No YouTube, foi postada uma gravação de um telefonema entre a secretária de Estado adjunta Victoria Nuland e o embaixador Pyatt. Não ficou claro quem havia interceptado a ligação, embora a inteligência russa estivesse na mira.

Na gravação, Nuland e Pyatt discutiam seu envolvimento de apoio aos líderes da oposição ucraniana. Em dado momento, discutiam o desencorajamento de Vitaly Klitschko, um dos três principais líderes da oposição, de se juntar a um novo governo.

Nuland disse: "Ótimo. Não acho que [Klitschko] deva entrar no governo. Não acho necessário, não acho nem que seja uma boa ideia."

Pyatt respondeu: "Sim. Acho… Quanto a isso, deixe-o de fora fazendo sua lição de casa política e tal. Só estou pensando em um tipo de processo em andamento para mantermos os democratas moderados unidos."

Mais tarde, Nuland descartou, grosseiramente, o envolvimento europeu com uma frase que ganhou as manchetes de todo o continente. Ela expressou seu alívio pelo envolvimento das Nações Unidas, antes de acrescentar: "Isso seria ótimo para unificar essa coisa e ter a ajuda da ONU para isso e, você sabe, acabar com a UE."[19]

Em junho de 2017, Nuland tentaria se explicar ao *Frontline*, da PBS: "Estávamos tentando fazer com que a UE fosse a parteira das negociações por semanas e semanas, e ela se mostrou relutante. Então planejamos outra alternativa, que era a ONU. Esse telefonema se resume ao embaixador dizendo: 'Finalmente temos uma trégua. Yanukovych ofereceu alguns empregos para a oposição, mas precisamos de uma força moderadora para as negociações. Acha que a UE vai entrar no jogo?' E eu: 'Que se dane a UE. Precisamos da ONU, porque não temos tempo, e a UE teve três semanas para tomar essa decisão.'"[20]

"Então era esse o mote", disse Nuland à PBS. "Não se tratava de um julgamento cósmico sobre a UE. Era uma decisão tática e urgente para tentar tirar as pessoas das ruas, obter uma solução pacífica do governo."

Independentemente disso, a divulgação da ligação foi uma saia justa para os Estados Unidos. Mais importante, alimentaria ainda mais a paranoia de Putin em relação ao país e, em particular, a Hillary Clinton, o que ajudaria a desencadear um ataque ambicioso a suas eleições presidenciais a partir do ano seguinte.

No Maidan, os protestos tomaram um rumo sangrento. Em 18 de fevereiro, ao menos oito manifestantes foram mortos, e mais de mil, feridos. As negociações entre eles e Yanukovych foram interrompidas no dia seguinte. O Serviço de Segurança da Ucrânia ordenou uma "operação antiterrorista" para limpar o Maidan de uma vez por todas.

Um relatório posterior do Painel Consultivo Internacional documentou os próximos passos alarmantes: "Uma unidade de Berkut [a polícia especial da Ucrânia]... subiu a rua Instytutska armada com rifles sniper e Kalashnikov, e disparou, em particular, das barricadas situadas perto da estação de metrô Khreshchatyk."

"Entre 8h20 e 10h [no dia 20 de fevereiro]", constatou o relatório, "49 pessoas foram mortas a tiros". O Ministério da Saúde da Ucrânia informou que "106 pessoas morreram no território da Ucrânia" entre novembro de 2013 e fevereiro de 2014, com pelo menos 78 mortes nos arredores do Maidan. Quarenta jornalistas foram espancados e gravemente feridos. Um número incerto de manifestantes havia desaparecido. O número real permanece em aberto. Treze policiais também foram mortos nos confrontos.[21]

O alarmante número de mortos foi demais para Yanukovych. Em 21 de fevereiro, ele e os líderes da oposição assinaram um acordo restaurando a Constituição da Ucrânia de 2004, concedendo mais poder ao parlamento, formando um novo governo de coalizão e agendando uma eleição antecipada para um novo presidente da Ucrânia até dezembro de 2014. Naquela noite, Viktor Yanukovych fugiu de Kiev.

Nos dias que se seguiram, Yanukovych foi um presidente decaído sem um lar. O mistério cercava sua localização. Ele estava na Ucrânia ou na Rússia? Ele voltaria? A embaixada dos EUA em Kiev — todo o governo dos EUA — também se tornou vítima da confusão. Ela havia perdido o controle sobre o presidente da Ucrânia — perdera o controle sobre o líder de um dos maiores países da Europa.

"Nós perdemos Yanukovych por alguns dias", lembrou Pyatt. "Nós estávamos, sabe, tipo: 'Onde está Wally?'"

Yanukovych primeiro voou para Kharkiv, no leste da Ucrânia, acreditando que poderia reunir seus seguidores lá. Mas ficou desapontado ao encontrar pouco apoio. Mesmo no leste, a notícia de que ele ordenara a execução de manifestantes pacíficos em Maidan fez com que se tornasse *persona non grata* entre o público em geral. Também perdeu os confidentes mais próximos: os oligarcas ucranianos.

"Os oligarcas fugiram. Diziam que aquele era o cara que vendera todas as suas ações e perceberam que estavam perdendo ativos", disse Pyatt.

Esse foi o beijo da morte para o então presidente ucraniano. Ele perdera as ações políticas e econômicas na Ucrânia e, mais importante, na Rússia. Putin não passa a mão na cabeça de ninguém. Se alguém fosse assumir a culpa por não reprimir as manifestações, não seria ele.

Dentro da Ucrânia, os dias que se seguiram à partida do presidente eleito tiveram um gosto quase mítico, ainda que breve, da democracia ao estilo ocidental. Muitos sonhavam com essa democracia.

"Eu disse aos ucranianos que aquele tinha sido seu único final de semana de felicidade", disse o embaixador Pyatt. "Porque foi. Foi incrível ver o clima em Kiev naqueles dias, porque, por um lado, você ainda podia sentir o cheiro de fumaça por toda parte, mas havia também velas e flores. Nunca vi tantas flores. Havia avós, viúvas, crianças."

"Deve ter sido como o hiato após Gettysburg", continuou. "Uma experiência traumática, sangrenta e repulsiva. Mas então todos sentiam que havia um senso coletivo de união. Um impulso de fazermos dar certo."

No entanto, a Ucrânia, de repente, tornou-se um país sem governo.

"Olhei da janela da minha casa, e o posto de vigia da polícia em frente estava vazio."

Preocupado com a segurança de sua equipe, que incluía dezenas de norte-americanos e suas famílias, Pyatt contatou Petro Poroshenko, o magnata do chocolate e líder da oposição, para garantir sua segurança.

"Eu disse: 'Oi, só quero que saiba que não sabemos quem está no comando agora, mas minha maior responsabilidade é a segurança e a proteção da propriedade norte-americana e do meu pessoal, e você pode me arranjar alguém — quem quer que seja, no cargo que for.'"

"'Não há autoridades, e a polícia acabou de desaparecer!'"

Enquanto Yanukovych continuava sua longa e sinuosa viagem à Rússia, seus subordinados arriscavam as próprias fugas. As câmeras de segurança do aeroporto de Kharkiv capturaram um aliado de Yanukovych correndo em direção a um avião particular com uma sacola de hóquei recheada e pesada.

"Não sabemos se eram barras de ouro ou qualquer outra coisa, mas ele estava correndo tão rápido pelo aeroporto, que derrubou o magnetômetro inteiro."

"Para mim, isso representa o fim da corja de Yanukovych, porque não foi nada digno", disse Pyatt. "Eles fugiram porque perceberam que a casa tinha caído."

Os civis ucranianos agora estavam ganhando uma fatia do bolo, pela primeira vez. Como a residência do embaixador dos EUA, os postos de segurança que cercavam a mansão presidencial também se viram, de repente, vazios, baixando a guarda para centenas de cidadãos ucranianos e seus smartphones.

"Eles chegaram para descobrir todas as lhamas, e a coleção de carros, e aquela coisa de Bedminster, toda aquela merda", disse Pyatt.

Vídeos do interior da mansão se espalharam pela Ucrânia e, logo, ao redor do mundo. Para o repórter, as cenas reviviam lembranças de iraquianos atacando os palácios de Saddam Hussein após a invasão dos EUA, em 2003. Mas houve uma diferença. Apesar das evidências de que Yanukovych roubou da riqueza nacional, não houve saques nem vandalismo.

"Foi notável que, em meio a tudo isso, não houve retaliação", disse Pyatt. "Não houve fúria."

Dentro do Kremlin, a raiva era palpável, e a paranoia, febril. O presidente russo, Vladimir Putin, estava no meio de seus premiados Jogos Olímpicos de Inverno, em Sochi, o que antes era uma modesta estação de esqui a cerca de 500km da costa da Crimeia. Ele gastou por volta de US$51 bilhões nos jogos, quatro vezes o orçamento original e quase oito vezes o custo da Olimpíada de Inverno anterior, em Vancouver. Ele esperava que Sochi servisse como um símbolo internacional da crescente riqueza e poder da Rússia. Agora, suspeitava de um golpe orquestrado pela CIA na Ucrânia, arquitetado para prejudicar seus jogos olímpicos.

"Lembro-me de alguns relatos sugerindo que ele estava zangado, porque acreditava que isso fazia parte das tentativas de humilhá-lo", lembrou Pyatt.

A percepção da humilhação de Putin se mostraria poderosa e duradoura. Os Estados Unidos tinham o próprio processo político se aproximando, a eleição presidencial de 2016, com um candidato importante, que era um alvo específico da raiva e do ressentimento de Putin. Seu objetivo mais imediato, no entanto, era muito mais pessoal.

"Ficou claro naquele momento que alguém sacou um plano que já existia e disse: 'Vamos invadir. Vamos mostrar a esses bastardos quem manda.'", disse Pyatt. "'Vamos invadir a Crimeia.'"

A linha do tempo dos eventos na Ucrânia no final de fevereiro de 2014 foi rápida, revelando a execução da Guerra nas Sombras pela Rússia com total clareza. Essa foi uma reação em cadeia de velocidade e agressividade alarmantes, estendendo-se do Maidan à Crimeia, ao leste da Ucrânia e, logo depois, aos céus de toda a Europa.

Em 22 de fevereiro, Yanukovych fugiu da Ucrânia, deixando o que o Kremlin via como um Estado-satélite nas mãos de um governo pró-Ocidente, após os protestos entendidos por Putin como um golpe orquestrado pelos Estados Unidos.

Em 23 de fevereiro, a Rússia realizou a cerimônia de encerramento das Olimpíadas de Sochi, evento dispendioso, com o qual Putin pretendia mostrar ao mundo uma Rússia nova e mais poderosa.

Em 25 de fevereiro, as primeiras levas do que viria a ser conhecido como "soldadinhos verdes" apareceram na Crimeia.

Mais uma vez, o governo dos EUA e grande parte das instituições da política externa dos EUA foram pegos de surpresa.

"Toda a nossa política naquele momento se concentrava em ajudar a Ucrânia a se restabelecer, reconstruir sua democracia e dar continuidade ao processo de regularização", disse o embaixador Pyatt. "Eles precisavam de novas eleições. Precisavam legitimar a nova ordem política. Precisavam se curar após a violência do Maidan."

"Não houve ninguém — ninguém — no governo dos EUA que tenha previsto que a resposta russa seria tão expansiva e militarizada", disse Pyatt. "Houve uma falha nas suposições porque fazíamos imagens espelhadas em nós mesmos."

Na época, as agências de inteligência dos EUA alegaram para mim que suas avaliações de inteligência haviam incluído a possibilidade de a Rússia instituir ações militares.

Shawn Turner, porta-voz do diretor de Inteligência Nacional James Clapper, divulgou um comunicado em 5 de março dizendo que a comunidade de inteligência havia alertado o governo na semana anterior sobre a Crimeia ser um "ponto crítico para o conflito militar russo-ucraniano".

Turner disse que a avaliação incluiu uma análise dos ativos militares russos "articulados para uma implementação potencial, e aqueles já na Ucrânia que poderiam ser usados para outros fins. Declarou que as Forças Armadas russas estavam se preparando para as operações de contingência na Crimeia e observou que tais operações poderiam ser executadas sem aviso", acrescentou.[22]

John Scarlett, o ex-chefe do MI6 da Grã-Bretanha, também contesta um fracasso da inteligência ocidental na Crimeia, mas por um motivo diferente. Ele duvidava de que Vladimir Putin tivesse um plano para enviar aqueles "soldadinhos verdes" para a Crimeia. Na sua opinião, Putin estava delirando.

"Vejo a invasão como uma decisão de última hora", disse Scarlett. "Eles estavam reagindo à súbita crise na própria Ucrânia."

Em sua opinião, a Rússia fora pega de surpresa pela longa duração dos protestos de Maidan e, em seguida, pelo rápido colapso de Yanukovych e do governo pró-russo que Moscou cultivava há anos.

"Avaliando agora, todo mundo acha que havia um plano. Na prática, as coisas acontecem no dia a dia, um passo após outro", disse Scarlett. "Minha impressão é a de que houve muitas decisões tomadas de forma reativa [pela Rússia] na crise da Crimeia e da Ucrânia."

Essa tomada de decisão reativa, se assim o foi, estendeu-se até Washington. Dentro do Departamento de Estado e da Casa Branca, as autoridades ainda deliberavam sobre como definir o que a Rússia estava fazendo e se o país tinha, de fato, violado o direito internacional.

"Houve muitas conversas com advogados sobre o que é aceitável sob o acordo da Frota do Mar Negro e se citaríamos os russos por violarem suas obrigações acordadas no tratado", lembrou Pyatt.

Os acontecimentos em terra passavam por cima das deliberações do governo dos EUA — uma característica constante da Guerra nas Sombras. No entanto, muitos especialistas da Rússia dentro do governo continuaram a insistir que a ocupação da Crimeia por Putin seria temporária.

"Muitos especialistas russos diziam que ele nunca anexaria a Crimeia. Ele nunca faria isso", disse Pyatt. "Isso seria muito provocativo. A hipótese era a de que ele enviaria algumas tropas para desestabilizar e dar o recado, mas que não iria tão longe a ponto de alterar as fronteiras da Federação Russa."

Na verdade, Vladimir Putin estava se preparando para mudar as fronteiras da Rússia e da Europa, quebrando um princípio fundamental da ordem pós-Segunda Guerra Mundial: que as potências europeias não iriam e não poderiam alterar as fronteiras dos Estados soberanos pela força.

Em 18 de março, menos de um mês após as primeiras forças russas invadirem a Crimeia, Putin oficializaria a anexação da Crimeia pela Rússia em um discurso ousado e desafiador no Kremlin.

"No coração e na mente das pessoas, a Crimeia sempre tinha sido uma parte inseparável da Rússia", disse Putin. "Essa firme convicção é baseada na verdade e na justiça, sob quaisquer circunstâncias, e era passada de geração em geração."

Ele fechou seu discurso declarando: "Hoje, de acordo com a vontade do povo, envio uma solicitação à Assembleia Federal para considerar uma lei constitucional sobre a criação de duas novas entidades constituintes dentro da Federação Russa: a República da Crimeia e a cidade de Sevastopol, e ratificar o tratado sobre a admissão à Federação Russa da Crimeia e Sevastopol, que já está pronto para ser assinado."

E acrescentou, dirigindo-se aos membros da Duma: "Tenho certeza de que teremos seu apoio."[23]

"Isso foi o putinismo. Foi a manifestação mais pura de seus interesses revisionistas", disse Pyatt. "E ele fez isso no estilo do filme *Perseguidor Implacável*. 'O que você vai fazer a respeito?' Ele estava usando a força militar para estabelecer um fato político consumado e desafiando todos nós a fazer algo em resposta."

Os Estados Unidos e a Europa não pareciam ouvir a mensagem de Putin. As autoridades norte-americanas e europeias expressaram apoio aos manifestantes e ao novo governo da Ucrânia, mas não tinham um plano claro para contestar a anexação da Crimeia por Moscou. O embaixador Pyatt observou esse fracasso acontecer durante uma visita do secretário Kerry ao Maidan, em abril.

"Literalmente, ainda havia cinzas por toda parte. Cheirava a fumaça", lembrou Pyatt. "Paramos o grande Cadillac. Kerry saiu, e todo mundo começou a bater palmas. Estados Unidos da América!"

Pyatt se lembra de ter ouvido algumas idosas russas nos arredores perguntando umas às outras: "Quem é esse cara?"

Uma respondeu: "Não sei quem é, mas é norte-americano. Ele deve ser bom."

A cena não era a de um Pyatt ou do Departamento de Estado esperado ou desejado. O Kremlin já estava convencido de que os protestos populares no Maidan eram obra do governo dos EUA. O ministro das Relações Exteriores da Rússia, Sergei Lavrov, referia-se publicamente aos protestos como um "golpe de Estado", colocando a culpa nos "fascistas" ucranianos apoiados pelos norte-americanos.

Quando voltava para sua limusine, o secretário Kerry perguntou a um dos manifestantes, por meio do intérprete da embaixada, por que ele havia suportado o frio e a violência para permanecer no Maidan.

Pyatt se lembra vividamente da resposta do manifestante. "Ele disse: 'Porque eu queria viver em um país normal'", relatou.

A aparição de Kerry ressoou por toda a Kiev até Moscou. No entanto, a resposta política dos EUA permaneceu cautelosa e hesitante.

"Kerry ainda estava falando em termos de 'a Rússia não se exceder'", disse Pyatt. "Ao mesmo tempo em que o país já mostrava suas asas."

No governo Obama, as discussões se concentraram em fornecer a Moscou uma "rota de fuga" diplomática para desarticular a crise e acabar saindo da Crimeia de forma que ainda conseguisse salvar sua pele.

"Isso é o cerne do desafio fundamental que enfrentamos hoje com a Rússia, que é o fato de lidarmos com um governo que não acredita em vantagens mútuas", disse Pyatt.

Além do envio de "soldadinhos verdes" à Ucrânia — isto é, forças russas sem os típicos crachás e identificação das unidades —, a Rússia executou outra tática da Guerra nas Sombras, um ataque orwelliano, agora familiar, à verdade.

"Você semeia confusão e dúvidas", disse Pyatt. "E isso, por sua vez, reflete o que acredito ser o aspecto mais pernicioso dessa nova estratégia russa da guerra da informação: o reconhecimento de que você pode surtir efeitos políticos e diplomáticos manipulando informações."

"O objetivo russo não era derrubar o argumento rival", enfatizou Pyatt. "Era ganhar uma guerra."

Enquanto os Estados Unidos e a Europa estavam hesitantes sobre a Crimeia, a Rússia executou a próxima investida agressiva. A nordeste, na parte leste da Ucrânia que faz fronteira com a Rússia, Moscou seguiu um padrão semelhante ao que instituíra dois meses antes na Crimeia. Em abril, enquanto a Rússia formalizava a anexação da Crimeia, irromperam confrontos armados na região de Donbass entre as forças ucranianas e os separatistas pró-russos. Não havia dúvidas sobre quem apoiava os separatistas.

Então, em agosto, alegando que os russos étnicos estavam sob ataque mais uma vez, a Rússia transferiu abertamente as próprias forças para a Ucrânia. Seis meses após invadir a Crimeia, a Rússia iniciou uma segunda invasão do soberano território ucraniano — e sua segunda violação das fronteiras de uma nação europeia soberana.

Mais uma vez, as autoridades dos EUA debatiam a extensão do envolvimento dos serviços de inteligência militares e russos nessas manobras militares no leste da Ucrânia.

"A dinâmica usada era a mesma para diagnosticar o que estava acontecendo em terra", lembra o embaixador Pyatt.

Mais uma vez, as agências de inteligência dos EUA foram criticadas por não terem previsto as ações russas. As autoridades e os civis ucranianos, no entanto, começaram a temer algo muito pior: a anexação de toda a Ucrânia pela Rússia, repetindo a postura da União Soviética após a Segunda Guerra Mundial.

"Naquele período de abril a maio, houve dias em que meus funcionários locais na embaixada vinham a mim com imagens do último helicóptero do telhado em Saigon, dizendo: 'Sr. Embaixador, quando vocês, norte-americanos, partirem, o que acontecerá conosco?'"

Como os estonianos, que temiam que o ataque cibernético de 2007 pressagiasse uma invasão, os ucranianos temiam que as ações militares apoiadas pela Rússia na Crimeia e no leste da Ucrânia fossem apenas os primeiros passos da própria invasão.

"Essas preocupações eram legítimas", disse Pyatt. "Os ucranianos têm lembranças vivas do que se sente ao ser anexado."

Aproximando-se de Kiev, as forças ucranianas começaram a montar armadilhas para tanques nas rodovias. Posições fortificadas subiram no lado oriental do rio Negro como parte de uma defesa derradeira da capital. O então primeiro-ministro da Ucrânia, Arseniy Yatsenyuk, chamou o embaixador Pyatt para um alerta terrível.

"Lembro-me de uma conversa no final da noite com o primeiro-ministro Yatsenyuk. Ele me disse: 'Vocês precisam entender que, se perdermos, e se Putin prevalecer, e se essas forças vierem até Kiev, eu estarei morto. Todos sob meus cuidados e minha família serão mortos ou jogados na cadeia.'"

"Essa é nossa realidade. Vimos o que aconteceu com os nazistas e, depois, quando eles foram expulsos e Stalin voltou", disse Yatsenyuk a Pyatt.

Enquanto o primeiro-ministro ucraniano contemplava o próprio assassinato nas mãos dos invasores russos, as autoridades ocidentais ainda debatiam como reagiriam. As cisões na Europa eram amplas. A Grã-Bretanha e a França defendiam uma resposta robusta. A Alemanha, que mantinha negócios e laços diplomáticos próximos com Moscou, optava pela paciência.

Alguns diplomatas europeus acreditavam que apenas a liderança norte-americana poderia unir o Ocidente contra a ofensiva russa.

Pyatt se recorda de uma reunião desesperada com um diplomata polonês e amigo de longa data.

"Ele disse: 'Você sabe, Geoff, tem que continuar pressionando, porque, se os Estados Unidos não liderarem isso, a Europa não o fará. A Europa não vai se unir'", lembrou Pyatt.

No entanto, a liderança dos EUA não se materializaria naquele verão. Os Estados Unidos e seus parceiros europeus permaneceram, em grande parte, discutindo, enquanto as forças russas solidificavam seu controle sobre a Crimeia e faziam mais ganhos territoriais no leste da Ucrânia.

———

Seria preciso um jato de passageiros cair sobre a Europa para sacudir os líderes norte-americanos e europeus de seu estupor. O crime foi simplesmente chocante, e a evidência da responsabilidade russa, óbvia demais.

Alexander Hug e sua equipe da OSCE se encontraram na linha de frente para estabelecer os fatos desde o momento em que chegaram ao local do acidente, em 18 de julho de 2014. Eles voltavam todos os dias por três meses, gradualmente persuadindo e negociando com os "soldadinhos verdes" russos a chance de avançar no local do acidente, que se estendia por quilômetros. Eles não eram investigadores de colisão. Ninguém na equipe havia visitado o local do acidente. Mas eles eram os únicos observadores formais capazes de determinar os fatos do que parecia ser, cada vez mais, um crime terrível.

Um acidente de avião já é o próprio, e específico, vislumbre do inferno. Os caprichos da física e da sorte significam que alguns corpos são dilacerados ou queimados a ponto de impedir o reconhecimento, enquanto outros caem no chão aparentemente intocados.

"Só tentei imaginar o que aconteceu, de fato, naquele avião", disse ele; as imagens da cena ainda vivas em sua mente. "Vendo os corpos, escombros e as áreas queimadas, fico pensando em como foram seus últimos momentos. O que estavam fazendo? Eles estavam dormindo? Eles sentiram alguma coisa? Eles sentiram todo o acidente?"

Andando pelo campo principal de destroços, Hug se deparou com uma fileira de assentos, perfeitamente de pé, com um punhado de passageiros ainda presos.

"Não percebemos nenhum ferimento visível em muitos desses corpos. Eles estavam intactos", falou. "Não tinham expressão de sofrimento no rosto. Talvez minha imagem mental esteja borrada de emoções agora, mas, pelo menos, foi o que senti na época."

O voo MH17, lotado de famílias indo tirar férias na Ásia, transportava uma proporção anormalmente alta de crianças. Dos 298 passageiros e tripulantes a bordo, 80 eram crianças. Como pai de três filhos, Hug achou o cenário arrasador.

"A parte mais difícil foram as crianças. Elas têm esse ar de inocência", falou. "Muitas vezes me lembro desses momentos. Eles surgem como flashbacks. Outras sensações horríveis acabam vindo junto: por um lado, você se lembra dessas imagens, por outro, vê seus próprios filhos."

Naquela carnificina, pequenos gestos ganharam um significado especial. Hug usava gravata sempre que circulava pelo local, em respeito às vítimas, e estava empenhado em demonstrar isso da maneira que pudesse.

"Eu me sentia responsável por levar o mínimo de dignidade ao local do acidente, algum nível de normalidade, porque sabíamos que o mundo inteiro — e todos os parentes das vítimas — estava assistindo", disse ele. "Sentíamos que fazia parte do nosso trabalho."

Os moradores locais demonstraram um interesse particular em coletar os pertences das crianças. Uma pilha de bichos de pelúcia cresceu vários metros de altura. Havia livros escolares, mochilas e copos infantis. Um jornalista levou para Hug um punhado de passaportes que coletara.

"Ele encontrou uma pilha de passaportes e queria entrar em um de nossos carros para conversar comigo", lembra Hug. "Ele os entregou para mim e disse: 'Garanta que voltem para onde precisam.' Então começou a chorar."

Em 13 de outubro, quase três meses após a queda do jato, eles facilitaram o resgate dos corpos da maioria das vítimas e de seus pertences pessoais, entregando-os às autoridades holandesas. A OSCE e outras equipes ainda continuariam recuperando os restos humanos e os destroços, no entanto, até novembro.

———

Em setembro de 2016, os investigadores do Joint Investigation Team (JIT) do MH17, composto de representantes de países que perderam mais cidadãos no desastre, incluindo Austrália, Bélgica, Malásia e Holanda, além da Ucrânia, entregaram um relatório sobre o acidente para os parentes das vítimas. O JIT, cujo foco é processar os perpetradores do ataque, declarou que "provas irrefutáveis" indicavam que um míssil russo, disparado de um território controlado por separatistas pró-russos, havia derrubado o jato.[24]

Embora os Estados Unidos tivessem chegado, em 24 horas, à conclusão de que um míssil russo derrubara o MH17, seus aliados europeus ansiavam por uma investigação independente para estabelecer os fatos. A Holanda, que sofreu a maior perda humana, assumiu a liderança.

Como os analistas da Agência de Inteligência da Defesa logo após o ataque, os investigadores holandeses determinaram que a explosão que derrubou o avião ocorrera fora da fuselagem.

Eles então estabeleceram que não havia outras aeronaves na área que pudessem ter disparado o tiro fatal. Como concluiu o relatório da Joint Investigation Team, "dados de radar suficientes" da Ucrânia e da Rússia mostraram que "na época do acidente não havia outros aviões nas proximidades que pudessem ter abatido o MH17".

Os investigadores holandeses pretendiam cumprir um padrão que nem mesmo a Rússia poderia contestar. Como os detetives coletando evidências de um assassinato, eles tinham de estabelecer um forte vínculo entre a arma e a aeronave e suas vítimas. Era como se jogassem o jogo de tabuleiro sobre espionagem Clue, no nível mais complexo, na frente de uma plateia internacional.

Um míssil BUK, como a maioria dos mísseis superfície-ar, não ataca frontalmente o alvo, mas explode na frente dele, então a explosão e o jato supersônico de estilhaços destroem a aeronave no céu e a derrubam.

A equipe de investigação encontrou a evidência derradeira dentro de alguns dos corpos. Seu relatório declarou sem rodeios: "Durante a necropsia da tripulação da cabine do piloto, foram encontrados vários fragmentos que pertenciam à ogiva de um míssil BUK da série 9M38."

As descobertas do JIT continuaram: "Um desses fragmentos mostrou vestígios de um vidro da cabine na superfície, que era o mesmo tipo de vidro usado em um Boeing 777."

E o JIT encontrou mais evidências no próprio cockpit. "No quadro de uma das janelas do cockpit foi encontrada uma peça de metal identificada como parte de um míssil BUK da série 9M38. Essa peça estava localizada em uma posição torcida no quadro, deixando claro que fora atirada com força brutal", informava o relatório.

Citando declarações de testemunhas, fotografias, vídeos e conversas interceptadas, os investigadores holandeses realizaram algo que nenhum outro corpo de investigação conseguiu: rastrear todo o caminho do sistema de mísseis da Rússia para a Ucrânia até a posição de disparo, perto da cidade de Pervomaiskyi, e o tiro fatal, de volta ao território russo.

"Na noite [de 14 de julho]", segundo o relatório, "o comboio atravessou a fronteira para o território da Federação Russa".[25]

No final, o lançador de mísseis mortais e sua tripulação passaram menos de 24 horas dentro do território ucraniano.

O MH17 fez o que a anexação da Crimeia e a invasão do leste da Ucrânia não conseguiu: unificou a opinião dos líderes europeus de que a agressão militar russa dentro da Ucrânia — e, mais amplamente, dentro da Europa — fora longe demais, e iria ainda mais se a Rússia não sofresse consequências que a detivessem. Estabelecê-las seria um desafio substancial para os líderes ocidentais.

O Ocidente falhou no ritmo e na força da resposta. Os aliados ocidentais se dividiram; primeiro, na responsabilização da Rússia; depois, quanto às intenções; e, então, quanto à melhor maneira de impedir novas agressões. A ficha dos líderes dos EUA demorou a cair; eles não concordavam sobre o quão longe o Kremlin estaria disposto a ir. Quando os EUA e seus aliados chegaram a um consenso sobre a responsabilidade da Rússia, não se prepararam para impor penalidades e dissuasão. Na verdade, ainda hoje eles debatem sua resposta, com o presidente dos EUA liderando o esforço de adotar uma abordagem conciliatória.

O embaixador Pyatt expressa uma sensação tangível de frustração e arrependimento com a reação do próprio governo, em 2014 e hoje.

"Nunca saberei o que teria acontecido se as sanções tivessem sido implementadas com maior afinco — e se tivéssemos conseguido convencer os europeus a levar a sério e aplicar as sanções", disse-me Pyatt.

Um elemento que faltou desde o início foi a liderança expressa dos Estados Unidos.

"Quando cheguei a Kiev", disse Pyatt, "minhas instruções eram: a Europa está na liderança".

Pyatt recorda o manifestante ucraniano no Maidan que ficou cara a cara com o secretário Kerry.

"É o cara com o secretário Kerry dizendo que quer viver em um país normal, sob o império da lei, tribunais, liberdade de expressão e de imprensa", disse ele. "Mas, como Putin impõe seu poder, os Estados Unidos precisam liderar."

Até o final de 2018, a invasão da Rússia causou mais de 10 mil mortes na Ucrânia, desde a batalha pelas "repúblicas" no leste, a anexação da Crimeia, a repressão aos manifestantes pacíficos no Maidan, aos 298 passageiros e tripulantes do MH17, arremessados do céu sobre a Europa.

Na cúpula do G7, em 2014, Obama descartou a ideia da Rússia como uma "potência regional", dizendo que suas ambições territoriais "pertenciam ao século XIX".

"O fato de a Rússia sentir que precisa empregar o militarismo e contestar as violações do direito internacional demonstra uma influência ínfima, nada representativa", disse Obama.

Seus comentários em 2014 bateram de frente com as prioridades de política externa do oponente republicano Mitt Romney, em um debate presidencial de outubro de 2012: "Quando lhe perguntaram qual era a maior ameaça geopolítica enfrentada pelos Estados Unidos, você disse Rússia, não Al-Qaeda. Você disse que a Rússia e a década de 1980 estão pedindo a devolução de sua política externa, porque a Guerra Fria acabou há 20 anos."

A resposta de Romney agora parece presciente. "A Rússia indicou que é um inimigo geopolítico", disse ele. "Não usarei lentes cor-de-rosa quando se trata da Rússia ou do Sr. Putin."

Contudo, as táticas russas do século XIX haviam, até então, superado a política e a diplomacia do século XXI no Ocidente.

Alguns analistas e formuladores de políticas russos no Ocidente argumentam que este incitou a Rússia a tomar as terras na Ucrânia, abusando de sua influência sobre a Rússia "nas fronteiras". A implicação dessa ideia é a de que a invasão da Ucrânia pela Rússia teria sido uma reação ao domínio ocidental.

Quando perguntei sobre esse argumento, o embaixador Pyatt me disse que só havia uma palavra: "Balela."

"Voltemos a minha conversa com Štefan Füle, em Yalta, em 2013. Não foram os Estados Unidos nem os europeus que se expandiram para o espaço estratégico da Rússia. Foram os próprios cidadãos que precisaram se decidir."

"A ideia de que, de alguma forma, os Estados Unidos são os culpados desconsidera — ignora o fato — que esses indivíduos — esses cidadãos europeus — têm livre-arbítrio. Não havia ninguém do governo dos EUA os pressionando."

O ex-chefe do MI6, John Scarlett, vê uma falha mais sutil, isto é, uma falha em reconhecer a intensidade do alerta da Rússia em relação à tendência de agir com o Ocidente como fez com a Ucrânia — e sua disposição de evitá-la com um nível alarmante de agressão.

"Estou voltando a me concentrar em entender o papel específico que a Ucrânia desempenha na tomada de decisões e nas prioridades e valores da Rússia", explicou Scarlett. "Nós precisamos entender isso. É uma situação única. Temos que ser cuidadosos e responsáveis sobre a forma como abordamos isso, quais pontos levantamos e com o que nos comprometemos."

Para Scarlett, a forma como os Estados Unidos e a Europa lidaram com a potencial admissão da Ucrânia na União Europeia e os protestos de Maidan, mais uma vez, demonstrou o fracasso do Ocidente em compreender a mente de seu adversário. Na realidade, os países ocidentais e a Rússia se opuseram diametralmente ao futuro legítimo da Ucrânia.

"Em nossa mente, tornou-se um país independente, separado, e é claro que é — inclusive, defendemos isso —, mas duvido muito que a maioria das mentes de Moscou pense dessa forma; aliás, tenho certeza de que não é assim que funciona", disse Scarlett. "A ideia de que se desenvolverá de maneira separada da Rússia toca o cerne de todas as questões — as emoções — remanescentes após o colapso de uma superpotência."

Scarlett não culpa os Estados Unidos ou a Europa pela anexação da Crimeia pela Rússia, nem pela invasão do leste da Ucrânia. Mas acredita que o Ocidente é responsável por interpretar erroneamente Putin e, portanto, seus interesses, e até onde ele estaria disposto a ir para defendê-los. Isto é, por definição, uma falha de inteligência.

"Você poderia argumentar que não fizemos a coisa errada, mas não entendemos bem o significado — as implicações — do que fizemos e dissemos", disse Scarlett. "A lição que fica — e parte da solução — é: temos que ser mais perspicazes para entender a mente do outro lado."

"Temos que nos perguntar se entendemos tudo adequadamente", constatou.

Quase um ano após a perda do MH17, em abril de 2015, Hug teve um encontro surpresa com o comandante armado que o confrontara na cena do acidente.

"Não o reconheci porque ele estava sóbrio e parecia muito mais apto", lembrou Hug. "Mas ele me reconheceu, então veio até mim."

O encontro casual aconteceu na pequena aldeia de Shyrokyne, no sul da Ucrânia, às margens do Mar de Azov. Essa foi uma nova frente na guerra contínua na Ucrânia — o local de um impasse de seis meses entre as forças apoiadas pelos ucranianos e aquelas apoiadas pelos russos.

"Foi uma interação tensa, porque a vila foi bombardeada e destruída", disse Hug, mas seu velho amigo tentou minimizar a situação.

"Ele disse: 'Alexander, o que você está fazendo aqui? Não há Boeing aqui'", disse-me Hug. "Então percebi quem ele era."

Ele ficou surpreso ao ver o homem vivo. Depois do MH17, Hug e a OSCE apresentaram queixas a seus superiores sobre ele. E, em uma concessão rara, o removeram.

"Pensei que ele não conseguiria sair. Ele sumiu de cena", disse Hug. "Pensamos que tinha sido expulso. Disseram-nos até que tinha sido enviado para cavar trincheiras."

E, então, ali estava o homem, quase um ano depois, em outra frente da Guerra nas Sombras.

"Trocou o chapéu de camuflagem por uma boina vermelha, mas ainda não tinha nenhuma insígnia, e ainda fazia claramente o mesmo trabalho de anos antes", disse Hug.

Como a Rússia, o oficial de fogo ainda estava na Ucrânia, sem intenção de sair.

LIÇÕES

A anexação da Crimeia e a invasão do leste da Ucrânia pela Rússia, em 2014, apresentaram mais lições ao Ocidente. Primeiro, demonstraram que o Kremlin tinha tanto a intenção quanto a capacidade de redesenhar as fronteiras da Europa por meio da força, e estava disposto a fazê-lo bem às portas da OTAN. A ofensiva russa deu um passo expressivo para além da invasão da Geórgia em 2008, na Ucrânia, dentro dos limites da Europa e na fronteira de quatro aliados dos EUA: Romênia, Hungria, Eslováquia e Polônia. Ao mesmo tempo, Moscou deixava claro que não permitiria que a OTAN ou a União Europeia se expandisse para um território que considerava "próximo das fronteiras".

Segundo, o Ocidente entendeu de forma equivocada, ou mesmo ignorou, as repetidas advertências sobre as intenções da Rússia, incluindo ameaças explícitas de exercer influência militar sobre a Ucrânia, pelo presidente Putin e outros funcionários, nos anos e meses antes de aparecerem os "soldadinhos verdes" nas ruas da Crimeia. A ideia equivocada de que a Rússia estaria disposta a jogar pelas regras do Ocidente persistiu mesmo quando os tanques cruzaram a fronteira para uma nação soberana europeia. E hoje, anos após a invasão, a Crimeia e grande parte da Ucrânia Oriental permanecem sob controle russo. Esses fatos deixam claro que a política dos EUA, de impor sanções econômicas a líderes e entidades russas, não gerou consequências suficientes à Rússia para impedi-la ou, sequer, mudar seu comportamento. A atual realidade da Ucrânia levanta uma questão ainda mais preocupante e central na Guerra nas Sombras: se a Rússia fosse capaz de tomar território dentro da Europa sem uma resposta militar dos Estados Unidos, ou do Ocidente como um todo, estaria disposta e seria capaz de fazê-lo a um aliado da OTAN, de repente, como a Estônia? Essa é uma questão, e uma ameaça, que permanece em aberto.

CAPÍTULO 5

Porta-aviões Inafundáveis

(CHINA)

No asfalto da Base Aérea de Clark, nas Filipinas, o P-8A Poseidon era difícil de distinguir dos Boeing 737 comerciais nos arredores. Construído em uma estrutura de Boeing 737-800, o P-8 parece mais um jato fretado que um avião de guerra. De perto, porém, sua capacidade militar fica clara. Espreitando da fuselagem, há matrizes de antenas, domos de radar e câmeras. No meio, há escotilhas para a queda de boias e torpedos. Sob as asas existem nichos, vazios naquela viagem, para mísseis Harpoon. Lá dentro, tive a sensação de entrar em uma estação de escuta da CIA no céu. O Poseidon tem equipamentos avançados de coleta de informações, e um monte de tripulantes se alinhava em telas no centro da fuselagem. Apesar da aparência, esta era uma arma da guerra moderna — a aeronave de vigilância e subcaça mais avançada da Marinha.

Meus colegas da CNN, Jennifer Rizzo e Charles Miller, e eu fomos os primeiros jornalistas a bordo do P-8 para uma missão operacional. Era maio de 2015, e as tensões entre os EUA e a China aumentavam devido ao que os EUA entendiam como uma aceleração sem precedentes da recuperação de terras no Mar do Sul da China. A bordo, participei do "briefing delta", a última reunião da tripulação antes da decolagem.

O comandante da aeronave, tenente-comandante Matt Simpson, apresentou o plano da missão. O P-8 deixaria Clark e voaria cerca de 600km a oeste através do Mar da China Meridional, para o espaço aéreo, por três recifes — Fiery Cross, Subi e Mischief. Até pouco tempo, os recifes eram pilhas inabitáveis de rochas, mal se mostrando acima da superfície na maré baixa. Desde 2012, no entanto, a China os transformou em ilhas artificiais, o que os EUA temiam que se tornassem instalações militares permanentes — "porta-aviões inafundáveis" — a cerca de 100km da costa chinesa, bem no meio das águas reivindicadas por alguns países vizinhos, incluindo as Filipinas, um aliado dos EUA obrigado a se defender contra toda e qualquer agressão militar.

Poucas semanas após entrar em serviço, em novembro de 2013, o P-8 foi implantado na Ásia. Sua principal missão era vigiar Pequim, à medida que expandia as operações militares na região. A Base Aérea Clark nas Filipinas, com sua proximidade do Mar da China Meridional, seria um importante local de preparo. Os militares dos EUA eram presença certa em Clark desde a virada do século anterior, realizando missões durante a Segunda Guerra Mundial, a Guerra do Vietnã e a Guerra Fria. Mas, no início dos anos 1990, com o fim da Guerra Fria e a crescente oposição doméstica à presença militar dos EUA, Washington e Manila assinaram um acordo para transferir Clark para o exército filipino. Os últimos aviões de combate dos EUA foram transferidos em 1990.[1] Vinte e cinco anos depois, no entanto, os aviões militares dos EUA estavam de volta, e suas tripulações estavam ocupadas.

A decolagem de Clark no Poseidon foi rápida. Não havia rolagem lenta na pista, apenas uma rápida rotação dos motores à potência máxima, e, em segundos, estávamos no ar — o azul-turquesa do Mar da China Meridional logo surgiu. Enquanto avançávamos pelo céu limpo, a tripulação do P-8, composta de mais de dez aviadores navais, me convidou para o cockpit, para assistir e ouvi-los. Os cockpits de aeronaves militares modernas são maravilhas da tecnologia. Sentei-me no assento de salto, logo atrás da piloto e do copiloto, observando a piloto seguir o curso do jato pela mira verde sobreposta ao para-brisa, o que tornava o voo tão fácil quanto um videogame: mantenha o X no meio do círculo e tudo ficará bem. Observar as mãos da piloto no jugo desmentiu essa impressão, enquanto ela fazia microajustes constantes para manter o jato voando nivelado. A tripulação entraria em breve no espaço aéreo contestado.

Com 45 minutos de voo, o primeiro alvo apareceu: Subi Reef. Na forma natural, era um círculo fino e oblongo de areia e rochas como um mosquetão gigante, cercando uma lagoa profunda — um terreno calmo e inútil e um refúgio ocasional para barcos de pesca. Agora, era uma colmeia em atividade. Mais de 20 dragas chinesas encheram a lagoa, bombeando areia do fundo do oceano em enormes plumas sobre a superfície, aumentando e fortalecendo o recife. A China estava construindo uma ilha do zero. A escala e o ritmo do trabalho das dragas eram fascinantes. No período de dois anos, a China expandiu Subi e seus vizinhos próximos, Fiery Cross e Mischief Reefs, em 140km — o equivalente a mais de 1.500 campos de futebol. Era uma maravilha da engenharia em águas com a profundidade de 90 metros.

"Vemos isso todos os dias", disse-me o capitão Mike Parker com um sorriso. Ele comandava o esquadrão de patrulha marítima VP-45, os "pelicanos", como são conhecidos, com sede em Jacksonville, Flórida, e depois estabelecido em Atsugi, no Japão, com seis novos P-8.

"Acho que eles trabalham nisso nos fins de semana", disse ele.

A equipe mirou as câmeras de alta resolução do P-8 na cena abaixo para avaliar o progresso de perto. As bombas das dragas sugavam a areia do fundo do mar e a atiravam como gigantescas mangueiras de incêndio na superfície. O trabalho foi de uma eficiência brutal: eles criavam novas terras na superfície, enquanto cavavam portos profundos abaixo.

Quando deixamos o espaço aéreo sobre o Subi Reef, logo nos aproximamos do Fiery Cross Reef, a apenas alguns minutos de voo, onde a China fizera o progresso mais representativo. Com a recuperação de terras concluída, o país equipava uma estação aérea e naval de pleno direito.

Nas câmeras de vídeo de alta resolução do P-8, identificamos instalações precoces de radar de alerta, quartéis militares, uma torre de controle e hangares de aeronaves reforçados contra bombardeios aéreos. A pista de pouso era extensa o suficiente para acomodar todos os caças e bombardeiros chineses. Os navios de guerra chineses invadiram as novas ilhas, formando um perímetro protetor.

"Obviamente, há muito tráfego de superfície lá embaixo", disse o tenente-comandante Matt Newman, do banco do copiloto. "Navios de guerra, navios da Guarda Costeira chineses. Eles têm radares de busca aérea, então há uma boa chance de estarem nos rastreando."

As dragas chinesas continuaram escavando um porto de águas profundas. O "porta-aviões inafundável" estava quase completo.

A China prometeu várias vezes não militarizar essas ilhas artificiais. No entanto, mesmo vistas de 4.500 metros de altura, essas promessas pareciam vazias. E mesmo em construção, como a Estrela da Morte inacabada em *O Retorno do Jedi*, as ilhas já cumpriam responsabilidades militares — entre elas, sinalizavam navios e aeronaves militares estrangeiros.

Na verdade, conforme as construções progrediam, disseram os comandantes dos EUA à CNN, mais frequente e agressivamente a Marinha chinesa sinalizava os aviões militares dos EUA. A equipe do P-8 foi treinada para esses "desafios" e preparada para reagir, se necessário. No cockpit, o rádio logo estalou com uma voz em inglês com sotaque chinês: "Aqui é a Marinha chinesa. Aqui é a Marinha chinesa [...] Saiam imediatamente para evitar mal-entendidos."

"Acabamos de ser desafiados, e o desafio veio da Marinha chinesa, e estou muito confiante de que veio da costa, dessa instalação", disse Parker, apontando para uma estação de radar de alerta precoce em Fiery Cross.

Dos dois lados, a comunicação começou de forma tranquila e formal. O operador da Marinha chinesa alertou à aeronave dos EUA de que aquele era o espaço aéreo chinês. O piloto ouviu e leu um roteiro explicando que se tratava de uma aeronave norte-americana operando no espaço aéreo internacional, sobre águas internacionais.

Durante a meia hora seguinte, a tripulação da Marinha norte-americana e a da chinesa se conectaram por rádio oito vezes. A cada vez, eu sentia uma frustração maior no operador chinês. Ele voltou à linha pela última vez, gritando exasperado: "Aqui é a Marinha chinesa [...] Você vai sair!"

A Marinha dos EUA é treinada para essas interações, mas as tripulações civis, não. O espaço aéreo sobre o Mar da China Meridional está cheio de aeronaves comerciais conectando cidades asiáticas entre si e ao Ocidente. Logo após ouvirmos o primeiro dos oito alertas da Marinha chinesa para o P-8, o piloto de um voo da Delta Air Lines falou na mesma frequência, identificando sua aeronave como um jato comercial de passageiros. Essas interações são estressantes para pilotos civis.

A bordo do P-8, o clima era calmo e seguro. Mas quanto mais a China construía, diziam os marinheiros dos EUA, mais agressivamente a Marinha chinesa os desafiava. As equipes estavam se preparando para um desafio mais perigoso. Uma vez que a China implantasse aeronaves nas ilhas, as equipes dos EUA enfrentariam interceptações aéreas. Em 2001, em uma dessas interceptações, perto da ilha de Hainan, na China, um jato chinês colidiu com um jato de vigilância EP-3 dos EUA, o antecessor do P-8. A colisão levou à queda fatal do jato chinês e a danos graves no EP-3, que conseguiu um pouso seguro, mas difícil, no território chinês. A colisão mortal e a subsequente detenção da tripulação dos EUA provocaram um impasse tenso entre os EUA e a China, que nenhum dos dois lados quer repetir.

As tripulações de voo do P-8 sabem que estão no meio de um conflito em potencial. Os protestos chineses se tornavam mais agressivos. Os voos de vigilância e patrulhas navais dos EUA, mais frequentes. E as posições dos dois países pareciam irreconciliáveis. A China vê essas ilhas como território soberano e descreve seu compromisso como "inabalável". Os EUA veem as águas e o espaço aéreo como internacionais. A bordo do P-8, era difícil dizer como essas diferenças seriam resolvidas.

Do alto, o Mar da China Meridional parece pacífico e silencioso — uma extensão azul-turquesa calma, aparentemente mais adequada para tirar férias do que para a guerra. De fato, essas são algumas das águas mais transitadas e altamente valorizadas do mundo. Os navios transportam cerca de 60% do comércio mundial por elas. As águas cobrem alguns dos pesqueiros mais férteis da Ásia. Debaixo do fundo do mar, há ricas reservas de petróleo e gás ainda não exploradas. Como resultado, o que havia sido cardumes de peixes e recifes inabitáveis a humanos se tornou subitamente uma propriedade valiosa.

Hoje, o Mar da China Meridional é objeto de inúmeras reivindicações territoriais concorrentes, envolvendo China, Taiwan, Filipinas, Vietnã, Malásia e Brunei. A Indonésia, apesar de insistir há muito tempo que não é um Estado requerente, renomeou ano passado as águas em sua zona econômica exclusiva, em uma tentativa de contestar as reivindicações da China. Para estabelecer suas reivindicações por soberania, cada país remonta à história, fazendo referência a mapas antigos e aos hábitos de pescadores que datam de gerações.

As reivindicações territoriais da China na região são as maiores. Pequim conta com o que é conhecido como "linha dos nove traços", uma demarcação arbitrária em um mapa desenhado pela então República da China em 1947, para reivindicar quase todo o Mar da China Meridional. A linha se estende da ilha de Hainan, no noroeste, até Taiwan, no nordeste, e das Ilhas Spratly, no sudeste, acima e abaixo da costa das Filipinas. As ilhas artificiais da China são a expressão mais concreta dessas alegações.

A China produziu, pela primeira vez, o mapa contendo a linha dos nove traços para a Comissão das Nações Unidas sobre os limites da plataforma continental, em resposta ao que considerou reivindicações flagrantes do Vietnã e da Malásia. Suas raízes, no entanto, remontam ao mapa original da República da China, cujo sucessor é o governo em Taiwan. Bill Hayton observa que essa afirmação foi "a primeira feita por qualquer governo chinês nas Spratly" com o potencial de ser reconhecida sob o direito internacional.[2] A recém-criada República Popular da China (RPC), sob o governo de Mao Tsé-Tung, adotou medidas adicionais para afirmar a soberania sobre mais territórios, por meio da "Declaração sobre o Mar Territorial", de 1958, que incluía reivindicações das Ilhas Paracel, Macclesfield Bank e Spratly, e da nova província renegada de Taiwan.[3] Nas décadas seguintes, a China continuou reivindicando a soberania sobre grande parte do que agora integra o mapa dos nove traços, formalizando suas reivindicações por meio da legislação nacional, em 1992, e participando de uma série de escaramuças com as Filipinas e o Vietnã.

O litoral norte-americano está, é claro, a milhares de quilômetros, mas os EUA buscam manter o *status quo*, que defende que aquelas são águas internacionais, o que significa passagem livre para todos os navios de carga internacionais e, crucialmente, para a Marinha dos EUA. Oficialmente, os norte-americanos não se posicionaram sobre as reivindicações territoriais concorrentes. Sua política, por várias administrações, tem se baseado em apoiar a resolução dessas reivindicações por meio do direito internacional e da negociação multilateral, em vez da negociação bilateral entre a China e seus concorrentes, menores e menos poderosos, ou por meio de ações unilaterais, incluindo a construção de um território novo. Os países do sudeste asiático, com medo de serem intimidados ou dominados por Pequim, acolhem o papel dos EUA na defesa da liberdade de navegação nessas águas. Ao mesmo tempo, Pequim alavancou seus estreitos laços políticos e econômicos com Laos, Camboja e Mianmar para impedir qualquer oposição significativa a sua atividade no âmbito da Associação das Nações do Sudeste Asiático (ASEAN).

Embora a ênfase da China em sua soberania sobre as águas no Mar da China Meridional permaneça inalterada desde a fundação da República Popular da China, a criação de um território novo daquele mar é um fenômeno recente — parte de um esforço militar mais amplo, com um certo receio de desafiar a preeminência geral dos EUA na região. Pequim navega em seu primeiro porta-aviões, testa mísseis nucleares com várias ogivas, implanta uma vasta rede de mísseis para destruir e negar acesso aos navios de guerra dos EUA, e, agora, constrói bases militares longe de suas fronteiras.

"Como todo mundo, estou me perguntando quais são as intenções da China [com isso]", disse-me o capitão Mike Parker.

Quaisquer que sejam suas intenções, seu objetivo de curto prazo é nítido: os Estados Unidos não estão dispostos a entrar em guerra por essas ilhas, portanto a China é livre para prosseguir. A resposta dos EUA foi navegar e voar pela área para demonstrar que aquelas águas e aquele espaço aéreo permanecem sendo internacionais, e que os navios devem gozar de liberdade de navegação, conforme previsto no direito internacional. Essas ditas operações de liberdade de navegação, ou FONOPs, contestam a atividade de Pequim na região. Mas as ilhas não se mudaram e, na verdade, estão cada vez mais militarizadas.

O governo Obama ficou alarmado com o rápido progresso da China. Convidar um repórter da CNN e sua equipe de câmeras a bordo de uma missão P-8 tinha como objetivo alertar o mundo sobre o progresso da China e alfinetar Pequim de forma pública. Nossa história, registrada nas Filipinas no momento em que desembarcamos, em 26 de maio, gerou manchetes em toda a região e no Ocidente como um todo. A reação da China, pelas mãos de altos funcionários do Ministério das Relações Exteriores e do Exército de Libertação Popular, foi severa.

"Por que essa história apareceu de repente nas últimas semanas? O Mar do Sul da China encolheu?", perguntou o coronel sênior Yang Yujun. "Algumas pessoas têm criticado esse tópico. Seu objetivo é manchar as Forças Armadas chinesas e dramatizar as tensões regionais. E não estou descartando que isso esteja sendo feito para encontrar uma desculpa para certo país agir no futuro."[4]

Ninguém duvidava de que "certo país" fosse os EUA. A China tentou virar a mesa, alegando que o próprio manuseio da "vigilância de proximidade" da Marinha dos EUA fora "necessário, legal e profissional". O coronel Yang estava certo de que esses voos de vigilância ocorriam há anos, mas este foi o confronto nos céus mais aberto entre os EUA e a China desde a colisão mortal em alta altitude sobre Hainan, em 2001.

Vários meses depois, os líderes dos EUA e da China teriam um confronto ainda mais aberto sobre o Mar da China Meridional. Em setembro de 2015, na primeira visita oficial do presidente Xi Jinping aos EUA como líder chinês, Obama confrontou o colega chinês em público com as preocupações norte-americanas.

Com Xi ao seu lado no Jardim de Rosas, Obama disse: "Transmiti ao presidente Xi nossas preocupações significativas sobre recuperação de terras, construção e militarização de áreas disputadas, o que dificulta que os países da região resolvam desentendimentos pacificamente."

Em um momento de diplomacia tensa, o presidente Xi não recuou, reafirmando as reivindicações históricas da China às ilhas como fato.

"As ilhas do Mar da China Meridional, desde os primórdios, são território chinês", disse o presidente Xi. "Temos o direito de defender nossa própria soberania territorial e legítimos direitos e interesses marítimos."

Porém Xi fez o que os EUA consideravam uma promessa, garantindo que a China não transformaria as ilhas em postos avançados militares.

"A atividade de construção que a China está realizando nas Ilhas Nansha [o nome que a China dá às Ilhas Spratly] não tem como alvo nenhum país, não os afeta, nem há intenção de militarizá-las", disse Xi.[5]

Embora a palavra chinesa para intenção (*yitu*) esteja aquém de uma promessa primordial de se abster da militarização, uma rara demonstração de tal compromisso por parte do líder chinês fez com que os

EUA entendessem assim. Embora a promessa contradissesse a atividade de construção testemunhada pelas equipes do P-8 que patrulhavam o Mar da China Meridional na época, a Casa Branca aceitou a palavra do presidente chinês.

Três anos depois, a "promessa" do presidente Xi parecia não apenas vazia, mas cínica. Em 2018, o almirante Philip S. Davidson, ex-comandante do Comando do Pacífico dos EUA, testemunhou perante o Comitê de Serviços Armados do Senado que a China mobilizara recursos militares suficientes nas ilhas artificiais para desafiar significativamente as operações militares dos EUA na região.

"No Mar da China Meridional, o PLA [Exército de Libertação do Povo] construiu uma variedade de recursos de radar, ataque eletrônico e defesa nas disputadas Ilhas Spratly, para incluir: Recife Cuarteron, Recife Fiery Cross, Recife Gaven, Recife Hughes, Johnson Recife, Mischief Reef e Subi Reef", escreveu o almirante Davidson ao comitê. "Essas instalações expandem a conscientização do domínio em tempo real, ISR [inteligência, vigilância e reconhecimento] e os recursos de interferência do PLA em grande parte do Mar da China Meridional, apresentando um desafio substancial às operações militares dos EUA nessa região."

As bases, testemunhou o almirante Davidson, estavam completas. A única coisa que faltava era a implementação de forças.

"Uma vez ocupada", continuou o alerta, "a China poderá estender sua influência milhares de quilômetros ao sul e concentrar suas energias na Oceania. O PLA poderá usar essas bases para desafiar a presença dos EUA na região, e as forças implementadas nas ilhas sobrecarregarão as forças militares de qualquer outro reclamante do Mar da China Meridional".

Ele incluiu em seu depoimento esta avaliação alarmante: "Em resumo, a China agora é capaz de controlar o Mar da China Meridional em todos os cenários que não sejam de guerra com os Estados Unidos."[6]

"Todos os cenários que não sejam de guerra" é um eufemismo perfeito para a Guerra nas Sombras. Como a China conseguiu uma vitória tão estratégica em tão pouco tempo? A conquista foi notável em termos militares e de engenharia. Em cinco anos, construiu um novo território em meio a águas altamente disputadas e as equipou com capacidades militares avançadas — todas a centenas de quilômetros do continente. E o fez sem que os EUA ou seus vizinhos impusessem qualquer custo diplomático ou econômico a Pequim. A resposta da China a esse golpe envolve uma série de alertas ignorados e movimentos agressivos, não negligenciados pelos Estados Unidos e seus aliados.

Andrew Erickson, professor de estratégia do Colégio de Guerra Naval dos EUA, ensina aos comandantes da Marinha dos EUA a estratégia militar chinesa sincrônica e diacronicamente. Como o almirante Davidson, ele acredita que — com suas ilhas artificiais — a China alcançou o objetivo na região de criar "bases militares formidáveis, capazes de ameaçar atividades estrangeiras no Mar do Sul da China".

Ao explicar como a China conseguiu dar um golpe territorial tão notável, o Dr. Erickson aponta para um erro semelhante ao da Guerra nas Sombras dos Estados Unidos com a Rússia: um equívoco grosseiro dos EUA sobre as intenções da China e uma indisposição obstinada em reconhecê-lo, mesmo quando a evidência é tão óbvia quanto "porta-aviões inafundáveis" subindo no Mar da China Meridional.

"Em um esforço sincero para tranquilizar estrategicamente a China e aliciar sua colaboração para causas nobres globais, os formuladores de políticas dos EUA a encorajaram, na última década, ao reforçar sua fraqueza e permitir um comportamento agressivo", disse-me Erickson.

"Ao não impor pesadas consequências a seu comportamento nocivo no mar, o governo Obama acabou encorajando Xi Jinping a continuar, e até a aumentar, sua má-fé marítima."

A apropriação de terras da China no Mar da China Meridional demonstra sua estratégia de "vencer sem lutar"; ou seja, um exemplo perfeito da própria abordagem de Pequim para travar — e vencer — a Guerra nas Sombras. Erickson observa as profundas raízes históricas da estratégia, argumentando que a abordagem da China ao Mar da China Meridional resume uma estratégia articulada pela primeira vez pelo estrategista militar chinês Sun Zi (ou Sun Tzu) no século V a.C.: "Na guerra, o caminho é evitar o forte e atacar o fraco."

"Isso se aplica não apenas às grandes operações convencionais de combate, mas também à abordagem de Pequim à coerção pré-guerra", diz Erickson.

"Xi Jinping não deseja uma guerra completa com os EUA", explica Erickson, "mas prefere continuar 'ganhando sem lutar' em tempos de paz, ou o que a Estratégia de Segurança Nacional dos EUA de 2017 chama de competição contínua — nem totalmente 'em paz' nem 'em guerra'".

Como a Rússia, a China está disposta a desrespeitar a lei internacional e usar o poder militar para atingir seus interesses estratégicos com atividades logo abaixo do limiar da guerra. A China, no entanto, está encontrando maneiras talvez mais sutis de alcançar esses interesses do que a Rússia. Diferentemente da Rússia na Ucrânia, por exemplo, os militares chineses mal deram um tiro para atingir seus objetivos e adquirir novos territórios no Mar do Sul da China.[7]

A China começou a seguir essa estratégia no Mar da China Meridional antes de 2015, em uma parcela inabitável de terra a cerca de 500km a noroeste de Spratly, bem embaixo do nariz dos EUA.

Como muitas das terras nessas águas, Scarborough Shoal tem quase tantos nomes quanto os países que a reivindicam. Scarborough, como está nos mapas ocidentais, recebe o nome do navio da Companhia das Índias Orientais, *The Scarborough*, que aportou naquelas rochas em 1784. A China se refere a ele como Huangyan Dao ou Minzhu Jiao ("Recife da Democracia"). As Filipinas, outro requerente, chamam-no de Panatag Shoal, com base na palavra tagalog para "ameaça" ou "perigo". Os mapas portugueses ainda usam o nome Bajo de Masinloc. Os diferentes nomes representam mais que suas origens históricas e linguísticas. Eles fazem parte de um esforço maior de vários países para marcar o Scarborough Shoal — como Fiery Cross, Mischief e Subi Reefs — como posse territorial de longa data e legalmente defensável.[8]

Nomes são simbólicos. Em uma tentativa de demonstrar que a posse é 90% da lei, a China iniciou um esforço ousado a partir de 2012 para assumir o controle do Scarborough Shoal, com um barco de pesca por vez.

Como muitos recifes e outras características da terra no Mar do Sul da China, Scarborough Shoal não tinha residentes fixos. No entanto, recebeu visitantes frequentes sob a forma de arrastões de pesca e suas tripulações. Os barcos, principalmente das Filipinas, da China e do Vietnã, entravam na lagoa para arrastar alguns dos mais ricos pesqueiros da região e se abrigar dos mares agitados.

A partir de abril de 2012, navios chineses e filipinos começaram um mata-mata dentro e nos arredores do Scarborough Shoal. Na época, eu era chefe de gabinete do embaixador dos EUA na China, Gary Locke, estabelecido na embaixada dos EUA em Pequim. A atividade chinesa se tornou uma séria preocupação para os diplomatas norte-americanos.

Estaria a China tentando conquistar terras em águas disputadas à custa de um aliado do tratado norte-americano? Praticamente todos os dias, novas fotos de vigilância — feitas pelos antecessores do P-8, a aeronave de reconhecimento EP-3 Orion e a aeronave de vigilância não tripulada Global Hawk — rastreavam os navios chineses em ação. Em 20 de abril, três navios chineses estavam em Scarborough, com um quarto a caminho. Em 11 de maio, dez navios chineses, uma combinação de arrastões de pesca, Guarda Costeira e navios de patrulha marítima, ocuparam a área. Os navios filipinos estavam em menor número, em mais de dois para um, mas mantendo a marcação de território.

Na embaixada, diplomatas dos EUA monitoravam de perto as atividades chinesas. As intenções da China estavam claras, e a oposição dos EUA a elas, também. Embora os Estados Unidos não se posicionem sobre as reivindicações concorrentes no Mar da China Meridional, opõem-se firmemente a qualquer tentativa unilateral de reivindicar território no país. Scarborough Shoal era particularmente sensível para os EUA, uma vez que um dos requerentes é um aliado do tratado norte-americano. Além disso, fica na zona econômica exclusiva das Filipinas, que se estende por 200 milhas náuticas ao largo da costa de uma nação. A aparente tentativa da China de assumir sua posse apesar da oposição dos EUA foi sem precedentes, com implicações preocupantes para muitas outras ilhas disputadas na região.

Ao cercar e hostilizar embarcações filipinas no Scarborough Shoal, a China pressionava Manila de outras formas. A partir de maio, a China passou a bloquear as importações de frutas das Filipinas, uma das principais exportações do país. Toneladas de bananas, destinadas à exportação, apodreceram nos portos filipinos. A China também começou a bloquear o acesso aéreo às Filipinas, interrompendo outra fonte significativa de renda para Manila: o turismo e o fluxo de empresários chineses.

Os diplomatas dos EUA e os funcionários do governo Obama debateram com que força reagir. Na embaixada, um diplomata graduado propôs uma estratégia: deixar a China *pensar* que os EUA estavam recuando em Scarborough para que Pequim pressionasse suas reivindicações territoriais de maneira mais agressiva, alienando ainda mais os países do Sudeste Asiático e perseguindo-os ainda mais nessas brechas. Parecia uma estratégia arriscada, que seria implementada à custa de um aliado dos EUA e colocaria as outras ilhas contestadas sob iminente ameaça.

Em meados de maio, os parceiros filipinos dos EUA estavam mais exaltados. Um submarino dos EUA estava em uma escala portuária para Subic Bay — e o secretário de Relações Exteriores das Filipinas quis fazer uma visita para destacar o Tratado de Defesa Mútua EUA-Filipinas. A embaixada dos EUA acreditava que Manila incitava a mídia filipina a publicar matérias sobre a capacidade submarina dos EUA na região. Manila estava ansiosa por lembrar a Pequim que tinha um poderoso aliado.

No final daquele mês, diplomatas filipinos enviaram novas advertências aos colegas norte-americanos. A China, disseram, tentava consolidar sua posição na região. Os navios chineses de vigilância marítima haviam colocado a área sob seu controle; e o país também aumentava a pressão econômica sobre as Filipinas, reclamando dois grandes empréstimos pendentes ao governo filipino.

Na embaixada, o debate entre os diplomatas dos EUA continuou, incluindo até onde eles acreditavam que a China estava disposta a ir. Alguns duvidavam de que Pequim se opusesse a mais um aliado dos EUA, argumentando que seus passos até então eram reversíveis. Eles observaram que a China não construíra estruturas permanentes na área. Outros alertaram que estava se consolidando.

Em 1º de junho, esses avisos foram confirmados. Embarcações chinesas começaram a construir uma barreira na entrada da lagoa. A barreira, composta de boias e redes amarradas entre os navios chineses ancorados, impedia a entrada de mais navios filipinos para reabastecer os restantes, ancorados na lagoa. Foi uma jogada ousada. O então presidente das Filipinas, Benigno Aquino, voou para Washington para registrar suas preocupações a Obama. Seis dias depois, fotos de satélite revelaram que os navios chineses haviam colocado uma segunda barreira. Sem reabastecer com combustível e provisões, o último navio filipino foi forçado a deixar a área. Por outro lado, a China, como um diplomata dos EUA me disse, agora tinha uma "armada" de arrastões de pesca dentro da lagoa. Scarborough Shoal estava efetivamente sob seu controle.

Nos bastidores, Pequim e Washington negociavam um caminho. Na embaixada, lembro-me de haver preocupação, mas não urgência. As autoridades norte-americanas acreditavam que a China poderia ser convencida a reverter o curso — permitindo que os barcos de pesca das Filipinas retornassem e, mais importante, encerrando sua tentativa de se apossar da área. Esse era um padrão constante no Departamento de Estado e no governo Obama na época. A negociação funcionaria. A China poderia ser convencida. Não vamos exagerar. Essa abordagem se aplica a toda uma série de questões e disputas entre Washington e Pequim, incluindo as atividades cibernéticas da China contra o governo e o setor privado dos EUA. E no entanto, mesmo que a abordagem fracassasse em mudar o comportamento chinês, ela persistiu.

Por sua vez, Pequim insistiu no argumento de que trabalhava para o "desenvolvimento conjunto" de Scarborough Shoal com as Filipinas e outros requerentes regionais. Os diplomatas chineses disseram que estavam sendo "muito contidos" em sua resposta até então, enquanto advertiam que não "disparariam o primeiro tiro" se a situação piorasse.

No final de junho, as Filipinas retiraram o último navio dos mares ao redor do Scarborough Shoal. Sua retirada foi resultado de um acordo entre Pequim e Washington. O governo Obama acreditava ter um compromisso com a China de se retirar também. No entanto, enquanto Pequim retirava seus navios, cerca de 30 arrastões chineses permaneciam dentro da lagoa. Os "soldadinhos verdes" da China ainda ocupavam o território. Uma semana depois, 26 arrastões permaneciam na lagoa. Os diplomatas dos EUA em Pequim temiam que a China renegasse o acordo e fixasse presença.

A notícia do acordo dos EUA com a China se espalhava. O embaixador do Vietnã em Pequim perguntou à embaixada dos EUA se Washington havia pressionado as Filipinas a recuar em Scarborough. Enquanto isso, a China adotava uma postura mais firme em outras partes do Mar da China Meridional, protestando contra patrulhas vietnamitas perto das Ilhas Spratly e incitando a Assembleia Nacional do Vietnã a evitar qualquer ação sobre uma nova lei marítima que formalizasse as reivindicações vietnamitas na área.

A China também tirou as próprias conclusões da resposta dos EUA. Os diplomatas chineses notaram sua "moderação" no caso Scarborough Shoal, o que tranquilizou seus líderes de que os EUA não arriscariam confrontos militares a respeito do que os diplomatas chamavam de assuntos "triviais".

Em janeiro de 2013, as Filipinas, frustradas pela intransigência chinesa e pela retirada dos EUA, levaram Pequim ao Tribunal Permanente de Arbitragem, em Haia, na Holanda. O caso foi levado ao tribunal de acordo com o Anexo VII da Convenção das Nações Unidas sobre o Direito do Mar, ou UNCLOS. A mudança de Manila enfureceu Pequim, que aplicou uma série de ações coercitivas destinadas a punir as Filipinas. Entre elas, a China acrescentou novas restrições às importações de frutas filipinas, deixando mais toneladas de bananas apodrecendo no porto.

Em julho de 2016, o tribunal decidiu em favor das Filipinas, rejeitando as alegações históricas da China não apenas para o Scarborough Shoal, mas para todos os aspectos atinentes à terra no Mar do Sul da China. A decisão unânime foi uma repreensão impressionante para a China e seu presidente, Xi Jinping, e foi tão abrangente que despertou preocupações em seus vizinhos sobre uma possível reação com novas aquisições de terras na região. Com uma linguagem estranhamente forte, o tribunal citou a UNCLOS, que havia sido ratificada pela China e pelas Filipinas, afirmando que o tratado que "extinguiu" a China reivindicou direitos históricos às ilhas no Mar da China Meridional. Em sua constatação, o tribunal determinou que "considera inquestionável que ambas as partes sejam obrigadas a cumprir a Convenção". Além do caso do Scarborough Shoal, o tribunal determinou que o Mischief Reef, que a China já militarizara quase totalmente, pertencia também às águas Filipinas.[9]

A China se viu sozinha contra seus vizinhos e o mundo. Os Estados Unidos, embora não tenham ratificado a UNCLOS, pediram à Pequim que respeitasse as decisões.

"O mundo está esperando para ver se a China é, de fato, a potência global que alega ser", disse o porta-voz do Departamento de Estado John Kirby, "e a potência responsável que alega ser".[10]

O Vietnã, que tem reivindicações de soberania concorrentes no Mar da China Meridional, logo endossou a decisão, um passo notável para um país com uma longa relação de cooperação com Pequim, construída em parte com a liderança compartilhada dos países do Partido Comunista.

Apesar da decisão, Scarborough Shoal permanece sob controle chinês. A China também não recuou seus esforços para afirmar sua "soberania indiscutível" sobre o território dentro dos nove traços e continuou a implementar instalações militares em várias áreas das terras reivindicadas por diversos países.

Hoje, Pequim comemora seu sucesso no Scarborough Shoal a ponto de acadêmicos chineses como Zhang Jie empregarem o conceito do "Scarborough Shoal Model", termo usado pela primeira vez em um artigo do *People's Daily* em maio de 2012. O uso do termo sugere que o Scarborough Shoal é um modelo para estudo e aplicação em outros territórios, apesar da oposição dos EUA ou do fato de que esses territórios estejam em zonas econômicas exclusivas de outros Estados.

Erickson, do Colégio de Guerra Naval, destaca o sucesso da China — e o fracasso dos EUA em revertê-lo — como uma vitória decisiva na Guerra nas Sombras da China com os Estados Unidos.

"A renúncia de Pequim ao retorno negociado entre EUA e China ao *status quo ex ante* no Scarborough Shoal Standoff 2012 — e, em vez disso, aproveitar o recurso localizado na zona econômica exclusiva das Filipinas — é um sucesso" para Pequim, disse Erickson.

A China lançou inúmeros alertas sobre suas ambições no Mar da China Meridional nos anos anteriores à gritante invasão de terras no Scarborough Shoal e nas Ilhas Spratly. Alguns desses alertas foram direcionados aos vizinhos, e outros, aos Estados Unidos. Em 1974, a China enviou navios para capturar as Ilhas Paracel do Vietnã. Foi um encontro letal, que deixou mais de 70 mortos dos dois lados. A "Batalha das Ilhas Paracel", como agora é conhecida, deixou a China com o controle das ilhas, que detém até hoje.

Nas décadas que se seguiram, as disputas no Mar da China Meridional estavam, em grande parte, adormecidas, com exceção do Johnson Reef Skirmish, de 1988, com o Vietnã e a ocupação da China de 1995 do Mischief Reef, que incitou conflitos com as Filipinas. Sob o governo de Deng Xiaoping, a política da China era a de "anular disputas e buscar o desenvolvimento conjunto". Ainda assim, os observadores do Mar da China Meridional notaram aquilo a que Ian Storey se referiu, em 1999, como "assertividade rastejante" da China no Mar da China Meridional: "Uma política gradual para estabelecer uma presença física maior no Mar da China Meridional, sem recorrer ao confronto militar."[11] Os EUA, no entanto, só atentaram quando as atividades da China ameaçaram a passagem de navios da Marinha dos EUA por águas internacionais.

Em um confronto notável em 2009, os arrastões chineses perseguiram o USNS *Impeccable*, um navio de vigilância dos EUA. De acordo com uma declaração do Pentágono, os navios seguiram o *Impeccable*, jogando pedaços de madeira na água e usando postes para tentar atacar o equipamento acústico do navio. Embora os navios não fossem oficialmente do governo chinês, os EUA acreditam que agiam sob ordens de Pequim, que usa "navios pesqueiros" como uma marinha sombria. Era um impasse perigoso, agressivo e, às vezes, até cômico no alto-mar.

"Como as intenções dos navios não eram conhecidas, o *Impeccable* usou suas mangueiras de incêndio jogando jatos de água contra um dos navios para se proteger", dizia um comunicado do Pentágono. "Os tripulantes chineses tiraram a roupa de baixo e fecharam a passagem do *Impeccable* a menos de cinco metros."

A CNN citou um porta-voz do Pentágono chamando o incidente de "uma das ações mais agressivas dos últimos tempos. Sem dúvida, informaremos as autoridades chinesas sobre nosso descontentamento com essa manobra imprudente e perigosa".[12]

Em 2014, a China miraria em outro vizinho e reclamante concorrente no Mar da China Meridional: o Vietnã. O "impasse Hai Yang Shi You 981" leva o nome da plataforma de petróleo chinesa no centro da disputa. Em maio de 2014, uma das empresas de petróleo estatais da China manobrou a plataforma a vários quilômetros de uma das disputadas Ilhas Paracel. O Vietnã protestou contra a colocação da sonda como uma violação de seu território soberano — e despachou mais de 40 navios da Guarda Costeira, rebocadores e embarcações de pesca para interromper as operações da sonda e impedir que se movesse. A China respondeu com a própria frota de Guarda Costeira, embarcações de vigilância e arrastões de pesca. Durante semanas, as duas marinhas improvisadas se enfrentaram em confrontos às vezes perigosos. Pelo menos um navio de pesca vietnamita foi afundado. A China retirou a plataforma em agosto daquele ano.[13]

Cada interação deixou claro que a China estava disposta a usar ativos militares e não militares para perseguir seus objetivos territoriais, independentemente de os EUA ou um rival regional menor estarem no caminho. Estranhamente, no impasse de Hai Yang Shi You, foi o menor rival regional que pareceu ter frustrado a apropriação de terras na China, enquanto os EUA — apesar da capacidade militar muito maior — foram superados tanto no Scarborough Shoal quanto nas Spratly. Na Guerra nas Sombras, o poder assimétrico pode vencer.

Os amplos objetivos estratégicos da China no Mar da China Meridional e em outros lugares distantes não são — nem nunca foram — secretos. Andrew Erickson observa que o Partido Comunista Chinês (PCC) enumerou — e trabalhou metodicamente em — uma série de objetivos de segurança nacional desde sua fundação, em 1921, quase 100 anos atrás. Hoje, está à beira de ter alcançado todos eles.

As prioridades de segurança da China começam com o próprio partido, com a crença central de que sua sobrevivência é essencial para a revitalização nacional. Isso foi conquistado com a vitória do PCC sobre o Partido Nacionalista Chinês, o Kuomintang, em 1949. A partir daí, as metas de segurança nacional da China são definidas pela geografia. Os líderes chineses começaram estabelecendo supremacia e controle incomparáveis no coração dominado pelos Han-chineses. De lá, expandiram-se, garantindo a estabilidade e a própria legitimidade nas fronteiras dominadas por minorias do Tibete e Xinjiang, alcançadas pela China na década de 1950. Uma vez seguro no continente, o país procurou disputar fronteiras com os vizinhos. Isso incluiu uma sangrenta guerra de fronteira com o Vietnã em 1979.

Depois que a Guerra Fria terminou, com a China se sentindo segura nas próprias fronteiras, Pequim expandiu sua atenção para além do continente, para o que a China se refere como "Mares Próximos". Estas são águas do Mar Amarelo, entre a costa leste da China e o Japão; o Mar da China Oriental, ao sul do Japão e ao norte de Taiwan; e o Mar da China Meridional, ao sul da China, na fronteira com os vizinhos do sudeste asiático Vietnã, Indonésia, Filipinas e Malásia. Os Mares Próximos se enquadram no que a China chama de "Primeira Cadeia de Ilhas", composta de Japão, Taiwan, norte das Filipinas e a ilha indonésia de Bornéu.

Para alcançar tais ambições, a China tocou um programa de modernização naval sob o comando de Liu Huaqing, na década de 1980. Embora Deng tivesse adotado uma política de anular essas disputas territoriais enquanto a China se concentrava no crescimento econômico, o país passou a prestar cada vez mais atenção ao conceito de poder marítimo no final do governo Hu Jintao — pouco antes de iniciar as atividades no Mar da China Meridional. Em seu discurso final no Décimo Oitavo

Congresso do Partido Comunista Chinês, em 2012, Hu conclamou a China a se tornar uma "grande potência marítima" (*haiyang qiangguo*). O conceito seria mencionado com mais frequência em documentos e discursos oficiais sob o governo subsequente, de Xi Jinping.

A política chinesa no Mar da China Meridional, sob a liderança de Xi, caracteriza-se por uma crescente assertividade e uma associação cada vez maior de territórios reivindicados no Mar da China Meridional com os principais interesses da China de soberania, integridade territorial e unificação nacional. O conceito de "grande potência marítima" está agora mais associado aos "interesses principais" (*hexin liyi*) — basicamente, interesses inegociáveis para justificar posições políticas específicas. Desde que chegou à presidência, Xi fala do poder marítimo como parte de seu "sonho chinês", e mais recentemente exortou a nação a realizar seu "grande sonho de poderio marítimo".

O foco cada vez maior em recuperar o que o governo de Xi considerava um território legítimo não se reflete só nas atividades no Mar da China Meridional, mas também em políticas e leis, como a Lei de Segurança Nacional, de 2015. Além disso, a China declarou uma Zona de Identificação de Defesa Aérea no Mar da China Oriental em 2013, ratificando o foco renovado na esfera marítima e na integridade territorial, em geral. O conceito de "grande potência marítima" representa a grande visão estratégica da liderança chinesa e se manifestou em ações e políticas concretas no Mar do Sul da China e além.

As ambições de Pequim não só incluem as ilhas disputadas no Mar da China Meridional, mas também as do Mar da China Oriental, Senkaku (ou *Diaoyu*, em chinês), reivindicadas pelo Japão e, claro, Taiwan, cuja independência a China ainda considera ilegítima. Ambos são aliados dos EUA, que é obrigado a defendê-los.

Conforme suas capacidades militares crescem, a China também tem reivindicado o poder aéreo. Como o almirante Davidson, comandante do Comando do Pacífico dos EUA, disse ao Comitê de Serviços Armados do Senado em 2018: "De acordo com as reformas mais amplas das Forças Armadas chinesas, suas forças aéreas têm enfatizado operações conjuntas e expandido suas operações, por meio de voos de bombardeiros de longo alcance no Pacífico Ocidental e no Mar da China Meridional."

Davidson deixou claro que essas operações são uma ameaça imediata à influência militar dos EUA e ao envio de forças norte-americanas à Ásia.

"Como resultado desses avanços tecnológicos e operacionais", falou, "as forças aéreas chinesas serão um risco crescente não apenas para nossas forças aéreas, mas também para as navais e terrestres, e bases aéreas".[14]

Agora, o objetivo da China é se tornar uma potência militar global. Apesar do foco de curto prazo na defesa dos mares próximos, nos últimos anos os líderes chineses desenvolveram e mobilizaram forças navais capazes de operar nos "mares longínquos" do Pacífico Central, no Oceano Índico etc. Essas operações e capacidades não se destinam a defender a China, mas a expandir seu poder para o exterior — e a fazer prevalecer seus interesses econômicos, diplomáticos e geopolíticos em todo o mundo. Em termos simples, a China está construindo e implantando uma verdadeira marinha "água azul", operações e capacidades expandidas que não passaram despercebidas pelos militares dos EUA.

"Enquanto articula primeiro um exército com foco regional, a China aspira projetar seu poder em todo o mundo", declarou o almirante Davidson perante o Senado. "Os interesses globais em expansão da China […] incluem o foco de Pequim nessas searas."

Para concretizar essa ambição, a China está construindo uma infraestrutura global para apoiar a marinha de águas azuis, como os EUA fizeram no final do século XIX e no início do XX. Erickson diz que a China está expandindo seu acesso a portos estrangeiros para disponibilizar o suporte necessário às implantações regulares e sustentadas dentro e ao redor do Oceano Índico, e isso inclui o acesso básico ao Paquistão e à África Oriental. A participação da China em operações antipirataria na Somália, a partir de 2008, foi um exemplo precoce de sua capacidade de implantar e sustentar embarcações da Marinha longe do continente.

A motivação para a expansão naval da China decorreu das ações do país que a China vê como principal adversário: os Estados Unidos. Na década de 1990, os EUA demonstraram suas vastas capacidades militares em uma série de compromissos que levaram líderes e comandantes militares chineses a determinar que estavam sendo seriamente superados.

"Três grandes eventos militares — a Operação Tempestade no Deserto, em 1991; as crises no Estreito de Taiwan, em 1995–1996; e uma aeronave norte-americana bombardeando por engano a embaixada chinesa em Belgrado, Sérvia, em 7 de maio de 1999, como parte de uma operação maior da OTAN — reforçavam a crença entre os líderes chineses de que a superioridade tecnológica dos EUA lhes permitiria atacar os ativos chineses impunemente", disse Erickson.

Erickson diz que essas ameaças coincidiram com mudanças políticas na China. Na época, Jiang Zemin expandia sua autoridade. Jiang era um líder que priorizava a modernização militar da China — e tinha credibilidade e conexões dentro das Forças Armadas para realizá-la.

"Essa ênfase catalisada aumentou o financiamento e o apoio a megaprojetos para desenvolver armas assimétricas de 'maça de assassino' [*assassin's mace*], como mísseis balísticos antiponto (ASBMs), e um aumento na construção naval. Os resultados estão diante de nós agora", diz Erickson.

Como a Rússia, a China quer cumprir suas ambições — vencer em cada um desses campos de batalha da Guerra nas Sombras — sem entrar em uma guerra efetiva com os EUA; ou seja, quer "vencer sem lutar". Para isso, Erickson explica, a China desenvolveu uma ampla estratégia militar que os estudiosos descrevem como "alto–baixo". "Alto" representa o fim dos combates: embora a China queira evitar uma guerra de tiros com os EUA e outros adversários, precisa se preparar para uma, como forma de impedi-la. "Baixo" abrange técnicas híbridas de guerra, logo abaixo do limiar de uma guerra real.

As atividades da China no Mar do Sul da China ilustram o ponto baixo em ação. O país emprega embarcações paramilitares e até não militares nos mares próximos para defender e, algumas vezes, invadir ou anexar o território que afirma ser soberano. São o equivalente chinês dos "soldadinhos verdes" que a Rússia enviou à Crimeia.

A Guarda Costeira da China e a Milícia Marítima das Forças Armadas são entidades informais que complementam a Marinha do Exército de Libertação Popular, ou PLAN. A China também usa arrastões para essas operações. Erickson explica que essas forças lhe dão opções para executar operações na zona cinzenta, ou seja, que defendem suas diversas reivindicações de terra e outros direitos nos mares próximos, dando a Pequim a capacidade de negar qualquer envolvimento dos militares chineses. Como na Rússia, a Guerra nas Sombras usa o poder da mentira.

Em 2009, foram os arrastões de pesca chineses que perseguiram o USNS *Impeccable*. Em 2012, quando a China assumiu o controle do Scarborough Shoal, eles serviram como linha de frente, só mais tarde unidos pela Guarda Costeira e pelas milícias marítimas. Mais uma vez, em 2014, navios da Guarda Costeira chinesa, e não de guerra da Marinha, lideraram a vanguarda contra os navios vietnamitas nas Ilhas Paracel.

"Nas operações da zona cinza marítima", disse Erickson, "Pequim emprega sua enorme Guarda Costeira e milícias marítimas para promover suas reivindicações de soberania no Mar Amarelo, no leste e no sul da China usando coerções pré-guerra".

"A China faz o básico para promover seus objetivos", continuou Erickson, "sem desencadear contra-ataques dos EUA, de seus aliados regionais ou de outras nações vizinhas".

A preferência da China é permanecer dentro dos limites de sua estratégia alto–baixo — travar uma Guerra nas Sombras em vez de uma guerra de tiros. Porém, para fazê-lo, os planejadores militares de Pequim acreditam que precisam desenvolver capacidades aceitáveis para um conflito de alto nível, mesmo com a superpotência dos EUA. Eles querem enviar uma mensagem de que a vitória não seria fácil — e que a derrota é possível — em uma guerra contra a China.

"Para demonstrar a capacidade de prevalecer nos piores cenários e, assim, projetar dissuasão em tempos de paz, para pressionar Washington e seus aliados a acomodar as preferências políticas de Pequim sem lutar", disse-me o Dr. Erickson, "a China está desenvolvendo e implantando uma alta força de contraintervenção".

Essa força é construída em torno da estratégia militar conhecida como "A2/AD", abreviação de "antiacesso, antiárea". A estratégia foi articulada para negar o acesso a um adversário, criando uma enorme zona de matança para navios e aeronaves próximos à costa da China.

"Essa força A2/AD está fundamentada na maior força de mísseis balísticos de alcance regional e armado do mundo", diz Erickson. "Possui sistemas de 'mudança de jogo', como dois tipos de mísseis balísticos antinavios, uma variedade de armas antissatélites e até mesmo tecnologias supersônicas em desenvolvimento."

Hoje, observa Erickson, os recursos A2/AD da China se estendem à superfície, ao ar e ao espaço. É uma expressão impressionante do poder militar: a maior força de mísseis convencionais de médio porte do mundo (superando os mísseis armados nucleares da China em sete a um); novos e mais avançados mísseis de cruzeiro antiponto; armas antissatélites, desde mísseis antissatélites até os chamados satélites sequestradores, capazes de capturar satélites inimigos fora de órbita; e dois novos satélites de reconhecimento militar para ajudar no lançamento de mísseis na Terra.

A China empregou a formidável força de mísseis em terra, navios, submarinos e aeronaves para impedir a defesa dos navios dos EUA. Esses sistemas lhe dão a capacidade de atacar não apenas navios e aeronaves, mas também bases militares dos EUA na região, incluindo a Base da Força Aérea Andersen em Guam; a Base Aérea Kadena em Okinawa, Japão; e qualquer uma de suas bases na Coreia do Sul.

O objetivo da China é demonstrar capacidade militar de ponta, para que os EUA desconsiderem um conflito militar de ponta. Pequim quer mostrar a Washington que os custos de tal conflito, em termos humanos e de equipamentos militares, seriam grandes demais para valer a pena.

Os comandantes dos EUA, embora reconheçam os notáveis avanços da China, rejeitam a ideia do "antiacesso, antiárea", porque — dizem — os EUA podem derrotar os sistemas da China, e, portanto, os chineses não têm capacidade para negar a área de forças dos EUA. Eles preferem o termo "contraintervenção", mas admitem que a China, no mínimo, aumentou o risco às forças norte-americanas, particularmente de ataque e de grupos de ataque, o que, no cenário atual, é um objetivo pretensioso. Os comandantes dos EUA também expressam confiança na capacidade de os submarinos norte-americanos continuarem operando nessas áreas e — se necessário — destruírem as defesas A2/AD da China para abrir caminho para o resto da Marinha dos EUA, em caso de guerra.

Contudo, a China também está avançando na tecnologia dos submarinos e na guerra submarina. Os submarinos de energia convencional da China, que têm alcance menor do que os de energia nuclear e, portanto, operam perto do continente, estão se tornando mais silenciosos e difíceis de detectar. Um submarino barulhento, como os submarinistas dizem, é um submarino morto. Essas embarcações podem disparar mísseis antiderrapantes, pensados na Marinha dos EUA. Os dos EUA mantêm uma clara vantagem sobre os chineses, mas os comandantes norte-americanos reconhecem que ela está diminuindo.

"Em última análise, esta é uma vantagem perecível para os EUA", escreveu o almirante Davidson em abril de 2018. "Na ausência de investimentos coerentes, sustentados e de inovação constante, o PLA [Exército de Libertação Popular] capturará os EUA nesse regime crítico."

A seleção de sistemas de armas da China corresponde às suas prioridades estratégicas. Erickson observa que — por enquanto — o alcance e as capacidades de seus mísseis, navios de guerra e aeronaves diminuem à medida que se afastam da costa chinesa.

"A China deu mais ênfase às plataformas e aos sistemas de armas mais relevantes para desencorajar qualquer esforço dos EUA ou de seus aliados em intervir em uma crise ou conflito no Mar Próximo", disse Erickson. "Isso inclui, em particular, armamento com precisão de longo alcance, como mísseis balísticos (principalmente terrestres) e mísseis de cruzeiro (terrestres, submarinos, navios de superfície e aeronaves), capazes de atingir navios de guerra norte-americanos e de aliados e bases regionais."

Isso não significa que a China limite suas ambições territoriais no longo prazo. Na verdade, o país está desenvolvendo sistemas de armas que permitirão a expansão de suas ambições para além de sua costa.

"A Marinha chinesa está desenvolvendo — embora não priorize, ao menos agora — plataformas para projeção de longo alcance, como submarinos movidos a energia nuclear, grupos de ataque de porta-aviões e aviões bombardeiros de longo alcance", explicou Erickson.

Ao fazer isso, a China entrará em conflito direto com submarinos, porta-aviões e bombardeiros de longo alcance dos EUA e, portanto, com a influência militar dos EUA. Os "Mares Distantes" serão o próximo campo de batalha da Guerra nas Sombras.

Por enquanto, a Guerra nas Sombras é travada nos mares próximos, o que já é um desafio direto à influência militar dos EUA na região — influência que mantêm há décadas, praticamente sem desafios. Os objetivos norte-americanos na região não incluem expansão territorial. Os EUA não pretendem estabelecer novas colônias ou construir os próprios "porta-aviões inafundáveis" sob a forma de ilhas artificiais.

E, por uma questão política, os EUA não se posicionam em nenhuma das ilhas disputadas no Mar do Sul da China. Em vez disso, sua política, tanto em governos democratas como em republicanos, tem sido defender o direito internacional e manter as rotas comerciais abertas. As autoridades norte-americanas enfatizam que esses princípios, apoiados por sua Marinha, fomentaram o *boom* econômico da Ásia, algo benéfico para todas as partes — incluindo a China. O desafio agora é manter a paz na Ásia, mesmo com a China crescendo e flexionando seus músculos militares, econômicos e diplomáticos.

Os chamados FONOPs, incluindo voos regulares sobre o território disputado pelo P-8A Poseidon, pretendem estabelecer de maneira tangível que os EUA não reconhecem reivindicações territoriais chinesas e, portanto, que os vizinhos da China não precisam fazê-lo.

"Para garantir a estabilidade, as operações dos EUA no Mar da China Meridional — para incluir operações de liberdade de navegação — devem permanecer regulares e rotineiras", declarou Davidson. "Qualquer redução na presença aérea ou marítima promoveria a expansão da RPC."

No entanto, os Estados Unidos realizam essas missões há anos, e a China continua reivindicando um novo território soberano.

Alguns especialistas em defesa dos EUA veem a esperança do país sob as ondas. Hoje, a China possui a segunda marinha mais poderosa do mundo. E, pelo menos em termos numéricos, prevê-se a superação da Marinha dos EUA em 2030, a pouco mais de uma década. No entanto, Erickson e os comandantes da Marinha dos EUA enfatizam que seus submarinos têm uma vantagem tecnológica, que a China está lutando — e continuará — para conquistar.

Devido à vantagem dos EUA e à dificuldade contínua da China em superá-la, Erickson e outros apontam os submarinos como a esperança dos EUA. Uma parte essencial da solução, na visão de Erickson e dos comandantes navais seniores, não é apenas criar e implantar mais submarinos, mas fazê-lo o quanto antes. Atualmente, a Marinha dos EUA é capaz de construir 2 submarinos de ataque *Virginia-class* (o sucessor do *Los Angeles*) por ano e acredita que pode acelerar esse ritmo para 3 por ano. O orçamento militar de 2018 exigia a adição de 15 submarinos à frota em meados do século XXI, elevando o total implantado para 68. No entanto, na taxa mais rápida de 3 submarinos por ano, a Marinha dos EUA atingiria esse número mais cedo, talvez dentro de uma década e meia.

Em guerra, os submarinos de ataque *Virginia-class* deterão a ambição da China de operar com êxito uma marinha de águas azuis, fazendo o que lhes é designado: caçar e destruir submarinos inimigos longe de casa.

O que pode ser essencial, no entanto, é mais abrangente. Muitos estrategistas de segurança nacional dos EUA acreditam que precisam de uma nova estratégia para a Guerra nas Sombras, definida por ela.

"Os EUA agora precisam seguir a própria estratégia 'alto–baixo'", disse Erickson. "Determinando a agressão chinesa, demonstrando capacidade de prevalecer em um conflito armado tradicional e resistindo à expansão marítima mesmo em tempos de paz."

Por enquanto, a estratégia norte-americana se baseia nas mesmas táticas e projeção de poder de décadas: manter uma vantagem militar esmagadora para o caso de surgir uma guerra, enquanto navega e voa sobre as águas contestadas para minar as reivindicações territoriais da China.

———

Em agosto de 2018, três anos após nosso voo exclusivo no P-8 sobre as ilhas artificiais da China, a Marinha dos EUA convidou a CNN para voar a bordo do P-8 para outra missão no Mar do Sul da China. A Marinha chinesa desafiou a tripulação de novo, várias vezes, exigindo que o P-8 deixasse o espaço aéreo, e a tripulação dos EUA se recusou, mais uma vez, lendo um roteiro familiar, que reafirmava a posição do governo dos EUA de que aquele era uma espaço aéreo internacional sobre águas internacionais. Esse diálogo foi mais tranquilo do que o nosso, em 2015. O correspondente internacional sênior da CNN Ivan Watson, a bordo dessa missão, me disse que eles pareciam ter "ritualizado".

"Os pilotos leram scripts em resposta ao script que parecia ter sido lido pelos chineses", disse Watson. "Isso se tornou o novo normal. É como se estivessem dançando."

Ainda em construção em 2015, as ilhas eram agora postos militares. Visíveis do ar no Fiery Cross Reef, estavam torres de radar, usinas de geração de energia e edifícios de até 5 andares para abrigar militares. As pistas — longas o suficiente para acomodar todas as aeronaves do exército chinês — estavam concluídas. Na vizinha Subi Reef, a tripulação do Poseidon contava com 86 embarcações instaladas na profunda lagoa artificial da ilha, incluindo a Guarda Costeira chinesa e navios da Marinha — um contingente enorme para apenas uma das várias ilhas artificiais do Mar da China do Sul. O que faltava, no entanto, eram pessoas. Um dos tripulantes disse a Watson que não via mais de 10 pessoas em uma das ilhas. Não estava claro se eles estavam se escondendo de uma aeronave norte-americana, se seus radares estariam monitorando a quilômetros ou se simplesmente eram inexistentes.

"Parecia uma vila Potemkin", disse Watson.

Contudo, cada vez mais as ilhas artificiais da China realizavam operações militares de pleno direito. Em maio de 2018, os EUA detectaram o envio de mísseis antinavio e antiaéreo em três das ilhas artificiais durante exercícios militares chineses. Os mísseis integram a estratégia antiárea e antiacesso da China, projetada com os Estados Unidos em mente. A mensagem contundente de Pequim para Washington parecia ser: estamos preparados para tornar essas águas inseguras para os navios de guerra dos EUA. A promessa do presidente Xi a Obama em 2015 de não militarizar as ilhas perdera o sentido.

Os avisos chineses não terminariam aí. No final do mesmo mês, a Força Aérea do Exército de Libertação Popular anunciou que vários bombardeiros haviam desembarcado e decolado com sucesso de uma ilha no Mar do Sul da China, identificada como Ilha Woody nos Paracels. Os bombardeiros incluíam o H-6K, com capacidade nuclear, projetado para atacar grupos de transportadores dos EUA e alvos terrestres a uma distância de mais de 3 mil quilômetros.

O Comando do Pacífico dos EUA tomou conhecimento, e um porta-voz criticou os exercícios como parte da "militarização continuada da China de disputas no Mar da China Meridional". O Ministério das Relações Exteriores da China, conforme sua prática típica, rotulou as objeções dos EUA como uma reação exagerada, declarando: "As ilhas no Mar da China Meridional são território da China. As atividades militares são treinamentos normais, que não precisam de preocupação."[15]

Os "fatos sobre o mar" ficaram a favor da China, que construiu as ilhas, as militarizou e as operacionalizou — sobre todas as objeções dos presidentes Obama e Trump. Ambos os governos mantiveram as operações de livre navegação, para deixar clara a oposição dos EUA. Mas esses impasses na superfície e no ar não mudaram o comportamento chinês nem reverteram seus ganhos territoriais. A China venceu essa batalha da Guerra nas Sombras.

LIÇÕES

A construção de ilhas artificiais no Mar da China Meridional é um desafio amplo e tangível à ordem internacional baseada em regras, estabelecida e defendida pelos EUA desde o final da Segunda Guerra Mundial. É uma enorme posse de terra no meio de um território disputado por mais de dez nações, várias das quais são aliadas dos EUA, e que ignora o tratado internacional que rege os mares. Além disso, diferentemente da Rússia na Ucrânia, a China realizou essa apropriação de terras, redesenhando as fronteiras da Ásia, sem disparar um tiro. Ao fazê-lo, desafiou o papel de décadas dos EUA como potência militar dominante e detentora da paz na Ásia. É um precedente alarmante e preocupante para outras disputas em andamento entre Washington e Pequim na região, incluindo aquelas sobre outras massas de terra contestadas nos mares do sul e leste da China, como o Senkakus, reivindicado pelo Japão, e o Scarborough Shoal, pelas Filipinas. Inegavelmente, o Japão e as Filipinas são países aos quais os Estados Unidos estão vinculados pelo tratado que visa a defesa contra agressões estrangeiras.

Assim como a agressão da Rússia na Europa e nos arredores, a China sinalizou suas ambições territoriais no Mar da China Meridional ao longo de décadas, alertas ignorados ou subestimados pelos sucessivos governos norte-americanos. Durante todo o período, os protestos de Washington contra Pequim caíram em ouvidos surdos. Como resultado, os Estados Unidos possibilitaram a tomada de terras pelos chineses, por não impor consequências suficientes nem ameaças de força críveis. Hoje, as ilhas artificiais da China são "fato consumado", por assim dizer, que até o mais ferrenho anti-China norte-americano reconhece como algo duradouro, não importando o que digam os Estados Unidos.

CAPÍTULO 6

A Guerra no Espaço

(RÚSSIA E CHINA)

Em maio de 2014, uma equipe de aviadores no Joint Space Operations Center, ou JSpOC, na Base da Força Aérea de Vandenberg, na Califórnia, notou algo novo. A Rússia lançara um satélite no mês anterior — um dentre as dezenas de satélites comerciais e militares de todos os anos. Esse, em particular, instaurava uma comunicação espacial e o que parecia ser a típica coleção de lixo espacial — variando em tamanho, de enormes estágios a pedaços de tinta. Muitos desses detritos caíram na Terra nos dias e nas semanas seguintes, queimando-se na atmosfera ou se juntando às nuvens crescentes de lixo espacial em órbita, rastreados diariamente para evitar colisões com satélites e — mais importante — com naves tripuladas, incluindo a Estação Espacial Internacional. Semanas após o lançamento, no entanto, um pedaço desse "lixo" ganhou vida.

Nos dias seguintes, os aviadores do JSpOC[1] observaram o objeto espacial não identificado se aproximar 11 vezes do estágio superior do foguete. Era uma dança espacial elaborada, possível apenas se o objeto estivesse equipado com propulsores e combustível suficientes para manobrar pelas órbitas com uma enorme precisão. Essa é uma capacidade de armas antissatélites, ou "satélites kamikaze", ou seja, satélites preparados para manobrar outros satélites a fim de os afetar, desativar ou destruir. O satélite foi classificado como "Kosmos 2499" — correspondente ao 2.499º lançamento da Rússia — e encaminhado para uma análise minuciosa. Como se viu, o Kosmos 2499 só estava começando.

O JSpOC — conhecido como J-Spock na comunidade espacial, em referência óbvia a *Star Trek* — parece mais um call center corporativo do que a ponte da USS *Enterprise*. Círculos concêntricos de mesas idênticas com telas de computador são tripulados por aviadores segurando mouses e touch pads enquanto examinam os céus em busca de ameaças em potencial. Suas telas fazem uma renderização tridimensional vívida de objetos no espaço, do tamanho de uma bola de softbol. Basta poucos cliques, e eles aumentam o zoom para uma melhor inspeção. É assim que funciona a guerra no espaço: telas de computador são estações de batalha, e os centros de operações subterrâneos com controle de temperatura são as novas linhas de frente.

Em uma mesa estava o primeiro-tenente Andrew Engle, um dos vários recém-designados oficiais de defesa, ou "DDOs", encarregados de monitorar lançamentos espaciais em busca de possíveis perigos. Engle observava suas telas com a atenção de uma sentinela que guardava um posto avançado militar. Apesar das imensas distâncias entre eles e os satélites rastreados, os aviadores levam as ameaças espaciais tão a sério quanto um soldado de infantaria escaneando o próximo morro à procura de um franco-atirador, ou um piloto de caça buscando aeronaves inimigas no horizonte. Os bogeys de Engle, no entanto, percorrem o espaço centenas de quilômetros acima de suas cabeças, a velocidades de 30.000km/hora. O Kosmos 2499 recebeu uma atenção especial.

"Não estaria no mesmo plano e órbita, a menos que isso fosse intencional", disse Engle. "Isso está nas novas fronteiras espaciais de nossos adversários. É algo altamente técnico, qualificado e que temos decupado para descobrir quais são os recursos disponíveis."

Engle integra o 614º Centro de Operações Aéreas e Espaciais, uma equipe encarregada de defender satélites militares, uma pequena parte do Comando Espacial da Força Aérea. Muito antes de o presidente Trump ordenar a criação de uma "força espacial", em 2018, o Comando Espacial já era uma ala operacional militar dos EUA, com mais de 30 mil funcionários militares e civis em todo o mundo, um orçamento anual de US$9 bilhões, 6 bases e 134 locais mundiais, embora opere sem que o público norte-americano perceba.[2] Até recentemente, muitas de suas operações eram classificadas. Isso mudou à medida que os líderes militares se sentiram obrigados a alertar os líderes públicos e políticos sobre a ameaça emergente aos ativos espaciais dos EUA.

Como DDO, o tenente Engle mantém uma vigilância próxima a quaisquer ameaças aos ativos espaciais de maior valor do país, incluindo satélites de vigilância, de GPS e — crucialmente — a rede de satélites nucleares de alerta precoce. A acessibilidade da tecnologia a faz parecer simples. Como em um videogame, os satélites e outras naves espaciais são exibidos em imagens 3D geradas por computador. Mas, enquanto as imagens são representações, as posições e trajetórias de voo são transmitidas em tempo real. De sua estação, no centro de operações de ponta, ele me mostrou uma simulação de manobras de um kamikaze russo em voo. Como um assassino perseguindo o alvo, orbitava um satélite norte-americano a cerca de 900 metros — assustadoramente perto, considerando que os dois objetos viajavam a 20 vezes a velocidade do som.

"Enquanto o satélite dos EUA — que chamamos de satélite azul — circula no espaço, a nave russa — satélite vermelho — espelha tudo o que o satélite azul faz", disse Engle. "Devido à natureza do espaço, isso não é algo que acontece por acaso."

O Kosmos 2499 executou várias "órbitas" do satélite dos EUA antes de disparar os micropropulsores e passar ao alvo seguinte. De tais distâncias, ele pode desativar ou destruir um satélite dos EUA de várias maneiras. A Rússia e a China testaram lasers e outras armas de energia direcionada para "ofuscar" os satélites, com interferência eletromagnética de baixa potência. Isso equivale à distração de um piloto comercial com ponteiros a laser portáteis: algo perturbador e potencialmente perigoso, mas de curto prazo e reversível. As armas de energia direcionada mais poderosas são capazes de desativar os satélites permanentemente, de "fritá-los" com uma explosão de energia mais poderosa.

Mais assustadora é a força bruta de abater satélites como uma bala, estilhaçando-os e lançando os detritos na órbita baixa da Terra. O filme *Gravidade* retratou uma colisão acidental entre um ônibus espacial e uma tempestade de lixo espacial. É impossível captar uma colisão real, pois os pedaços de lixo, dependendo do ângulo entre suas órbitas, viajam a velocidades tão rápidas, que o olho humano não consegue registrar. A destruição seria instantânea.

Navegar por esse campo minado em órbita é uma grande preocupação de operadores espaciais militares e civis. Cada satélite é uma preciosa coleção de tecnologia e capacidade, cuja fabricação custa milhões de dólares, e o lançamento, mais ainda. "O espaço é complexo", dizem os operadores espaciais. Ninguém quer que ele se torne inacessível.

O espaço é uma frente nova e perigosa na Guerra nas Sombras. A Rússia, a China e outros adversários dos EUA estão desenvolvendo e implantando capacidades ofensivas nele, preparadas para minar o forte domínio dos EUA, enquanto exploram a dependência de suas Forças Armadas e da população desses recursos e tecnologias espaciais. E como muitas frentes da Guerra nas Sombras, embora a ameaça esteja crescendo, os EUA ainda estão debatendo a melhor forma de reagir.

O Kosmos 2499 não é uma ameaça única. Hoje, pelo menos 4 satélites — 2 lançados pela Rússia e 2 pela China — fazem coisas que nenhum outro objeto espacial feito pelo homem jamais fez. A Analytical Graphics Inc., ou AGI, acompanha esses objetos espaciais desde o lançamento. No total, o Centro Comercial de Operações Espaciais da AGI, ou ComSpOC, na zona rural da Pensilvânia, rastreia cerca de 10 mil objetos no espaço, fornecendo uma rede global de antenas de radar e telescópios para criar uma imagem virtual em 3D do tráfego espacial em todas as órbitas, até objetos com apenas 10cm. O ComSpOC (pronuncia-se "Com-Spock" — pense em *Star Trek* de novo) serve como uma espécie de controle de tráfego aéreo espacial para as centenas de governos e empresas privadas que operam satélites atualmente. Os satélites operacionais são responsáveis por cerca de 1.500 dos objetos ComSpOC. O restante são detritos, de satélites desativados e estágios de foguetes gastos a peças e componentes de satélites menores, que equivalem, no espaço, aos restos de metais, calotas e vidros quebrados espalhados pelas rodovias terrestres. A renderização visual da AGI dos objetos que orbitam a Terra se assemelha a uma lâmpada repleta de mariposas a seu redor.

Para 2019, os militares dos EUA planejam começar a operar o melhor sistema de monitoramento espacial já implementado. Apelidado de "cerca espacial", o radar de última geração localizado no Atol de Kwajalein, nas Ilhas Marshall, será capaz de rastrear mais de 100 mil objetos, até o tamanho de uma bola de softbol. Um comandante o descreveu como um holofote gigante examinando tudo o que orbita a Terra. E, hoje, esse holofote capta cada vez mais ameaças em potencial.

"Os EUA assumiram por muitos anos que não deveria haver sistemas de combate no espaço", disse-me Paul Graziani, CEO da AGI. "Fazer uma guerra no espaço é algo com que nenhum funcionário do governo dos EUA que conheci quer se meter. Infelizmente, nossos adversários nos levaram para outro caminho. Se essas armas forem usadas e, se ainda não estivermos na Terceira Guerra Mundial, chegaremos a isso em breve."

Por que a Terceira Guerra Mundial? Os comandantes militares dos EUA acreditam que as armas espaciais visam capacitar seus adversários para causar danos catastróficos à pátria e às Forças Armadas do país. Na opinião deles, as armas espaciais são armas de uma guerra a pleno vapor.

No ComSpOC, os técnicos de satélite assistiram em tempo real a um segundo satélite russo, apelidado de "Luch", levando a ameaça ofensiva no espaço a um novo nível. Lançado em 2014, poucos meses após o Kosmos 2499, Luch não possuía um, mas dois recursos perigosos. Como o antecessor, ele se move através de órbitas, de um satélite estrangeiro para outro, chegando perigosamente perto para afetar, desativar ou destruí-lo.

Mover-se dentro de uma órbita não é algo novo. A maioria dos satélites tem propulsão para fazer pequenos ajustes durante o voo. Mas passar de uma órbita para outra completamente diferente — o que significa viagens de até milhares de quilômetros, ou aproximar-se de outro satélite e rondá-lo, o que demanda inúmeros ajustes em altas velocidades orbitais — requer muito mais energia, combustível e habilidade de pilotagem remota. E estas são as vantagens de satélites manobráveis como o Luch. Para tal, ele conta com propulsores de gás da velha geração e propulsão eletromagnética da nova geração, disparando um feixe de eletricidade para manobrar no espaço.

Essa combinação dá ao Luch a velocidade e a capacidade de manobra de um avião de caça espacial. Ao mesmo tempo, opera como uma plataforma orbital de espionagem, capaz de interceptar as comunicações entre alguns dos satélites mais sensíveis do espaço, acumulando cada byte de informação com uma enorme antena espacial, semelhante a uma rede de pesca circular rígida. O Luch é capaz de se aproximar de alguns dos mais sensíveis satélites de vigilância e comunicação dos EUA para fazer o equivalente a tocar nas linhas telefônicas da sede da CIA, em Langley, Virgínia.

Em um ano, o Luch acomodaria até três satélites dos EUA lidando com algumas de suas comunicações militares e governamentais mais sigilosas. Enquanto assistíamos dentro do ComSpOC, ele vigiava um satélite de comunicações comerciais.

"A aproximação do satélite dá aos russos oportunidades que não teriam de outra forma", diz Graziani. "Ela permite o Luch interceptar sinais destinados apenas à espaçonave de comunicação comercial específica."

Essa capacidade é baseada na física simples. Os feixes que partem da estação terrestre em direção ao satélite-alvo são bastante estreitos; portanto, para interceptar esses sinais, um satélite precisa estar razoavelmente perto do local para onde o feixe é direcionado. Alguns desses feixes são criptografados, mas, mesmo eles não são impossíveis de descriptografar, com tempo e poder computacional suficientes.

Em 2013, pouco antes do lançamento do Kosmos 2499 pela Rússia, a China também lançou um novo tipo de arma espacial. Os observadores assumiram que o Shiyan-7, que se traduz como "Prática número 7", era um satélite convencional. Então, após uma série de movimentos complicados em órbita, ele se posicionou próximo a um satélite companheiro lançado ao mesmo tempo, o Chuangxin-3. Parecia testar aproximação, ronda e vigia, demonstrando que Shiyan tem uma capacidade semelhante aos satélites Kosmos 2499 e Luch da Rússia.

Mais tarde, em 2014, os técnicos da AGI perceberam que o segundo satélite desaparecera das telas. Fora destruído? Não havia sinal de detritos. Fora atracado no parceiro maior? Não estava claro. Os sensores terrestres determinam com precisão a localização e o tamanho dos objetos espaciais, mas nem sempre conseguem discernir seus contornos.

Ao longo de 2014, o ComSpOC observou o menor satélite reaparecer e desaparecer novamente. Os analistas da AGI só viam uma explicação: o Shiyan-7 estava lutando e liberando o parceiro menor, "praticando" uma habilidade nova. Paul Graziani e sua equipe classificaram o Shiyan-7 como o primeiro "satélite sequestrador" do mundo.

"Ele é manobrável e executou várias missões", disse ele, enquanto assistíamos às manobras se desenrolando na enorme tela do ComSpOC. "Aproxima-se de um pequeno satélite lançado, o agarra e solta, e repete todo esse processo."

A mídia estatal chinesa informou que o braço robótico do satélite fora projetado para recuperar detritos espaciais e realizar manutenção por satélite. No entanto, os comandantes espaciais dos EUA veem mais aplicações ameaçadoras. A China não esconde seus planos militares para o espaço, e o emprego de armas no espaço se alinha com a estratégia militar mais ampla da China de "combater e vencer guerras locais sob condições informadas". Em termos leigos, isso significa aplicar a tecnologia da informação em todos os aspectos das operações militares, desde a guerra cibernética, em solo, até a dissolução e destruição da tecnologia da informação do inimigo no espaço, inclusive direcionando satélites. Nessa estratégia, a China é Davi, e os Estados Unidos, Golias: o mais avançado e dependente do espaço e da tecnologia da informação, e, portanto, mais vulnerável a ataques a essas tecnologias.

"Ficaríamos chocados se os militares dos EUA não estivessem em pé de guerra agora, com base no que vemos", disse Graziani. "Não há dúvida de que tanto a Rússia quanto a China viram o espaço armado como uma maneira de virar o jogo a seu favor."

Em uma época em que os comandantes dos EUA estão cada vez mais focados em ameaças assimétricas de toda uma gama de agentes estatais e não estatais, o espaço é uma nova oportunidade para adversários grandes e pequenos diminuírem ou eliminarem as vantagens tecnológicas dos EUA.

A China e a Rússia lideram o armamento espacial. Mas elas não estão sozinhas. O Irã e a Coreia do Norte também estão experimentando armas a laser direcionadas ao espaço. E, em teoria, qualquer país com um programa espacial pode fazê-lo — e bem rápido. A AGI estima que cerca de mil objetos no espaço tenham pelo menos alguma capacidade de manobra. E no espaço, em que os objetos viajam a 27.000km/h, tudo o que for manobrável é potencialmente uma arma espacial.

"Do ponto de vista militar, se algo está em manobra, pode tirá-lo de cena", disse Graziani. "Se você quisesse usar seu carro como arma, poderia. É possível ferir ou até matar pessoas com um carro. A mesma coisa ocorre com qualquer satélite. Eles se movem a velocidades tão tremendas, que um satélite que se depara com outro o destruiria."

No espaço, em que um único objeto de apenas 2cm de diâmetro tem a força de um SUV em alta velocidade; nem tamanho, nem números são barreiras ao poder. Durante a Segunda Guerra Mundial, ataques a bombardeiros envolviam mil bombardeiros e milhares de aviadores. No espaço, armas de um dígito podem causar a devastação.

Durante décadas, o espaço fora um ambiente benigno. Mesmo durante o auge da Guerra Fria, os Estados Unidos e a Rússia concordaram em manter as armas fora da órbita terrestre. A competição no espaço era acirrada, como demonstrou a corrida para a Lua, mas não tão abertamente hostil. Então, quando a União Soviética entrou em colapso, o espaço não era mais competitivo para os Estados Unidos. O país perdera o único concorrente plausível. Na última década, no entanto, com o surgimento da China e o ressurgimento da Rússia como potências com ambições globais, o espaço voltou a ser competitivo e perigoso.

―――――

As Forças Armadas dos EUA realizaram inúmeras simulações de guerra no espaço, e todas representam uma imagem alarmante. Nos piores casos, ataques espaciais pressagiariam uma guerra nuclear total. Mesmo um envolvimento limitado pode ter consequências devastadoras para a população civil e as Forças Armadas dos EUA.

Para os norte-americanos, a primeira guerra espacial começaria sem alarde. Uma série coordenada de ataques cibernéticos corre pelos Estados Unidos na velocidade da luz. As televisões se desligam. As conexões com a internet ficam extraordinariamente, drasticamente, minuciosamente mais lentas. Os caixas eletrônicos passam a funcionar mal. No início, parece uma série de falhas cibernéticas infelizes. Há pouco alarde imediato.

As linhas de frente da batalha se estendem desde o mundo cibernético aos confins do espaço. Lasers terrestres visam satélites de comunicações dos EUA em órbitas terrestres baixas. Mísseis lançados de navios e aeronaves inimigas destroem os satélites de GPS que circulam mais de 20.000km acima da Terra. Além disso, milhares de quilômetros acima, em órbitas geoestacionárias — a órbita "mais sagrada" de todas, como dizem alguns comandantes espaciais —, os satélites kamikaze recém-

-implantados desativam os satélites nucleares de alerta e vigilância mais essenciais do país. No pior cenário, um ataque amplo cria destroços suficientes para inutilizar as órbitas por anos.

Com a perda de satélites, os efeitos no mundo civil se tornam mais abrangentes. Os mercados financeiros — com operações dependentes de cronômetros fornecidos pela constelação militar de satélites GPS — seriam paralisados e aniquilados. A internet pararia completamente. Os negócios parariam, à medida que cartões de crédito e os caixas bancários se tornam inúteis. Os serviços de telefonia móvel, já irregulares, falhariam completamente. Como no momento em que o segundo avião atingiu as torres gêmeas, no 11 de Setembro, seria gritante que o país está sob ataque.

A perda de satélites GPS não perturba apenas os mercados financeiros. Semáforos e sinais ferroviários — também cronometrados pelo GPS — são padronizados para vermelho, parando o trânsito. O tráfego aéreo é suspenso quando os pilotos perdem a navegação. A perda ou interrupção dos satélites da NASA e NOAA inviabiliza as previsões meteorológicas.

A interrupção da rede elétrica do país e das estações de tratamento de água vem em seguida. Os serviços básicos sofrem. Com receio pela ordem pública, funcionários do governo consideram um estado de emergência.

Peter Singer pintou um retrato semelhante das primeiras horas de um conflito da era espacial em seu romance de 2015, *Ghost Fleet: A novel of the next World War* ["Frota Fantasma: Um romance da próxima Guerra Mundial", em tradução livre].[3] Essa guerra faria com que os Estados Unidos estagnassem. Nosso mundo, cada vez mais conectado, ficaria subitamente desconectado. Nossa maior força se tornaria a maior vulnerabilidade.

Uma guerra espacial seria confusa para os civis. Para os militares, seria paralisante, cegando os membros do serviço em terra, ar, mar e abaixo das ondas, desabilitando todo um conjunto de armas norte-americanas modernas e sofisticadas.

"Voltaríamos ao modo como lutamos na Segunda Guerra Mundial", diz o general William Shelton, ex-comandante do Comando Espacial da Força Aérea dos EUA. "Pense em tudo o que não existe sem o espaço — aeronaves pilotadas remotamente, munições guiadas com precisão. Agora, podemos atingir qualquer lugar do planeta, a qualquer hora, a qualquer tempo. Isso será perdido."

Com o sistema GPS desativado, os Estados Unidos não seriam mais capazes de posicionar seus drones sobre os alvos do ISIS, na Síria, ou da Al-Qaeda, no Paquistão. Seus mísseis de cruzeiro e bombas inteligentes errariam o alvo. Seus navios e aviões de guerra precisariam reverter para mapas em papel e comunicações de rádio. Seus soldados em combate perderiam a visibilidade dos combatentes inimigos.

"A base de quase qualquer operação militar hoje em dia é algum tipo de capacidade espacial", disse o general Shelton. "Seja a capacidade de comunicação, GPS ou inteligência fornecida pelo espaço. Tudo isso é informação, e, vamos ser sinceros, hoje, estamos em uma era da informação."

As primeiras horas da guerra espacial inutilizariam as armas do maior aparato militar e de inteligência já montado, deixando os militares dos EUA incapazes de reagir.

"Não é um tipo de mano a mano. A pessoa com as melhores informações vencerá", explicou Shelton. "Então, toda essa informação vem do espaço, e é assim que a temos — o modo de guerra norte-americano é baseado em informações e em inteligência. Se tirar tudo isso, e voltarmos à guerra da Era Industrial, não saberemos mais agir. Então, não acho exagero algum dizer que uma guerra espacial seria devastadora para as Forças Armadas dos Estados Unidos."

Com uma campanha bem-sucedida no espaço, um rival muito menor e menos poderoso rapidamente nivelaria o campo de jogo com os EUA. O ritmo e o poder da Guerra nas Sombras são assustadores.

Uma série de exercícios de guerra como os realizados até 2015 "não correu bem", como um oficial sênior da inteligência me disse. Os exercícios serviriam como alerta para as Forças Armadas dos EUA, provocando um inesperado chamado às armas em uma reunião incomum dos principais comandantes espaciais das Forças Armadas, na primavera de 2015.

O Simpósio Espacial, realizado em abril no luxuoso hotel Broadmoor, em Colorado Springs, Colorado, costuma ser um evento sem graça e irrelevante. O encontro anual de grupos governamentais e da indústria se assemelha a outras conferências da área de defesa: uma chance de se conectar e comprar e vender a mais avançada tecnologia em armas.

Contudo, o simpósio de abril de 2015 acabaria sendo muito diferente. O convidado de honra foi o vice-secretário de Defesa Robert Work, que, como professor do secretário de Defesa Ash Carter, liderou os esforços espaciais dos EUA. Naquele ano, no Colorado, o vice-secretário Work reuniu os comandantes espaciais mais bem conceituados do país, bem como outros especialistas do setor com habilitações de segurança, em uma sessão confidencial. Embora os comentários completos fossem secretos, a equipe de Work divulgou um resumo não confidencial que dava o recado.

"Embora confiemos muito nas capacidades espaciais, tanto na paz quanto na guerra, precisamos continuar enfatizando o controle espacial à medida que os desafios surgirem", disse ele à plateia. "Para manter nosso domínio militar, devemos considerar todos os ativos espaciais, secretos e não secretos, como parte de uma única constelação. E, se um adversário tentar nos incapacitar, devemos ser capazes de responder de forma integrada e coordenada."[4]

Alguns dos presentes descreveram o alerta em termos muito mais sombrios. Paul Graziani, CEO da Analytical Graphics Inc. (AGI), estava entre eles. Ele lembrou: "Foi a reunião mais interessante de que já participei em toda a minha carreira. Havia cerca de 150 pessoas na plateia: militares, pessoal da comunidade de inteligência e contratados. E Work descreveu qual era a ameaça e o que faríamos a respeito."

Na plateia, o principal alvo do aviso de Work era o general John Hyten, então chefe do Comando Espacial dos EUA. O próprio Hyten me disse que considerou os comentários uma alfinetada a ele e ao resto das forças espaciais dos EUA.

"Nós não nos mexemos. Era 15 de abril de 2015 quando começamos a agir. E foi nesse dia que o vice-secretário de Defesa pegou um avião, voou para cá e meio que olhou e disse: 'Você está pronto se uma guerra se estender ao espaço?' E a resposta foi, bem, não. E ele disse: 'Bem, o que é preciso para se preparar?' E eu disse: 'Nós sabemos como fazê-lo. Só precisamos de um pouco de recursos e de tempo, e faremos isso.'"

Work alertou que os Estados Unidos não estavam preparados para a guerra no espaço, mas ordenava que os comandantes se preparassem imediatamente. A urgência de suas palavras ressoou por todos os campos do Comando Espacial. As Forças Armadas dos EUA só agora estão alcançando essa nova e assustadora realidade. Os EUA se apegaram por muito tempo à suposição de que o espaço era seguro — que as regras estabelecidas na década de 1960, no meio da primeira corrida espacial, ainda se mantêm hoje. Essa suposição desatualizada levou a uma série de outros erros, dizem os comandantes, incluindo a negligência em defender ativos espaciais de ameaças e a abstenção de testar e implantar armas norte-americanas no espaço como, no mínimo, uma defesa.

Como um Paul Revere da era espacial, o general Shelton tocou o alarme por quase uma década antes da reunião de abril de 2015 — avisando aos oficiais de comando que os Estados Unidos deveriam rever sua abordagem ao espaço, começando com o abandono da ideia de que ele é um território incontestado.

"Você está conversando com um cara que estava procurando antecipar as ações, e elas não começaram com rapidez suficiente", disse ele. "Poderíamos fornecer uma defesa ativa de nossos satélites? A resposta é não."

Nem o teste antissatélite de 2007 da China desencadeou uma ação imediata e definitiva. O que detinha os Estados Unidos? O general Shelton diz que a inércia natural de uma burocracia militar gigante é parcialmente responsável.

"Há uma longa espera", disse o general Shelton. "O governo dos EUA é capaz, mas muito grande, e leva muito tempo para mover o porta-aviões, por assim dizer, na direção certa."

Mas havia algo mais. As forças espaciais norte-americanas passaram a acreditar na própria invencibilidade. A história militar está cheia de ataques e reveses que expuseram fraquezas profundas e perigosas.

Pearl Harbor demonstrou a vulnerabilidade da Marinha dos EUA ao ataque aéreo coordenado. A Guerra do Iraque demonstrou a vulnerabilidade das forças terrestres dos EUA às insurgências. A ascensão do ISIS demonstrou a vulnerabilidade da dependência do governo Obama das forças nativas treinadas pelos EUA, do Iraque ao Afeganistão, África e além. A invasão e anexação da Crimeia pela Rússia demonstrou a vulnerabilidade da OTAN à guerra híbrida e assimétrica. Felizmente, as forças espaciais dos EUA ainda não haviam sofrido a própria era espacial em Pearl Harbor. Mas aqueles avanços chineses e russos no armamento espacial sinalizavam que tal ataque era possível, ou até provável, sem uma mudança significativa na estratégia e nos recursos norte-americanos.

"A mensagem geral que o secretário Work passava era a de que nossos adversários decidiram que o espaço seria uma das maneiras de eles chegarem a nós", acrescentou Shelton. "Esperávamos que o espaço continuasse sendo um santuário, e que as pessoas não militarizassem as operações nele, mas não foi o caso. E agora teremos que fazer um grande esforço para defender nossos próprios bens e fazer com que o inimigo perca suas capacidades espaciais." O vice-secretário de defesa Work colocou, pela primeira vez, suas forças espaciais e as Forças Armadas dos EUA como um todo em pé de guerra no espaço.

A reunião de 15 de abril de 2015 gerou efeitos colaterais nos militares dos EUA. Os comandantes das Forças Armadas estavam aprendendo que a tecnologia na qual confiavam no campo de batalha era mais vulnerável do que imaginavam. Como lutariam sem o espaço? E, de forma ainda mais crítica, sem ele, eles perderiam? Dentro das forças espaciais dos EUA, os comandantes foram informados de que precisavam se adaptar ao novo ambiente de ameaças, e rápido. Mudar significava adotar uma série de atitudes melhores: identificar ameaças espaciais, defender ativos espaciais e, se necessário, desenvolver capacidades ofensivas para atacar os adversários no espaço. Com essa realidade em mente, os EUA têm fortalecido suas forças espaciais em instalações em todo o mundo.

Visite a Base da Força Aérea Schriever, em Colorado Springs, Colorado, e perceberá que algo está faltando. Schriever fica nas amplas planícies que se estendem a leste das Montanhas Rochosas, tendo Pikes Peak como um cenário imponente. No local, parece que dezenas de bases da força aérea estão espalhadas pelos Estados Unidos, com um monte de antenas de satélite abrigadas em cúpulas protetoras (as "bolas de golfe", como as chamam) em torno de edifícios utilitários e baixos que abrigam o centro de comando, centro de operações e moradia, bem como o ginásio e a pré-escola para os filhos dos membros do serviço frequentarem. Os ventos são tão fortes que é ali que os aviadores realizam seus testes anuais de condicionamento em ambientes fechados para evitar que o vento os ajude ou atrapalhe de alguma forma. Cercas altas, encimadas por arame farpado, circundam o terreno da base, com outro perímetro mais imponente em torno dos edifícios restritos que abrigam as equipes de missões mais sigilosas.

O que falta a Schriever é algo que, naturalmente, é construído em qualquer outra base da força aérea: uma linha de voo, isto é, uma pista e uma aeronave. A 50ª ala espacial, que se abriga em Schriever, não possui caças, bombardeiros ou aeronaves de vigilância. Eles não possuem nem operam um único avião. Todos os "pássaros" em que voam estão a milhares de quilômetros acima deles. E esses "pássaros" e seus pilotos estão agora em pé de guerra.

"Adotamos uma cultura de combatentes no espaço agora", disse o tenente-general David Buck, do Comando Espacial da Força Aérea.

O general Buck tem o comportamento de um comandante de campo: sem sentido, direto e pronto para brigar. Para ele e sua equipe, a guerra espacial não é uma ameaça teórica distante. É tão real quanto o ISIS no Iraque ou a Rússia na Europa Oriental.

"Acho que, se você viesse ao espaço há dez anos, o espaço seria visto mais como um serviço, um provedor de serviços, se assim você quisesse", disse Buck. "Bem, não mais. Somos combatentes do Comando Espacial da Força Aérea, e isso é muito legal."

"Master of Space" [Mestre do Espaço] é o apelido da 50ª ala espacial, estampado em remendos sob uma versão de opinicus, uma criatura voadora semelhante a um grifo, que remonta aos tempos medievais — um mascote de mil anos para representar o espaço-tempo das forças de combate do século XXI. O apelido atual é uma variação do flerte da unidade com a Segunda Guerra: "Mestre do Céu." No século XX, seus pilotos fizeram uma cobertura aérea para a invasão da Normandia; depois, bombardeiros de armas nucleares baseados na Alemanha durante a Guerra Fria; e, finalmente, as primeiras missões da força aérea lançando bombas guiadas com precisão durante a Guerra do Golfo Pérsico. Mas, em 1992, eles voaram com a última aeronave e foram encarregados de "fazer voar" 78 dos satélites militares mais sigilosos do país.[5]

Hoje, se fosse um país, a 50ª ala espacial ficaria em sexto lugar no mundo em satélites sob seu controle, logo atrás da Índia e à frente da Agência Espacial Europeia. Você pode achar que a missão exigiria um número enorme de pessoas, ou "pilotos espaciais", por assim dizer. Mas a verdade me surpreendeu e me assustou um pouco. O terceiro andar do centro de comando da ala abriga meia dúzia de módulos de comando, conhecidos como "MODs", abrigados atrás do tipo de portas grossas de metal vistas em cofres de bancos. Em cada MOD, um esquadrão de aviadores e aviadoras voa, controla e protege uma constelação inteira de satélites.

Atrás de uma porta, uma equipe voa pelos quatro satélites "MilStar" dos militares, que fornecem comunicações seguras aos combatentes dos EUA em todo o mundo. Atrás de outra porta, outra equipe faz sua constelação "EHF" voar, fornecendo comunicações de alta frequência, reservadas às comunicações militares e de inteligência mais seguras e secretas. Estes são satélites que o presidente usa para comunicar os comandos mais sigilosos às forças desdobradas. As comunicações EHF também são particularmente populares entre as forças especiais dos EUA. No final do corredor, outro esquadrão voa nos chamados satélites de vigilância de bairro dos militares, satélites encarregados de monitorar o espaço para descobrir as possíveis ameaças aos ativos espaciais dos EUA, como o Kosmos 2499, da Rússia.

A equipe que coloca mais satélites no ar é o 2º Esquadrão de Operações Espaciais, ou "2 SOPS", responsável pela constelação do sistema de posicionamento global (GPS). Agora, aproximando-se do 38º aniversário do lançamento de seu primeiro satélite, a constelação de GPS é a maior e, provavelmente, a mais importante rede de satélites no espaço. A maioria das pessoas conhece o GPS por sua capacidade de posicionamento, que é a base de todo sistema de navegação por satélite, e essa função de mapeamento é crucial para civis e militares.

Toda aeronave, embarcação naval, submarino, guerreiro, munição guiada e todo drone dependem do mapeamento GPS. Mas o GPS também fornece um tempo de precisão, transmitindo carimbos de tempo com precisão de milissegundos em todo o mundo. Hoje, tudo, de transações bancárias, negociações de ações a semáforos, depende dos carimbos de tempo do GPS. E essa dependência se estende muito além dos EUA. Todo país do mundo usa GPS. O Space Command estima que cerca de 4 bilhões de pessoas no mundo realizem pelo menos uma ação dependente do GPS todos os dias. É uma enorme tecnologia de ponta fornecida ao mundo pelos militares dos EUA, de graça.

O capitão Russell Moseley é comandante de tripulação do 2º Esquadrão de Operações Espaciais estacionado em Schriever. Ele e o módulo de comando de sua equipe se sentiram estranhamente céticos e silenciosos, separados das ameaças e dos possíveis adversários por centenas de quilômetros de céu. Mas, na visão da 50ª ala espacial, essa separação é artificial. No espaço, os objetos se movem na velocidade da luz. Centenas de quilômetros desaparecem em segundos. Os perigos parecem distantes, mas são imediatos e reais.

"Do outro lado da 50ª ala espacial, todos estão em alerta", disse Moseley. "Faz parte da conduta."

Atualmente, existem 24 satélites GPS ativos, com outros 10 de reserva que garantem cobertura global 24 horas por dia, 7 dias por semana. E, no entanto, dentro do MOD do 2 SOPS, colocar esses 34 satélites no ar é uma função designada a uma pequena equipe.

"Há quantas pessoas de plantão aqui?", perguntei ao capitão Moseley.

"Temos sete militares em serviço agora. E um empreiteiro civil de plantão", disse ele.

"E 34 satélites GPS pelos quais você está encarregado", falei.

"Sim, 34 satélites GPS voando, fornecendo GPS 24h para o mundo."

Essa proporção é de mais de quatro satélites para cada membro de plantão — quatro satélites de US$250 milhões, essenciais para a execução de comunicações, navegação e, cada vez mais, qualquer dispositivo em rede. Pare os satélites e você para nosso mundo conectado do século XXI. Há pouco tempo, esses satélites e o espaço que ocupavam estavam expostos apenas a asteroides e lixo espacial. Outras ameaças chegaram.

"Atualmente, lutamos em um ambiente contestado e degradado. E isso só vai piorar no futuro", disse-me o capitão Moseley. "O espaço é a vanguarda de todos no mundo. É a próxima fronteira."

É também uma nova frente na Guerra nas Sombras.

Não muito longe de Schriever, a 460ª ala espacial da Base da Força Aérea de Buckley, em Aurora, Colorado, comandada pelo coronel David Miller,[6] tem, sem dúvida, a tarefa mais urgente: proteger os satélites de alerta nuclear. E, como muitos de seus colegas, ele se formou no campo de batalha. Miller serviu em Bagdá como consultor militar do primeiro--ministro iraquiano e ministro do interior, desenvolvendo estratégias para as forças de segurança iraquianas combaterem o ISIS e outras ameaças terroristas. Para ele e outros, a guerra espacial não é uma ameaça teórica, mas tão real quanto os homens-bomba e franco-atiradores do ISIS que ameaçam as forças norte-americanas e iraquianas em terra.

"As trajetórias variam, mas, em ordem aproximada de magnitude, você está olhando para o tempo de voo de 34 minutos de um míssil balístico intercontinental", disse o coronel Miller. "Parece muito tempo. Mas para nós, como primeiros detectores e primeiros informantes, ao alertarmos e tentarmos informar os tomadores de decisão sobre como reagir, a expectativa é significativamente curta."

Hoje, no entanto, o sistema de alerta precoce depende de quatro satélites que circulam a Terra em órbita geossíncrona, a cerca de 40.000km de altitude. A perda de um desses satélites prejudicaria a visibilidade dos EUA, e é por isso que o país notou quando a China completou outro lançamento suspeito: o envio de um satélite manobrável, como o russo Kosmos 2499, a cerca de 30.000km, a uma distância impressionante da órbita geossíncrona e daqueles satélites de alerta precoce.

Os analistas militares dos EUA veem esse lançamento como um teste para conduzir a guerra espacial nas mais altas órbitas da Terra. Isso é, por si só, uma escalação. A China e a Rússia demonstraram que estão desenvolvendo armas que ameaçam os recursos espaciais dos EUA em todas as órbitas, mesmo as mais distantes e cruciais, onde estão os satélites mais sigilosos. Essa é uma realidade que os comandantes militares dos EUA acham — em uma palavra — inaceitável. Se os adversários podem mirar e eliminar os satélites que protegem o país de um ataque nuclear, essas armas espaciais são, por definição, uma ameaça existencial.

A Base da Força Aérea de Vandenberg, na Califórnia, situada ao norte de Los Angeles, no meio da região vinícola que ficou famosa pelo filme *Sideways: Entre umas e outras*, é outra unidade espacial que se prepara para a guerra. O posto de comando do general Buck está escondido em um antigo hangar que tem uma história profunda no programa espacial dos EUA: serviu como instalação para os gigantescos foguetes do Atlas que propiciaram alguns dos primeiros lançamentos espaciais. Agora, Buck e sua equipe de "guerreiros espaciais" desenvolvem estratégias e armas para uma nova corrida espacial.

Hoje, os comandantes atribuem papéis de combate aos aviadores que foram observadores espaciais. Uma dessas novas funções é a de oficial de serviço defensivo (DDO), que acompanha todos os lançamentos espaciais do mundo para procurar ameaças. Isso representa 24 horas por dia procurando irregularidades na tela do computador, tão reais e perigosas quanto os combatentes do Taleban que cercam um posto avançado militar no Afeganistão. Foi um DDO do Centro de Operações Espaciais de Vandenberg quem notou o satélite kamikaze da Rússia em voo, em maio de 2014.

Os aviadores de Schriever, Buckley e Vandenberg são sentinelas de um conflito iminente no espaço, para soar o alarme quando os ativos espaciais dos EUA estiverem sob ameaça. O desafio: o que fazer ao ouvir o alerta? Os agentes da 50ª ala espacial podem se considerar guerreiros espaciais, mas, por enquanto, estão desarmados. Assim, apesar do lema, a sede do esquadrão não é mais do que um posto de observação.

Por enquanto, se virem uma ameaça e a reportarem na cadeia de comando do general Buck, tudo a fazer é pedir à equipe do Colorado que mova satélites para avaliar as ameaças ou sair de seu caminho.

"Vou lhe dizer. Não há um único segmento de nossa arquitetura espacial que não esteja em risco, incluindo nossos segmentos terrestres", explicou o general Buck. "Os satélites foram construídos 15 anos atrás. Isso significa que foram projetados há 20. Então, foram projetados, construídos e lançados durante uma época em que o espaço era um ambiente benigno. Não havia ameaças. Você pode imaginar construir uma aeronave de reabastecimento ou um jato sem um tipo de defesa inerente? Portanto, nossos satélites e nossa infraestrutura terrestre estão em risco. E estamos trabalhando duro para protegê-los e defendê-los."

A questão mais premente nessa frente da Guerra nas Sombras permanece em aberto: os Estados Unidos responderão à força com força? Os Estados Unidos empregarão as próprias armas espaciais? Visitamos o local onde essa pergunta pode ser respondida. "Proteger e defender" os recursos espaciais dos EUA são elementos secretos do programa espacial dos EUA — sobre os quais os comandantes espaciais falam apenas em termos oblíquos. E esse esforço estratégico altamente classificado está sendo conduzido em uma das instalações militares mais secretas dos EUA.

O Comando Estratégico dos EUA fica em um bunker da década de 1950, enterrado três andares abaixo da Base da Força Aérea de Offutt, em Nebraska. Para chegar, é preciso descer três lances de escada, e, ao que parece, você volta a outra era. Construído durante o auge da Guerra Fria, o bunker foi projetado para suportar uma explosão nuclear. As paredes são revestidas com concreto grosso e reforçado. Uma série de grossas portas de aço — para resistir à força concussiva de uma explosão nuclear — forradas com cobre — para bloquear o pulso eletromagnético que a acompanha — bloqueiam os corredores.

As armas nucleares de hoje, no entanto, são poderosas e precisas demais para que três andares de terra e concreto as detenham. Assim, as tripulações não consideram o Comando Estratégico um porto seguro em caso de guerra nuclear. Um bunker teria de estar centenas de metros abaixo do solo, talvez mais, para ter uma chance. E assim, hoje, os militares que ficam nas redondezas têm uma segurança contra falhas. Na pista acima, está um jato militar abastecido e pronto para funcionar 24 horas por dia, 7 dias por semana. Em caso de ataque nuclear, eles escapariam para o ar, onde os comandantes poderiam continuar seguindo a guerra nuclear em altitude.

Ao longo de sua história, que abrange mais de 100 anos, Offutt vem se adaptando às ameaças de cada época. Foi fundado na década de 1890, como Fort Crook, um posto avançado nas guerras indianas nas Grandes Planícies. A aviação chegou a Offutt em 1918, quando era o lar de um campo de balões do Serviço Aéreo do Exército. Mais tarde, foi renomeado em homenagem ao primeiro-tenente Jarvis Offutt, nativo de Omaha, que pilotava biplanos durante a *Primeira* Guerra Mundial. Durante a Segunda Guerra, a Base da Força Aérea de Offutt construiu os dois primeiros bombardeiros a lançar bombas atômicas, o *Enola Gay*, sobre Hiroshima, e o *Bock's Car*, sobre Nagasaki. Na década de 1950, com o aprofundamento da Guerra Fria, Offutt se viu no centro de um conflito nuclear iminente como sede do Comando Aéreo Estratégico, comando e controle das armas mais devastadoras do país: seus ICBMs nucleares e bombardeiros estratégicos de longo alcance.[7]

Ainda hoje, a missão nuclear é uma prioridade. Ao lado de uma série de relógios digitais com a hora de todos os lugares do mundo — Honolulu, Washington, GMT ou Zulu, Seul, Tóquio —, há três relógios que leem "Red Impact", "Blue Impact" e "Safe Escape", para começar a contagem regressiva caso mísseis nucleares sejam lançados: "Red Impact" [impacto vermelho] para o tempo até os ICBMs atingirem o solo do adversário; "Blue Impact" [impacto azul] até os ICBMs inimigos impactarem o solo dos EUA; e "Safe Escape" [fuga segura] para os comandantes escaparem para seus aviões de comando no ar.

Olhando para a parede, senti-me transportado para a Hollywood dos anos 1970 e 1980. Parecia um set de filmagem de *Jogos de Guerra*, ou *Dr. Fantástico*. Os relógios pareciam saídos de outra época, antes da queda da União Soviética, quando a guerra nuclear global era uma fixação internacional. Os membros do serviço com quem falei deixaram claro que a ameaça pode ter se dissipado, mas não desapareceu.

No entanto, hoje, o Comando Estratégico é responsável por muito mais do que a guerra nuclear. Ele é a sede dos EUA de um total de nove missões cruciais e díspares, que variam de ataque nuclear a guerra cibernética, guerra de informação e ISR: inteligência, vigilância e reconhecimento. No início dos anos 2000, também assumiu o controle das forças espaciais dos EUA, quando o Comando Aéreo Estratégico foi redefinido. Um sinal de quão fundamental o Offutt é para a defesa dos EUA é que, quando os aviões atingiram as torres em 11 de setembro, o presidente foi levado para lá. Os funcionários ainda se lembram do olhar sombrio no rosto de George W. Bush quando ele entrou no centro de operações naquela manhã, informado de que um avião atingira o Pentágono e o World Trade Center.

Até 2016, o almirante Cecil Haney liderou o Comando Estratégico. Ele é um exemplo do militar moderno: bem-educado; com dois mestrados, um em engenharia e tecnologia e outro em estratégia de segurança nacional; além de uma vasta experiência em combate. O almirante Haney é submarinista, com várias tarefas em submarinos de ataque nuclear e mísseis balísticos, uma parte da tríade nuclear. Após visitar quase todas as unidades do Comando Espacial dos EUA, fiz uma pergunta primordial: enquanto a Rússia e a China estão testando e implantando mísseis, lasers e satélites kamikaze capazes de derrubar praticamente todos os ativos espaciais dos EUA, em todas as órbitas, como o país pode se defender com credibilidade sem revidar?

Para um comandante que discute os programas mais secretos dos militares, sua resposta foi bem direta.

"Estamos desenvolvendo recursos em todo o espectro. Nenhuma opção está descartada", disse ele.

E assim, a dez metros de profundidade, talvez no centro de comando e controle mais poderoso do mundo, descobri que a primeira corrida armamentista espacial pode, em breve, começar.

Embora possível, e até provável, uma investida militar no espaço seria onerosa para todos os envolvidos. As consequências de uma ampla guerra espacial seriam devastadoras e irreversíveis. Milhares, talvez milhões, de detritos deixariam as órbitas da Terra fora dos limites do voo espacial tripulado e não tripulado por gerações. O espaço viraria um campo minado em órbita, em que cada pedaço de entulho seria uma arma potencial contra satélites e naves. Essas órbitas são zonas proibidas porque, se prejudicadas, as pessoas perderiam várias utilidades das quais dependem: televisão, comunicações, transações financeiras programadas por satélites GPS e — talvez o mais crucial — a confiança de que os militares norte-americanos conseguiriam defender a pátria.

Para descrever os riscos da primeira guerra espacial, o General Hyten relembra a batalha mais sangrenta da história militar dos EUA, Gettysburg. A comparação me sacudiu. As memórias de Gettysburg são consagradas nas Forças Armadas. Se é assim que o principal comandante espacial vê o conflito que se aproxima, o que o país pode fazer?

"Se esteve em Gettysburg, sabe que é um dos lugares mais bonitos do planeta", disse-me o general Hyten, melancólico e até choroso. "É lindo. Estive lá várias vezes. Levo minha família para lá. Faço amigos e andamos pelo campo de batalha. E, enquanto caminha por lá, é maravilhoso, até começar a imaginar o que aconteceu em 3 de julho de 1863, quando Pickett fez sua última investida, e você pensa nos milhares de cadáveres humanos e animais que estiveram naquele campo, e a enorme destruição da humanidade. É a pior cena que se pode imaginar."

"Mas, se você se move pelo espaço, o ambiente que destrói e cria existe por décadas e séculos, e a geossincronia também", continuou Hyten. "Temos que evitar isso, porque destrói o sonho de explorar o espaço. E se você olha a China, a Rússia, os EUA, a Europa, o Japão, Israel, todos têm um fascínio por explorar os céus. Por que destruiríamos isso? Então, haverá conflitos. Só espero que não destruam o meio ambiente."

Haverá conflitos. Essas foram palavras perturbadoras para ouvir do homem que ocuparia o posto mais poderoso das Forças Armadas dos EUA.

Os comandantes militares dos EUA deixam claro que um ambiente espacial destruído representaria uma guerra sem vencedores. Como gostam de dizer, "os satélites não têm pai"; isto é, as baixas imediatas de uma guerra no espaço não seriam de carne e osso. Isso, no entanto, torna a guerra no espaço mais, e não menos, considerável. Uma destruição mútua garantida — "MAD", como a ameaça de aniquilação nuclear era conhecida durante a Guerra Fria — para a era espacial.

"Gostaria de pensar que somos mais espertos em relação ao que se pode fazer ao espaço, se o transformassem em uma zona livre para armas cinéticas", diz o general Shelton. "Seria inutilizável para todos, não apenas para os adversários [óbvios], mas para todos, por um longo tempo."

Porém o impasse nuclear teve um conjunto de princípios que permitiram negociações, reduções de armas e, por fim, a evitação dos conflitos.

"Ainda que não fosse expresso, houve um acordo tácito durante a Guerra Fria com os russos", disse o general Shelton. "Esses ativos estratégicos no espaço estavam fora dos limites. Ambas as nações, pelo menos, concordaram implicitamente com essa linha vermelha. Não acredito que tenhamos tido o mesmo diálogo com os chineses e, portanto, acho que não haverá um pensamento dissuasivo na mente deles."

Em outras palavras, o espaço não tem lei para manter a paz.

Os EUA já tentaram armar o espaço antes — e os imensos perigos foram claros. Na verdade, a era espacial, inaugurada pelo lançamento do Sputnik pela Rússia, em 1957, tinha apenas um ano quando os EUA introduziram armas na órbita terrestre. Os comandantes militares viam o espaço como o próximo campo de batalha lógico.

Em julho de 1962, os EUA explodiram uma arma nuclear no espaço, 400km acima da Terra. Apelidado de "Starfish Prime", o teste de armas classificadas foi o tiro mais poderoso disparado por qualquer nação — qualquer ser humano, de fato — fora da atmosfera da Terra. Os efeitos foram assustadores e hipnotizantes. Observadores no solo testemunharam um brilho duradouro tão forte, que uma aeronave distante na Nova Zelândia achou mais fácil identificar seus alvos na superfície em um exercício antissubmarino. Além dos efeitos visíveis, a explosão energizou a ionosfera, uma manta invisível de eletricidade ao redor da Terra, fritando eletrônicos no solo. A explosão fechou toda a rede elétrica no Havaí, embora tenha ocorrido a mais de 1.500km, no Pacífico Sul.[8]

Mais tarde, os militares dos EUA descobririam outro efeito inesperado: a explosão criara cinturões de radiação artificiais ao redor da Terra. Esses cinturões de elétrons pulsantes desativariam sete satélites nos meses seguintes, incluindo o primeiro de comunicações comerciais do mundo e o primeiro militar da Grã-Bretanha. O programa espacial dos EUA continuaria a detectar esses cinturões por uma década, na qual os astronautas fizeram dezenas de viagens além da órbita terrestre. Apesar desses sinais de alerta, os Estados Unidos e a União Soviética realizariam várias detonações nucleares no espaço antes do final de 1962.[9]

Em 1963, a Rússia realizaria mais um teste de armas espaciais: armar um satélite com um dispositivo químico explosivo, manobrá-lo perto de outro satélite soviético e detoná-lo. A explosão não teve efeitos mensuráveis na Terra, mas imediatamente inundou a órbita terrestre baixa com milhares de pedaços de detritos, ameaçando os satélites de todos os países com a possibilidade de colisões danosas, e até fatais, no espaço. Era um kamikaze russo, mais de 50 anos antes do Kosmos 2499.

Esses primeiros testes aconteceram longe dos olhos do público, mas eram tão preocupantes para os líderes russos e norte-americanos que os adversários da Guerra Fria declararam uma trégua informal. Ela durou até a década de 1980, quando "Guerra nas Estrelas" voltou à consciência pública. O então presidente Ronald Reagan propôs a Iniciativa de Defesa Estratégica (SDI), apelidada de "Guerra nas Estrelas" por apoiadores e oponentes, como uma maneira de livrar a Terra do flagelo das armas nucleares. A SDI reacendeu uma nova corrida armamentista no espaço. Em 1985, os EUA realizaram outro teste de armas espaciais, dessa vez equipando um caça-bombardeiro F-15 com o míssil modificado em veículo miniatura lançado pelo ar, ou ALMV, e disparando contra um satélite meteorológico desativado dos EUA. O míssil atingiu o alvo, inundando a órbita terrestre baixa com milhares de pedaços de entulho. A Rússia propôs novamente a proibição de armas espaciais. Os dois lados não chegaram a um acordo formal, mas pararam os testes por um tempo.

Para os soviéticos e os norte-americanos, as armas espaciais eram vistas como algo restrito a uma guerra nuclear — uma parte de um cenário já catastrófico de "destruição mútua garantida", ou MAD. Não havia opções de uso limitado para ninguém. Hoje, a Rússia e os EUA, junto com China, Coreia do Norte e Irã, veem cada vez mais as armas espaciais como uma parte potencial de um conflito convencional — mais "pensável" e, portanto, provável de ser implantado e disparado com intenção de causar dano, criando mais uma frente na Guerra nas Sombras.

A lista de possíveis combatentes aumentou, no entanto. Cerca de dez países são capazes de detonar um dispositivo nuclear no espaço, entre eles Estados Unidos, Rússia, China, Irã, Coreia do Norte e aliados da OTAN, Grã-Bretanha e França. Qualquer país com um sistema de mísseis de longo alcance — uma lista ainda maior que a das potências nucleares do mundo — pode disparar um míssil contra alvos espaciais. Enquanto isso, dezenas de nações estão trabalhando com armas laser e energéticas direcionadas, capazes de desabilitar ou danificar ativos espaciais. Alguns — como GPS e o russo GLONASS — estão disponíveis comercialmente, dando aos agentes não estatais uma capacidade análoga.

Cinquenta anos após os primeiros testes de armas espaciais, o espaço se tornou novamente um campo de provas para várias nações, lideradas pelos agentes centrais da Guerra nas Sombras. Em 11 de janeiro de 2007, a China lançou um foguete de seu Centro de Lançamento de Satélites Xichang, nas montanhas da província de Sichuan. Alguns nos

EUA pensaram que o foguete chinês carregava um satélite convencional. Mas, à medida que se elevava na atmosfera, sua trajetória de voo o levou a um curso de colisão com um satélite meteorológico chinês.

Com um impacto de 8km por segundo, o foguete explodiu o satélite — literalmente — em milhares de pedaços. Acabou sendo um veículo de massacre espacial. O teste de armas espaciais da China causou comoção internacional, tanto pelo ameaçador passo rumo à introdução de armas no espaço quanto pelo perigo imediato de ter criado 6 mil pedaços de detritos nas órbitas terrestres já lotadas — cada peça por si só, um potencial assassino de satélite ou espaçonave. Um pedaço de detrito espacial com apenas 2cm em movimento orbital carrega a força de um SUV viajando a 100km/hora — o suficiente para destruir tudo o que o homem já lançou no espaço, incluindo a Estação Espacial Internacional.

Em fevereiro de 2008, o cruzador de mísseis guiado USS *Lake Erie* disparou um míssil tático do mar para o espaço para interceptar e destruir um satélite norte-americano em órbita que estava fora de controle. Oficialmente, a "Operação Burnt Frost" tinha como objetivo impedir que o combustível tóxico a bordo do satélite ameaçasse as pessoas na Terra. Mas muitos viram uma mensagem para a China, Rússia e outros de que os Estados Unidos têm algumas capacidades espaciais ofensivas prontas. Os EUA não tomaram a decisão de usar armas ofensivas no espaço. No entanto, o ataque com mísseis de 2008 mostrou que os militares têm pelo menos a capacidade, se e quando o presidente e os comandantes militares tomarem essa decisão. E, quando falo com esses comandantes, fica claro que alguns estão sendo pressionados a fazer exatamente isso.

A lista de possíveis armas espaciais varia de mísseis a armas de energia direcionada, incluindo lasers e antissatélites orbitais, como o "kamikaze" Kosmos 2499, da Rússia, à detonação de dispositivos nucleares no espaço.

Uma equipe da CNN testemunhou a primeira arma a laser operacional das Forças Armadas dos EUA, conhecida como "LaWS", ou Sistema de Armas a Laser, durante um teste no Golfo Pérsico, em 2017. Enquanto a equipe observava, uma explosão instantânea de energia destruiu alvos — primeiro na superfície, depois no ar —, com seu poder de fogo mortal se movendo na velocidade da luz. A Marinha nos disse que o LaWS oblitera alvos como um "maçarico de longa distância". Montado no convés do USS *Ponce*, o LaWS não era experimental, mas implantado e à disposição do capitão para combater qualquer ameaça recebida.

A implantação de armas como o LaWS no espaço exigiria uma grande mudança estratégica dos EUA — que seus líderes e planejadores militares ainda estão debatendo. Ainda assim, muitos tomaram conhecimento em abril de 2016, quando o vice-secretário de Defesa Robert Work pareceu emitir um novo aviso, prometendo em um discurso que os EUA não hesitariam em "revidar" se atacados no espaço, e em "nocauteá-los".

Ao encontrá-lo em seu escritório, no Pentágono, no final daquele ano, perguntei se pensava em entrar em guerra no espaço, se necessário.

"Não, os EUA não têm intenção de iniciar uma guerra no espaço, mas não quero que nossos adversários em potencial pensem: 'Bem, vamos nos afastar desses caras — e mais cedo ou mais tarde daremos o bote'", explicou o secretário Work. "E seremos capazes de detonar seus satélites. Então, acho que um adversário em potencial deve saber disso. Desde o início, se alguém começar a perseguir nossa constelação espacial, iremos atrás da ameaça e tomaremos as medidas necessárias para impedir que isso aconteça."

A mudança pode se limitar à implantação de aspectos defensivos nos satélites dos EUA e arredores, o equivalente espacial da defesa antimísseis.

"Só quero dizer que ter a capacidade de disparar um torpedo seria uma boa carta para termos na manga", continuou, "então estamos constantemente debatendo sobre qual é a melhor maneira de fazê-lo. Na minha opinião, só revidar não é o melhor caminho".

Porém as Forças Armadas dos EUA poderiam levar o armamento espacial um pouco mais longe ao instalar armas espaciais com capacidades ofensivas, semelhantes às que a Rússia e a China atualmente implantam e testam.

"Há dois tipos de impedimentos. Há a dissuasão pela negação, que se resume a convencer o adversário de que, não importa o que ele faça, quantos ataques tente, ainda conseguiremos revertê-los. E depois há a dissuasão pela punição, como: 'Se você me bater, eu vou bater mais forte.'"

É a segunda opção que alguns têm defendido. Armas disparadas da Terra são uma coisa. Em teoria, todo míssil tático é capaz de atingir um alvo no espaço, pelo menos em órbita terrestre baixa, que fica a apenas 100 milhas ou mais acima da atmosfera. Os EUA usaram um míssil disparado de um F-15 voando na atmosfera terrestre para derrubar um alvo no espaço na década de 1980, e em 2008 um míssil disparado de um destroyer da Marinha dos EUA também foi usado com o mesmo fim. Mas Work estava aumentando a possibilidade de implantar armas no próprio espaço, munindo os satélites para se defender contra as ameaças.

"Você pode posicionar armas para disparar contra as que estiverem contra você", disse o secretário Work, que as comparou à profundidade equivalente com que as cargas de navios de guerra dos EUA dispararam contra submarinos inimigos durante a Segunda Guerra Mundial.

"Destroyers escoltariam navios mercantes. E teriam cargas de profundidade para atacar submarinos. Então, você pode nos imaginar fazendo esse tipo de atividade no espaço. Tudo seria defensivo por natureza, tentando impedir que nossos satélites fossem destruídos. Assim, algumas pessoas podem dizer: 'Bem, isso soa como uma guerra ofensiva no espaço.' Consideramos isso totalmente defensivo. Dissemos, em primeiro lugar, por uma questão de política, que não buscamos recursos que produzam muitos detritos no espaço."

Avaliando melhor a ideia de Guerra nas Estrelas, os Estados Unidos vêm desenvolvendo o primeiro drone espacial, o X37B. Com uma semelhança impressionante com o ônibus espacial, o drone é uma espaçonave reutilizável, para transportar cargas úteis para o espaço. Suas outras missões são secretas, mas sua combinação de capacidade de manobra e capacidade comprovada de orbitar por centenas de dias lhe dá o potencial de exercer papéis ofensivos e defensivos no espaço. Novamente, os Estados Unidos insistem que o X37B não é uma arma. Mas a Rússia e a China acreditam nisso?

"Eles podem concluir o que quiserem", disse-me o general Hyten. "Tudo o que posso dizer é que agora não é uma arma. E não é a isso que se destina, mas para experimentarmos novas tecnologias. Isso nos permite reorganizar as coisas, ver o que aconteceu e refazê-las, se quisermos. É extremamente útil. Então, posso lhe dizer o que é. Posso dizer ao mundo o que é. E não é uma arma. Mas as pessoas acreditam no que querem acreditar."

Ainda assim, o general Hyten vê os conflitos no espaço como inevitáveis, com tecnologias que parecerão extraídas de Hollywood.

"Um dia haverá caças X-Wing. É uma extensão do conflito entre os seres humanos. Todos os domínios em que entramos estão sujeitos a conflitos, e, você sabe, é bom acreditar que isso nunca acontecerá no espaço, mas é um erro. Temos que antever o pior cenário, e vemos que é verdade, que as pessoas estão construindo esses recursos para nos desafiar, e teremos recursos para derrotá-las, se for preciso."

———

Então, como tornar a guerra espacial menos concebível? Os comandantes espaciais dizem que os EUA devem repensar não apenas suas defesas espaciais, mas também a vulnerabilidade de seus ativos ao ataque.

"A palavra que procuramos é resiliência", diz o autor Peter Singer, que orientou o Conselho de Segurança Nacional sobre ameaças espaciais. "Resiliência é a capacidade de ignorar o mal que lhe acontece para seguir em frente quando é derrubado. Há uma diferença entre resiliência e dissuasão no estilo da Guerra Fria. Você não me bate porque vou bater de volta com a mesma força. Resiliência é dissuasão por negação. Você não me bate porque não vai funcionar. Eu vou desistir. Ainda não temos resiliência em nossa capacidade espacial. Não temos satélites suficientes."

Os EUA sentiram um gosto amargo dessa falta de resiliência em 2014, quando uma falha técnica isolada no sistema de GPS deteve todo o exército do país.

"Os norte-americanos tinham milhares de sistemas militares — tudo, de porta-aviões até os próprios Humvees — que não podiam navegar", diz Singer. "Eles não conheciam as próprias condições nem as dos outros. Isso foi uma falha. Pegue esse cenário, leve-o para a guerra, e esse é o impacto do tipo de conflito que pode acontecer se perder espaço."

Os satélites são, por natureza, vulneráveis, feitos para colocar o maior número de sistemas sofisticados na espaçonave com o menor peso possível — para reduzir o tamanho e o custo do foguete para impulsionar o satélite em órbita. Essa realidade blinda os satélites, como faria com um navio de guerra, ou adiciona capacidades defensivas, como faria com uma aeronave, longe do ideal. Há mais desafios. Chaffs, por exemplo, os minúsculos pedaços de metal que aviões militares disparam para enganar mísseis antiaéreos, criam nuvens de detritos espaciais que ameaçariam ainda mais os satélites norte-americanos.

"Eles estão tentando aumentar a resistência dos sistemas, o que significa que um adversário pode abater alguns. No entanto, se podemos fazê-lo, não abandonaremos a missão", disse Graziani.

O foco, então, é reduzir o dano causado pela perda de um ou vários satélites. Isso significa implantar satélites que podem ser substituídos de forma rápida e barata, além de distribuir uma missão específica para muitos satélites. Lembra-se dos quatro satélites do sistema de alerta nuclear do país? Perder apenas um deles deixaria os Estados Unidos cegos para lançamentos de mísseis a partir de, talvez, um quarto do planeta.

"É uma estratégia para lidar com os adversários caçando nossos satélites porque perceberam que são vulneráveis", disse Graziani.

O foco na resiliência não elimina a consideração de formas mais tradicionais de defesa. Agora, alguns satélites dos EUA estão sendo equipados com um "reforço" contra interferência eletrônica. Além disso, mais satélites estão sendo construídos com a capacidade de sair do caminho dos satélites "kamikaze" ou "sequestradores". Esses não são passos infalíveis. As mais poderosas armas de energia direcionada derrotam o enrijecimento. Dispare energia suficiente em um satélite e seus sistemas serão fritos. E, mesmo que alguns possíveis satélites-alvo se movam, os satélites kamikaze, da Rússia, e os sequestradores, da China, também o farão.

Um caminho para criar resistência pode estar na tecnologia, que avança rapidamente, dos microssatélites — de cerca de centímetros de diâmetro. Os Estados Unidos já implantaram centenas deles em capacidade experimental, lançando pelo menos dez por vez, pegando carona em outras missões espaciais. Menores que uma torradeira, eles transmitem sinais, fazem fotos e manobram pelo espaço.

"A maior parte está em pesquisa e desenvolvimento", explicou o general David Buck, do Comando Espacial da Força Aérea, enquanto me entregava um microssatélite em teste. O cubo de metal preto, pesando alguns quilos, parecia integrar um sistema estéreo. Não se parecia nada com uma nave espacial. Mas ele garantiu que, enquanto conversávamos, dezenas deles flutuavam sobre nossa cabeça, mais de 1.500km acima.

"As Forças Armadas dos EUA", disse, "estão tentando descobrir como podemos usar essa tecnologia em miniatura. Rastreamento de navios, transmissão de comunicação — alguns têm até propulsão a bordo".

Os EUA já estão rastreando mais de 200 microssatélites operacionais em órbita, lançados também por outros países, incluindo Rússia e China. Para os EUA, a função é simples: multiplique suas necessidades espaciais das centenas implantadas hoje por milhares, ou mais — crie muitos alvos para os adversários norte-americanos derrubarem.

Por enquanto, os microssatélites são experimentais. E, para as missões mais essenciais, os EUA dependem de suas versões muito maiores. As leis da física implicam que os satélites tenham um certo tamanho e poder para transmitir sinais com a energia necessária para cobrir as grandes distâncias do espaço à Terra e vice-versa. Os norte-americanos estão, no entanto, equipando novos satélites com novas capacidades: propulsores e combustível para evitar possíveis ameaças, obturadores para bloquear armas a laser e, talvez em breve, essas "cobranças de profundidade espacial" propostas por Work.

Os EUA se lembram da corrida espacial das décadas de 1950 e 1960 como uma das maiores vitórias do país. Mas também podem se esquecer de que o pânico começou após o lançamento do Sputnik, pela Rússia, em 1957. O primeiro satélite artificial do homem provocou temores de que Washington estivesse ficando para trás do adversário. Os norte-americanos logo apresentaram um programa espacial massivo, desde os astronautas do Mercury até promessa de JFK de enviar um homem para a Lua, para a vitória final do programa Apollo, com a chegada à Lua em 20 de julho de 1969. Mas essa nova corrida espacial — e essa nova frente na Guerra nas Sombras — está se movendo rapidamente. E os Estados Unidos enfrentam não um, mas dois adversários capazes, na Rússia e na China.

"Vamos ver uma aterrissagem no lado escuro da Lua, algo que ninguém jamais fez", disse Peter Singer antes do bem-sucedido desembarque lunar da China, em janeiro de 2019. "Um foguete decolará do planeta, irá para a Lua e deixará um módulo de aterrissagem. Ele pousará no lado escuro da Lua, e um robô será lançado, com a bandeira chinesa ao lado. Será um momento histórico, não apenas para a China, mas para a humanidade, e temos que aceitar o fato de que a liderança não é nossa."

É a corrida armamentista do século XXI — com um plano de batalha norte-americano emergente, mas sem vitória certa. Isso, por si só, é novidade. Os EUA estão acostumados a vencer no espaço. Mas, como a corrida espacial de 1960, a de hoje é extremamente competitiva.

"Há um reconhecimento melhor do problema, mas não há mais ações para lidar com as soluções necessárias", disse Singer.

Work emitiu uma chamada de armas no Simpósio Espacial do Colorado, em abril de 2015. Os militares agora estão lutando para atendê-la.

No início de 2016, Paul Graziani e sua equipe na AGI notaram que seu velho amigo Kosmos 2499 estava ativo novamente, após quase um ano.

"Ele ficou quieto por um longo tempo, e todo mundo pensou: 'Ok, está sem combustível'", disse-me Graziani, "porque provavelmente foi o que aconteceu, já que estava rondando tanto".

Desde o lançamento, em 2014, o satélite russo se ocupou realizando manobras complicadas ao redor de outros ativos espaciais russos, no que pareciam testes de sua capacidade de manobra. O Comando Espacial dos EUA determinou que o Kosmos 2499 tinha a capacidade de manobrar no caminho de outro satélite para destruí-lo, então o apelidou de "kamikaze". Os Estados Unidos acreditavam que a Rússia estava testando uma nova arma espacial. Mas, em 2015, o Kosmos 2499 ficou quieto, levando os norte-americanos a acreditarem que sua vida acabara.

"Então, surpreendentemente, após muitos meses, ele voltou e fez algumas manobras bastante sérias de novo", disse Graziani.

As manobras foram semelhantes às observadas pelos EUA no início, no entanto, ocorreram após um longo período de dormência. Isso indicava que o satélite russo tinha mais combustível e potência de permanência do que se sabia. O Kosmos 2499 retornara à ativa.

"Eles continuaram a usar os sistemas que lançaram, e de várias maneiras diferentes", disse Graziani.

No ano seguinte, em 23 de junho de 2017, pouco mais de três anos após as Forças Armadas dos EUA detectarem o primeiro satélite kamikaze russo rondando em órbita, a Rússia lançou um foguete a partir de seu Plesetsk Cosmodrome, na orla do Ártico russo. Nem o Ministério da Defesa nem a mídia estatal russa revelaram detalhes sobre a carga útil do foguete. Alguns sites russos de monitoramento espacial teorizaram que poderia estar carregando um novo satélite geodésico projetado para coletar medições de precisão da superfície da Terra, para direcionar mísseis. No entanto, durante os primeiros dois meses de sua vida, orbitando a 700km acima da Terra, o Kosmos 2519 permanecia um mistério.

Isso mudou em 23 de agosto de 2017, quando o Kosmos 2519 parecia dar à luz um irmão menor, apelidado de Kosmos 2521. No entanto, diferentemente de 2015, quando os técnicos militares dos EUA tiveram de fazer os próprios julgamentos sobre a função e as capacidades do satélite, dessa vez, Moscou foi direta. O Ministério da Defesa da Rússia anunciou que o Kosmos 2521 era um satélite inspetor, especificando que se aproximaria e inspecionaria o satélite hospedeiro, o Kosmos 2519.[10] Como a China, a Rússia alegava que esses satélites altamente manobráveis eram reparadores, não armas.

Mais dois meses depois, em 30 de outubro, o Kosmos 2521 lançou o próprio irmão caçula, o Kosmos 2523, em órbita — outro "satélite inspetor", explicou o Ministério da Defesa da Rússia. Um foguete lançara três satélites em órbita, cada um com notável capacidade de manobra. Seguindo o procedimento padrão, a Rússia registrou cada novo satélite nas Nações Unidas, listando as datas de sua separação do satélite "mãe" com a nota: "Destinado a missões em nome do Ministério da Defesa da Federação Russa."[11]

A China entrou em ação novamente, também. No início de 2018, o SJ-17, lançado pela China em novembro de 2016, demonstrava capacidade de manobra em outro canto, muito mais distante do espaço: na órbita geossíncrona, a cerca de 36.000km de altitude.

Foi uma dança complicada na órbita de satélite mais distante da Terra, onde estão posicionados alguns dos satélites mais sigilosos dos EUA, incluindo os satélites nucleares de alerta precoce das Forças Armadas. Para esses testes, a China posicionou outro satélite, mais antigo, designado "ChinaSat 20", em uma órbita de refugo, a uns 200km acima do geossíncrono. A órbita de refugo é onde as nações "estacionam" satélites que chegaram ao fim da vida, para mantê-los a uma distância segura dos que estão em operação.

A China então implantou o SJ-17, o sequestrador, em uma órbita logo abaixo do geossíncrono. Ele perseguia sua presa por toda a Terra, e a equipe de técnicos da AGI assistia em tempo real.

"O SJ-17 foi do geossíncrono baixo acima do geossíncrono para encontrar o satélite que agora estava se movendo [em relação a sua posição]", disse Graziani. "Esta foi uma espécie de manobra nova, que lhes permitiu exercer outras manobras, um pouco mais sofisticadas, para realizar as operações de proximidade de encontro."

Mover-se entre órbitas já era complicado, mas foi a proximidade do SJ-17 com seu alvo que hipnotizou Graziani e sua equipe.

"Chegou a algumas centenas de metros, o que é muito, muito próximo", disse ele. "Não vimos nada se aproximar mais do que isso."

Mover-se nessa proximidade, em uma órbita tão distante da Terra, demonstrou uma enorme consciência espacial. A China estava demonstrando maior capacidade de rastrear objetos no espaço do que os EUA tinham conhecimento. A manobra também mostrou a confiança que a China agora tinha na arma espacial mais avançada do mundo.

"Eles sabiam onde essas duas naves estavam com bastante precisão e estavam confiantes em sua capacidade de manobrar naquele quadrante", explicou Graziani. "Caso contrário, corriam o risco de se deparar com esse [outro satélite]. O SJ-17 é muito caro, e eu duvido de que quisessem colocá-lo em risco."

"A gente tinha uma boa ideia do que essa coisa poderia fazer", concluiu.

A China provou que pode capturar os satélites de um adversário no espaço.

Nos dois casos, a Rússia e a China estavam aprimorando recursos que exigiam satélites criados especificamente para a tarefa de atacar outro satélite, o Kosmos 2499, ou de roubar um, o SJ-17.

"Eles exigem muito combustível e grandes motores, para alcançar grandes distâncias — para você passar de uma órbita para outra bem diferente", disse Graziani. "É isso que você deseja em um sistema de armas, para que possa pular em um alvo, sem levantar suspeitas, de longe."

A Guerra nas Sombras estava se expandindo no espaço.

Enquanto os chineses e os russos demonstravam o poder de suas novas armas espaciais, os norte-americanos observavam assustados. O progresso da China e da Rússia alimentou ainda mais discussões na comunidade espacial sobre o que os EUA deveriam fazer para proteger seus ativos espaciais. O próximo passo seria crucial. Há um consenso de que uma falha colocaria o país em risco de perder uma guerra no espaço.

"O resto do mundo está começando a prestar bastante atenção a isso, especialmente aqueles que sentem que estão ameaçados pelos chineses ou pelos russos", disse Graziani. "Se você está preocupado com um deles e tem satélites, está preocupado com um ataque a seus satélites."

A questão mais difícil é se os EUA devem responder às armas russas e chinesas com armas espaciais próprias. Ex-presidentes norte-americanos e altos comandantes militares hesitaram em armar o espaço, temendo uma nova corrida armamentista espacial. Como os comandantes militares enfatizam, no espaço ninguém vence uma guerra a tiros. Órbitas espaciais cheias de restos de batalha seriam inutilizáveis para todos. Apesar dessas considerações, Paul Graziani vê o governo Trump mais disposto a usar armas ofensivas.

"Acho que o último governo foi muito mais sensível quanto a esse último ponto. Eles não gostavam nem da menção à palavra [ofensiva]", disse-me ele. "Este governo, suponho, tem outra postura."

Alguns da comunidade espacial, incluindo Graziani, acolhem essa abertura. Seu objetivo não é travar uma guerra a tiros no espaço, mas usar a dissuasão, que, como na guerra nuclear, seria baseada em parte no princípio da "destruição mútua garantida". Se os EUA derem esse passo, mesmo de forma limitada, Graziani acredita que seus líderes serão obrigados a deixar clara a capacidade ofensiva para seus adversários.

"Se você tiver uma dissuasão eficaz, seus adversários precisam estar cientes das consequências", disse ele. "Não faz sentido ter uma capacidade secreta que você deseja reter."

O lançamento do Kosmos 2499, em 2014, provaria que ele não foi um experimento estranho nem isolado no espaço, mas o primeiro de uma série de testes russos em andamento e implantações de armas espaciais avançadas. A China seguiria cada vez mais o exemplo, com armas espaciais próprias, algumas com capacidades únicas. Satélites kamikaze, sequestradores, armas a laser no espaço e no solo — as mais novas armas espaciais da mais recente guerra espacial. E a pergunta permaneceu para os EUA: o país se juntaria a essa corrida armamentista espacial? Ou já o tinha feito?

LIÇÕES

Hoje, a China e a Rússia podem paralisar os EUA do espaço, desativando as Forças Armadas mais poderosas do mundo e detendo a população civil norte-americana. Pequim e Moscou testaram e implantaram armas capazes de privar os norte-americanos de uma série de tecnologias, das quais os setores público e privado dependem. Nesse sentido, a vantagem incomparável dos EUA em ativos e tecnologias espaciais gerou uma vulnerabilidade sem precedentes — que os russos e chineses têm explorado com efeitos graves.

Os planejadores e estrategistas militares dos EUA estão cientes e focados nas capacidades cibernéticas da China e da Rússia há um tempo, mas sua consciência e seu foco nas capacidades ofensivas desses países no espaço são mais recentes. Como resultado, até veteranos do Comando Espacial dos EUA reconhecem que o país não abordou adequadamente o perigo e, portanto, corre o risco de ficar para trás.

Somente agora os militares dos EUA estão desenvolvendo uma estratégia para reduzir e impedir a ameaça a seus ativos espaciais. Mas muitas questões, incluindo se o país deve testar e usar as próprias armas espaciais ofensivas, permanecem sem solução. Um ponto consensual é o de que os setores militar, público e privado dos EUA devem aumentar a resiliência no espaço, ou seja, espalhar recursos baseados no espaço, como GPS e comunicações críticas entre mais satélites, para reduzir os danos causados pela perda de alguns deles. No entanto, Washington ainda enfrenta decisões estratégicas maiores, semelhantes às que enfrentou com o advento das armas nucleares, incluindo uma central: foco na dissuasão ou participação em uma corrida armamentista espacial? Inerente ao desafio está o perigo de aumentar o impasse no espaço a um ponto em que os EUA e seus adversários se encontrem em um conflito que ninguém deseja.

CAPÍTULO 7

Hackeando as Eleições

(RÚSSIA)

A Rússia disparou o primeiro alerta em uma ousada guerra da informação contra o sistema político dos EUA em 2014, um ano antes dos primeiros ataques ao Partido Democrata, nas eleições presidenciais de 2016. O alvo era o sistema de e-mail do Departamento de Estado dos EUA. Monitorando e observando-os por toda parte, estava Rick Ledgett, então vice-diretor da Agência de Segurança Nacional (NSA) e, recentemente, chefe de seu Centro de Operações de Ameaças. Ele vinha acompanhando e respondendo a ataques cibernéticos russos há anos na NSA, mas, daquela vez, percebeu algo diferente.

"Por muito tempo, quando encontrávamos os russos e os envolvíamos na rede, nossas ações indicavam que sabíamos que eles estavam lá", explicou Ledgett, "e eles tomavam ações defensivas. Removiam malware, coisas assim. Desapareciam".

"Eles estudavam e voltavam com abordagens completamente diferentes, e você precisava redetectá-los", acrescentou.

Essas se tornaram as regras de um jogo cibernético de gato e rato — e as táticas da Rússia eram conservadoras e previsíveis. Se a NSA detectasse hackers estatais russos entrando, ou tentando entrar, em uma rede do governo dos EUA, o país agiria de maneira defensiva para bloquear sua entrada e expulsá-los. A Rússia, então, abandonou a rede para retornar outro dia por um caminho diferente e sob uma cobertura diferente.

"Eles iam para casa e trocavam de tática", disse Ledgett. "Mudavam sua aparência, para que não os reconhecêssemos na vez seguinte. Seu principal objetivo era não ser pego."

Isso mudou com o ataque ao Departamento de Estado, em 2014. Agora, quando os técnicos da NSA identificaram e envolveram os adversários russos, os hackers não foram embora. Eles implantaram novas iterações das mesmas ferramentas cibernéticas e atacaram a rede novamente. Os hackers russos abandonaram a sutileza em troca de uma força expressa.

"A partir de 2014, seu principal objetivo era obter os dados", disse Ledgett. "Sem se importar que soubéssemos."

A invasão dos sistemas do Departamento de Estado pela Rússia começou, como a maioria das invasões cibernéticas, com hackers russos identificando e explorando um elo fraco, que, no caso, foi o sistema de e-mail não confidencial do Departamento de Estado. O departamento opera duas redes de e-mail separadas: um sistema confidencial, conhecido pelos funcionários do estado como o "lado superior", e um não confidencial, o "lado inferior". Suas regras exigem que as informações sigilosas ou confidenciais sejam compartilhadas apenas no "lado superior". A rede do "lado inferior" também é considerada segura, mas poucos oficiais de serviço estrangeiros a tratam dessa maneira. Quando eu estava trabalhando na embaixada dos EUA em Pequim, meus colegas e eu sabíamos que a China tinha acesso a nossos e-mails do lado inferior.

Praticamente todo mundo tinha histórias de diplomatas chineses ligando desconfiados após enviarmos e-mails com perguntas aparentemente baseadas em informações recolhidas nessas comunicações.

Embora a rede não confidencial não seja usada para informações confidenciais, contém muitas informações úteis para adversários estrangeiros.

"Há muita informação interessante que passa pela rede não confidencial", disse Ledgett. "Indicadores, informações que podem reunir e fazer uma imagem interessante da inteligência. Segundo, você sempre procura uma conexão entre a rede não confidencia e a confidencial. Talvez haja. Talvez não. Não deveria haver, mas às vezes há."

Esse é o trabalho pesado de coleta de informações, facilitado pelas vastas capacidades da computação na era digital. Hoje, as agências de inteligência estão no negócio de big data: reunindo uma quantidade impressionante de e-mails, telefonemas, entradas de calendário, pesquisas na web e muito mais, e transformando-os em uma imagem das atividades de seus adversários.

"Se você pensa no Departamento de Estado, vê que ele é uma organização global", explicou Ledgett. "Existem terminais não confidenciais em todo o mundo. Eles são usados para tudo, desde o envio de dados não confidenciais até pedidos de comida para festas do escritório."

Em alguns países, o sistema do Departamento de Estado era o único acesso à internet. Não há Comcast no Uzbequistão, observou Ledgett como um exemplo ilustrativo. E, portanto, a equipe diplomática dos EUA costuma acessar o lado inferior para uso pessoal. O Departamento de Estado estabelece regras para o que os funcionários estrangeiros podem fazer nesses sistemas. Mas essas regras geralmente não são aplicadas.

O caminho da Rússia para o sistema do Departamento de Estado começou em um computador em um desses países. Enquanto as circunstâncias exatas da violação permanecem confidenciais, para ilustrar, Ledgett usou o exemplo de um embaixador que permite que o filho use o sistema do Departamento de Estado para jogar um videogame conectado à web: um jogo, uma abertura para malware russo que pode expor todo o sistema, dando aos hackers acesso às atividades de milhares de diplomatas dos EUA em 190 países.

Os hackers russos vagaram no sistema de e-mail do Departamento de Estado por meses antes da descoberta da invasão. No entanto, Ledgett diz que a NSA não tinha dúvidas sobre o que os hackers queriam.

"Há coisas que você pode procurar ao investigar uma invasão cibernética. Existe o código usado, a infraestrutura, em outras palavras, os 'pontos de salto' que usam para chegar aonde pretendem", disse. "Eles usarão um servidor ou computador específico, em algum lugar do mundo, como um caminho para começar a trabalhar, a partir da rede de destino. O que se vê é uma sequência de operações."

Os hackers também deixam para trás impressões digitais que permitem à NSA, com o tempo, reconhecê-los e identificá-los, e também seu trabalho. Como grafiteiros ou jogadores de pôquer, os hackers têm "avisos" que aparecem em suas atividades cibernéticas.

"Pode ser que reutilizem fragmentos de código", disse ele. "Escrevi esse código que é bem elegante; portanto, para realizar a mesma coisa em outro pedaço de malware, eu o reutilizarei."

Essa combinação de preguiça e arrogância é útil à NSA para determinar a "atribuição" desses e de outros hackers russos. No entanto, Ledgett enfatiza que atribuir com segurança, como a NSA fez com o hack dos e-mails do Departamento de Estado e, mais tarde, nas eleições de 2016, exige um mosaico de informações coletadas ao longo do tempo.

"Não existe nada que diga 'oh, essa é tal entidade ou outra'. Então, você também vê o que eles estão buscando", disse. "Se vir alguém na rede, e roubando informações, bem, o que estão roubando? Há coisas que, com o tempo, você vê e com as quais se alinha, e, tudo bem, eles estão roubando informações sobre a política dos EUA em relação à Rússia."

As pistas coletadas e as impressões digitais identificadas pela NSA em 2014 se tornariam úteis para determinar a origem de um ciberataque russo mais amplo, nas eleições de 2016, ainda por vir. Ainda hoje, com clara frustração, Ledgett entende 2014 como mais um alerta perdido de uma mudança acentuada e perigosa no comportamento russo. De fato, ele descreve vários alertas substanciais de que a Rússia estava alterando qualitativamente suas táticas e seus objetivos cibernéticos — seguidos de várias subestimações substanciais dos líderes e formuladores de políticas dos EUA, inclusive da comunidade de inteligência.

A resposta dos EUA ao hacker seguiu um padrão semelhante ao de outros ataques russos: alertas perdidos seguidos por penalidades insuficientes para impedir futuros ataques. Os eventos de 2014 foram particularmente notórios, porque a Rússia escalava seus ataques e interferências em várias frentes ao mesmo tempo: no ciberespaço, contra os Estados Unidos, e em terra, contra a Ucrânia. A escalada das táticas cibernéticas russas em 2014 reverberou sua ofensiva em todo o mundo.

"O que acontecia no campo político era equivalente, no cinético e físico, com a invasão da Ucrânia e com o domínio diplomático, pela agressividade russa", disse Ledgett. "E o desejo de Putin de recuperar parte do status relativo da Rússia no mundo, para os Estados Unidos."

A Rússia estava cometendo uma série enorme de agressões contra os Estados Unidos. Em um período particularmente surpreendente de 24 horas, em julho de 2014, um míssil russo derrubou o avião de passageiros da Malásia MH17 sobre o leste da Ucrânia, enquanto, no dia seguinte, o radar militar russo localizou e cercou um avião de vigilância dos EUA no espaço aéreo internacional no norte da Europa. A tripulação de voo dos EUA estava tão preocupada em ser alvo de ataques que fugiu, sem aviso prévio, para o espaço aéreo sueco.[1] Segundo Ledgett, todas essas atividades levavam o governo russo a adotar uma postura mais agressiva contra o Ocidente.

Em pouco tempo, a Rússia lançaria seu ataque cibernético mais ousado de todos os tempos contra os Estados Unidos.

———

O general James Clapper — como diretor de inteligência nacional de Obama, principal funcionário de inteligência do país — diz que percebeu que a Rússia estava tentando se infiltrar nas organizações políticas dos EUA no verão de 2015, meses após o comprometimento do sistema de e-mail do Departamento de Estado e um ano antes das eleições de 2016. No entanto, o general admite que não ficou imediatamente claro para ele quão sérios eram os esforços da Rússia.

"Acho que não, porque obviamente os russos nos consideram um alvo primário, talvez o principal", disse-me Clapper.

O alvo específico dessa vez foi o Comitê Nacional Democrata (DNC). O DNC recebeu o primeiro alerta em setembro de 2015, quando um agente do FBI de nível médio ligou para notificá-lo de que hackers russos haviam comprometido pelo menos um de seus computadores.

Anos mais tarde, as autoridades do Partido Democrata ainda se lembram da resposta inicial do FBI, com raiva velada.

"Eles deixaram uma mensagem telefônica no suporte técnico do DNC", disse John Podesta, então presidente da campanha presidencial de Hillary Clinton. "O que não foi tratado com a gravidade que eu acho que merecia."

Quando me sentei diante de Podesta, sua frustração era notável. Ele descreveu o ataque e seu envolvimento como alguém falaria da perda de um ente querido.

A ligação telefônica de setembro foi o primeiro contato direto do FBI com o DNC — uma mensagem deixada para um técnico de informática de nível inferior no equivalente a uma linha de ajuda corporativa de computadores. O técnico não retornou a ligação.

"Você sabe, a agência é um lugar movimentado", disse Steve Hall, ex-chefe da estação da CIA em Moscou. "Eles têm muitas coisas para fazer, mas suspeito que, se tivessem que fazer tudo de novo, provavelmente agiriam de maneira diferente."

O técnico do DNC examinou as redes do sistema, mas não encontrou nada e não compartilhou as preocupações do FBI com nenhum de seus superiores no comitê. Na verdade, a violação se provaria enorme. Os hackers, nas semanas e nos meses seguintes, teriam acesso a e-mails e documentos numerados na casa dos milhares. Hall acredita que o sucesso dos hackers russos surpreendera até os próprios hackers.

"Imagino vê-los algumas semanas depois e dizer: 'Bem, isso correu muito bem. Olha, nós entramos'", disse Hall.

Por semanas, o FBI continuou ligando para o mesmo número de suporte técnico do computador no DNC. Funcionários do DNC reclamam de os agentes não terem feito a curta viagem pelo National Mall, da sede do FBI até a sede do DNC, para avisá-los pessoalmente.

"Olhando para trás, acho que diriam: 'Nossa, deveríamos ter sido um pouco mais agressivos'", diz Hall. "Mas, novamente, é difícil prever onde essas coisas acabarão, e essa acabou em um lugar bastante interessante."

Essa mesma falta de urgência afetou várias agências e organizações políticas, à medida que os hackers da Rússia tomaram espaço, nos meses que antecederam a eleição — mesmo quando os ataques se tornaram mais ousados.

Em novembro de 2015, um ano antes do dia das eleições, o mesmo agente do FBI ligou novamente com notícias ainda mais alarmantes: um computador do DNC estava transmitindo informações de volta à Rússia. Mais uma vez, o técnico em informática do DNC não tomou nenhuma atitude — e o Comitê diz que o FBI não fez nenhum esforço conjunto para alertar os membros mais graduados da liderança do comitê. Essa inércia permitiu aos hackers russos vagarem livremente pelos computadores por mais alguns meses, fazendo com que conseguissem mais informações para serem divulgadas posteriormente, com enorme efeito.

"Um poder estrangeiro hostil está tentando se intrometer em nosso processo eleitoral, então você imagina que isso teria despertado a atenção de outras agências de inteligência, da própria Casa Branca", disse Podesta.

Tom Donilon foi consultor de segurança nacional de Obama até 2013. Ele conhecia Vladimir Putin. E, pelo menos olhando para trás, reconheceu a mão do ex-agente da KGB.

"Foi alarmante porque foi coerente com a intenção de Putin de minar as instituições do Ocidente", disse-me Donilon.

"Não há dúvida de que Vladimir Putin estava envolvido desde o início, conhecia todos os detalhes e, de fato, poderia ter sido o autor intelectual de parte disso", afirmou. "Ele sabia e provavelmente estava ansioso para ver os resultados, algo como: 'Nossa, seremos mesmo capazes de fazer isso.'"

Até então, os hackers russos estavam em roaming nas redes e servidores do Comitê Nacional Democrata há meses. Mas estavam de olho em novos alvos políticos. Para atrair novas presas, empregaram a mais cruel das armas cibernéticas: os chamados e-mails de spear phishing. É provável que algumas pessoas lendo este livro tenham recebido contatos de investigação semelhantes.

"Além das organizações visadas, várias pessoas foram alvo de e-mails com spear phishing, que se assemelhavam a avisos do Google", disse John Hultquist, diretor de análise de inteligência da firma de segurança cibernética FireEye, que mais tarde foi recrutada pelo Partido Democrata para diagnosticar e abordar a invasão.

"Eles clicaram no que pensavam que eram avisos de segurança, que os redirecionavam para um local em que o adversário coletava suas credenciais e as reutilizava para obter acesso a suas contas", explicou Hultquist. "Era um e-mail razoavelmente realista. Parecia bastante legítimo."

Os e-mails de spear phishing são as baratas dos sistemas de informação: onipresentes e quase impossíveis de erradicar. Não importa a robustez dos firewalls de uma rede ou a perspicácia da equipe de segurança cibernética, um clique desatento de um funcionário descuidado, e todo o sistema fica vulnerável à infestação por hackers. Nesse caso, o elo fraco seria a conta de e-mail do presidente da campanha de Clinton, John Podesta.

"Houve um alerta do Google de que havia um comprometimento no sistema e que eu precisava alterar a senha", disse-me, em voz baixa, Podesta, então presidente da campanha presidencial de Hillary Clinton. Pareceu-me que ele contara aquele momento em sua cabeça mais de uma vez, quase ao ponto de sofrer uma dor física.

Essa mensagem aparentemente benigna era, na verdade, um e-mail de spear phishing. Um alerta em linguagem comum a esses e-mails: "Alguém acabou de usar sua senha." Em seguida, solicitava ao destinatário que mudasse a senha "imediatamente". Foi assinado — de maneira inocente e aparentemente convincente — "Atenciosamente, equipe do Gmail".

"Na verdade, minha assistente que o abriu, e logo consultou nosso pessoal de segurança cibernética", contou Podesta. "E, após uma sequência de erros, acho, eles a instruíram a ir em frente e clicar, e ela o fez."

Essa sequência de erros culminou em uma fatalidade: o cara da segurança cibernética de Podesta identificou corretamente o e-mail como ilegítimo, mas respondeu com o que viria a ser um erro de digitação nos livros de história.

"Ele queria dizer que era ilegítimo, mas disse que era legítimo", disse Podesta, com total resignação.

"O resto é história", acrescentou.

Um erro de digitação e um clique, e os hackers russos deram mais um passo no interior do Partido Democrata — correndo livres por milhares de e-mails do homem que dirigia a campanha do suposto candidato à presidência dos EUA. E a Rússia conseguiu tudo isso com a mais simples das armas cibernéticas.

"Essa é uma das frustrações que acho que todos os especialistas em segurança cibernética têm", disse Clapper, com o tom seco característico.

Oito meses antes das eleições, os hackers russos haviam violado dois sistemas computacionais do Partido Democrata: o da campanha de Clinton e o Comitê Nacional Democrata. E, como o Ledgett da NSA notou com o hack dos e-mails do Departamento de Estado, um ano antes, eles não estavam sequer tentando ocultar suas atividades.

"Ficamos impressionados com a ousadia com que eles operam no espaço, quase como se não previssem nenhuma consequência para suas ações", disse Hultquist.

Na trilha da campanha, Hillary Clinton parecia cada vez mais um empecilho para a indicação do Partido Democrata. E ela começou a voltar sua atenção e seus ataques ao provável oponente republicano, Donald

Trump. Em abril de 2016, ela revelou o que se tornaria o slogan de sua campanha em adesivos para carros: "O amor supera o ódio." Trump concentrava os próprios ataques em Clinton, proclamando, no mesmo dia, em abril: "Nós vamos derrotar Hillary com tanta brutalidade que cabeças vão rolar."

De volta ao DNC, fazia nove meses desde a primeira invasão de hackers russos aos seus computadores, quando seu técnico em informática finalmente descobriu a violação. O Comitê notificou o FBI e contratou a empresa de segurança cibernética CrowdStrike.

Os técnicos do CrowdStrike começaram a trabalhar e logo identificaram dois possíveis culpados, ambos com uma longa história em ataques cibernéticos e conexão com a Rússia. Apelidados de "Fancy Bear" [Urso Elegante] e "Cozy Bear" [Urso Confortável], a inteligência dos EUA acreditava que eram coberturas para hackers que operavam em nome do governo russo.

Os agentes já eram conhecidos pelos especialistas em segurança cibernética — e não eram particularmente secretos. Mais uma vez, sua ousadia parecia incomum, até desajeitada.

"Conhecíamos esses agentes de muito antes — muito antes de tudo acontecer nas eleições", disse Hultquist. "Há muitas evidências de que esses agentes são russos ou falam russo."

As evidências eram simples, mesmo para leigos. Por um lado, os hackers pareciam começar e terminar seus dias úteis no horário de Moscou.

"O erro que cometeram foi deixar carimbos de hora", explicou Hultquist. "Se você observar um número suficiente deles, saberá em quais horários esses agentes trabalham. E seu cronograma de trabalho se encaixa perfeitamente no fuso horário da Rússia Ocidental."

Os hackers também deixaram outras pistas, que os ligavam ainda mais diretamente à Rússia de Vladimir Putin. As pistas eram o que os especialistas em segurança cibernética chamam de "artefatos linguísticos". Ou seja, o código de computador foi escrito no alfabeto cirílico ou russo.

Hultquist e sua equipe não baixaram a guarda para novas intrusões e, no verão de 2016, detectaram o "Fancy Bear" farejando novas presas.

"É emocionante pegar esses caras no ato", disse Hultquist com uma emoção quase travessa.

Hultquist e sua equipe capturaram os hackers de outra entidade do Partido Democrata: ActBlue, um site de angariação de fundos para partidos e outros grupos progressistas.

"Eles estavam desviando as pessoas do sistema ActBlue, o sistema de doações, para um servidor que possuíam", disse ele.

Na sede da FireEye, Ben Read, gerente de análise de espionagem cibernética da empresa, demonstrou, mais tarde, como os hackers substituíram o site genuíno por um site falso, quase idêntico. Na tela do computador, ele colocou uma imagem mostrando exatamente como o site do Comitê de Campanha do Congresso Democrático, o DCCC, apareceu em 19 de julho de 2016. O link para o ActBlue era indistinguível, a menos que alguém clicasse na fonte da página, o código por trás do que aparece na tela. No site real, o hiperlink redirecionava o usuário para "secureactblue.com". Na página invadida, no entanto, o link os redirecionava para "secure.actblues.com", quase a mesma, ao que parecia, exceto pelo ponto e o *s* extras.

A reação imediata de Read na época foi: "Que estranho."

O "actblues.com", com esse indicador, não teve nada a ver com o DCCC. Era um disfarce russo — que um técnico minimamente competente poderia encontrar, se procurasse.

"No segundo em que vi, estávamos sentados, sabe, e-mails voando por toda parte, inclusive para a organização-alvo", disse Read. "Obviamente, queríamos lhes dar uma chamada."

Essa invasão foi identificada e corrigida antes que os hackers adentrassem ainda mais o sistema de captação de recursos do DCCC, em sua riqueza de dados de usuários e campanhas. No entanto, foi mais uma tentativa de ataque cibernético por um adversário russo aparentemente desinteressado em encobrir seus rastros.

"Estamos seguros de que essa é uma organização de inteligência russa", disse Hultquist, "porque acompanhamos esse agente há muito tempo e vimos muitos artefatos, forenses e outros, que sugerem que ele está realizando missões de inteligência russas".

A questão agora era o que a inteligência russa faria com toda essa informação. Tendo roubado, como fariam dela uma arma?

Em junho de 2016, cinco meses antes das eleições, o povo norte-americano recebeu as primeiras dicas do que estava por vir. O mensageiro era o misterioso blogueiro apelidado de "Guccifer 2.0". Como Cozy Bear e Fancy Bear, a inteligência norte-americana acreditava que Guccifer era uma cobertura para uma sofisticada operação de hackers russos.

"Eles adoram criar essas *personas* e realizar operações por meio delas", disse Steve Hall, ex-chefe da estação da CIA em Moscou.

Mais importante, a Rússia preparava o próximo passo em sua operação de roubo de informações das eleições dos EUA: manipular os dados roubados para influenciar o processo eleitoral. Guccifer divulgou uma amostra de documentos roubados do DNC, incluindo uma lista de doadores de 1 milhão de dólares e um relatório de pesquisa da oposição sobre Donald Trump.

"Muitas vezes, é interessante me colocar, dada minha formação, na posição de oficial de inteligência russo", disse Hall. "Então, imagino esses caras dizendo: 'Seria muito louco pensar que podemos, realmente, organizar uma operação de influência?'"

"Sabe, isso provavelmente veio à tona, e alguém disse: 'Bem, por que não? Vamos tentar'", disse ele.

Guccifer divulgou os materiais um dia depois que foi relatado pela primeira vez que o DNC fora hackeado. A empresa divulgaria não apenas os dados roubados deles, mas também os da campanha de Clinton e do DCCC, em que os hackers russos haviam se infiltrado.

"Os serviços russos estão colhendo o que plantaram, produzindo algo que pode ser usado contra seus adversários, no caso, os Estados Unidos", disse Hall.

"Continuamos sendo seu principal inimigo", acrescentou.

Em breve, Guccifer se juntaria a outra organização desonesta, liderada pelo WikiLeaks, a organização fundada por Julian Assange. Entrevistei Assange em Londres, em dezembro de 2010, após o WikiLeaks vazar milhares de telegramas diplomáticos norte-americanos roubados de todo o mundo. Na época, foi o maior vazamento de material confidencial. Em nossa conversa, ele explicou seu compromisso de expor as instituições do governo dos EUA como, em sua opinião, entidades de um governo autoritário.

"Os agentes de segurança se dedicam a manter as coisas em segredo. A imprensa, a expor a verdade ao público", disse-me ele. "Então, esse é o nosso trabalho, e é isso que estamos fazendo. O fato de o Departamento de Estado ter fracassado é um bom ponto para eles."[2]

Era uma declaração de missão que soaria familiar seis anos depois, durante as eleições presidenciais de 2016. Quando o pressionei por ele não ter dado uma atenção semelhante aos regimes autoritários reais da China e da Rússia, ele não respondeu.

Em 22 de julho de 2016, o WikiLeaks postou um anúncio impressionante no Twitter: liberaria cerca de 19 mil e-mails do Comitê Nacional Democrata.

A comunidade de inteligência dos EUA não teve dúvidas de que o WikiLeaks havia obtido os e-mails dos hackers que trabalhavam para o governo russo sob ordens do Kremlin.

"Você quer o que chamamos de laranja nos negócios", disse Hall. "Quer um terceiro. Alguém como, ah, sei lá, o WikiLeaks."

A função do laranja era a de distanciar o hackeamento das instituições políticas dos EUA do Kremlin. Essa negação plausível, ou mesmo implausível, é uma característica essencial da Guerra nas Sombras.

O general James Clapper, ex-diretor de inteligência nacional, disse que as agências de inteligência dos EUA não foram enganadas. Eles tinham fortes evidências de uma conexão entre o WikiLeaks e a Rússia.

"Estávamos muito confiantes de que foi o que aconteceu", disse-me Clapper. "Vou colocar dessa maneira."

A convenção do Partido Democrata estava se aproximando. Na época, as pesquisas de opinião deram a Hillary Clinton uma vantagem confortável sobre Donald Trump nas eleições gerais. A convenção foi uma oportunidade não apenas para focar a atenção da campanha no adversário republicano, mas para fazer as pazes com os eleitores democratas que apoiaram Bernie Sanders na indicação do próprio partido.

Apenas três dias antes da convenção, o WikiLeaks tornou público o primeiro lote de arquivos. Os e-mails roubados sugeriam que os líderes seniores do Comitê Nacional Democrata haviam sido tendenciosos a favor de Clinton sobre Sanders. A presidente da DNC, Debbie Wasserman Schultz, foi o foco da torcida de Sanders, que deixou sua raiva clara ao subir ao pódio.

"Ok, pessoal, agora se acalmem!", gritou ela sob um coro de vaias.

Wasserman Schultz foi forçada a renunciar à presidência, tornando-se a primeira vítima da influência russa nas eleições.

Os subsequentes comunicados por e-mail logo se tornaram histórias de destaque para a mídia norte-americana, um fenômeno que mais tarde alimentaria críticas de funcionários e apoiadores da campanha de Clinton de que os meios de comunicação haviam lidado com muita simplicidade com a operação de influência estrangeira.

Trump teve uma vantagem particular pelas fissuras, agora expostas, do Partido Democrata. Em 25 de julho, ele tuitou: "A nova piada na cidade é que a Rússia vazou os desastrosos e-mails do DNC, que nunca deveriam ter sido escritos (estúpidos), porque Putin gosta de mim."

Em 27 de julho, Trump, em um discurso infame, incentivou a Rússia a invadir os e-mails de Clinton, declarando: "Rússia, se estiver ouvindo, espero que consiga encontrar os 30 mil e-mails que faltam."

As autoridades de inteligência dos EUA me disseram que comentários públicos como esse do presidente levantaram suspeitas de uma possível cooperação entre a campanha de Trump e os russos. Como um oficial sênior de inteligência observou, não perca as evidências de "código aberto", ou seja, as evidências do domínio público.

Um dos confidentes de longa data de Trump fez as próprias referências públicas a materiais roubados pela Rússia. Roger Stone sugeriu que tinha conhecimento prévio das próximas liberações de e-mails, por meio de contatos com Julian Assange, do WikiLeaks.

Em 8 de agosto de 2016, Stone disse a um grupo republicano: "Na verdade, falei com Assange. Creio que a próxima parcela de seus documentos pertence à fundação Clinton. Mas não há como dizer qual pode ser a surpresa de outubro."

Em 21 de agosto, tuitou: "Confie em mim, em breve [será] a hora de Podesta."

No início de outubro, Stone tuitou uma série de avisos sobre os próximos lançamentos do WikiLeaks, nocivos à campanha de Clinton.

2 de outubro: "Quarta-feira, Hillary Clinton está pronta. #Wikileaks."

3 de outubro: "Tenho total confiança de que o @WikiLeaks e meu herói Julian Assange educarão o povo norte-americano. #LockHerUp."

5 de outubro: "Os liberais que pensam que Assange se afastará estão iludidos. A revanche está chegando #Lockthemup."

6 de outubro: "Julian Assange fará uma exposição devastadora sobre Hillary no momento de sua escolha. Mantenho minha previsão."[3] Clapper, ex-DNI, disse: "Parece haver alguma indicação ou contato entre forças associadas à campanha de Trump e ao WikiLeaks", acrescentando secamente: "Foi uma coincidência interessante, vamos colocar assim."

Stone negaria a ligação com Assange ou, de maneira mais ampla, com a conspiração com agentes russos.

Uma pessoa que parecia gostar das crescentes alegações era Vladimir Putin. Em uma entrevista à Bloomberg News, em 1º de setembro, Putin desconsiderou que o envolvimento russo era inconsequente.

"Importa mesmo quem invadiu esses dados?", disse Putin. "O importante é o conteúdo que foi dado ao público."

"Não há necessidade de desviar a atenção do público da essência do problema, levantando problemas menores, relacionados à busca por culpados", acrescentou. "Mas, quero lhe dizer novamente, não sei nada sobre isso, e, no âmbito governamental, a Rússia nunca fez isso."[4]

Dentro do escritório do diretor de inteligência nacional, as preocupações do general Clapper cresciam.

"Eu tinha uma sensação muito visceral na boca do estômago de que isso era sério, um ataque ao coração da nossa democracia", disse Clapper.

As sensações viscerais e dolorosas foram as mesmas que ouvi de vários oficiais da inteligência envolvidos no rastreamento de interferências russas. Eles eram agentes experientes que acompanhavam as operações de inteligência russas desde a Guerra Fria. Mas o escopo e a ousadia de sua interferência nas eleições de 2016 foram sem precedentes. Muitos sentiram um dever patriótico — e um medo — inédito.

"Esse foi um dos motivos para eu me sentir tão compelido a divulgar a declaração que demos em outubro", disse Clapper.

Em 7 de outubro, um mês e um dia antes das eleições, as agências de inteligência dos EUA nomearam publicamente a Rússia como culpada pelo roubo de materiais do Partido Democrata e pela liberação estratégica desses materiais para influenciá-las.

"A Comunidade de Inteligência dos EUA (USIC)", dizia a declaração do Departamento de Segurança Interna e do Escritório do Diretor de Inteligência Nacional, "acredita que o governo russo tenha manipulado os últimos e-mails pessoais e institucionais dos EUA, inclusive de suas organizações políticas. A recente divulgação de supostos e-mails invadidos em sites como DCLeaks.com e WikiLeaks e pelo usuário Guccifer 2.0 são consistentes com os métodos e motivações da Rússia. Esses roubos e divulgações visam interferir no processo eleitoral dos EUA".[5]

A seleção do DHS e do ODNI como signatários da declaração foi deliberada. O envolvimento do DHS deixou claro que os Estados Unidos viam a interferência nas eleições como um ataque à pátria. O envolvimento do ODNI, que supervisiona todas as agências de inteligência, indicou que essa visão era consensual na comunidade de inteligência dos EUA.

O presidente Trump e alguns de seus apoiadores afirmariam mais tarde que tal avaliação correspondia a uma visão minoritária, porque nem todas as 17 agências de inteligência assinaram. De fato, a maioria não teve nenhum papel na avaliação da interferência russa porque não avaliava tais ameaças. Entre as outras agências, há o ramo de inteligência da Guarda Costeira dos EUA, que se concentra nas ameaças por mar; o de inteligência da Drug Enforcement Administration, que se concentra na inteligência relacionada ao tráfico de drogas; e o de inteligência do Corpo de Fuzileiros Navais dos EUA, que se concentra na inteligência do campo de batalha das unidades marítimas implantadas. Independentemente, a narrativa "nem todas" permaneceria sendo um ponto discutível duradouro para aqueles que duvidavam do envolvimento da Rússia.

Embora a declaração de 7 de outubro tenha se concentrado no roubo e na liberação de e-mails e documentos roubados do Partido Democrata, fez uma referência sinistra a algo mais alarmante: possíveis ataques a sistemas de votação. "Alguns estados também tiveram varredura e sondagem de seus sistemas eleitorais, o que, na maioria dos casos, originou-se de servidores operados por empresas russas", dizia a avaliação. Na época, o ODNI e o DHS ainda não tinham segurança para avaliar se o governo russo também estava por trás dos ataques à infraestrutura das eleições. No entanto, o alerta prenunciou atividades posteriores da Rússia.

Com a declaração pública do ODNI e do DHS, o governo dos EUA estabelecia um marcador para a Rússia no dia da eleição. A mensagem do país era: sabemos o que vocês estão fazendo e não o permitiremos. No entanto, os minutos e as horas que se seguiram rapidamente desviaram a atenção do país.

John Podesta, presidente da campanha de Hillary Clinton, me disse que nunca se esquecerá daquela noite.

"O diretor de segurança nacional e o de inteligência nacional divulgaram uma declaração de que os russos estavam interferindo nas eleições", lembrou Podesta. "Mais tarde, saiu a gravação do *Access Hollywood*."

A divulgação de uma gravação desconhecida de Trump, em 2005, envolvendo uma longa e obscena conversa com o apresentador do jornal *Access Hollywood*, Billy Bush, expulsou a avaliação do ODNI das notícias. Os comentários de Trump, no set da novela *Days of Our Lives*, em que fez uma participação, foram chocantes em sua misoginia.

"Tentei foder com ela. Ela era casada", disse. "Dei em cima dela como uma puta. Mas não consegui nada. E era casada. De repente, eu a reencontrei, peitos falsos gigantes e tudo mais. Ela mudou totalmente sua aparência."

Ele continuou, pronunciando a frase que viria a definir o que ficou conhecido simplesmente como "a gravação do *Access Hollywood*".

"Eu sou automaticamente atraído pela beleza — eu simplesmente começo a beijá-las. É como um imã. Simplesmente beijo. E quando você é famoso, elas deixam que faça isso. Pode fazer qualquer coisa", disse ele. "Agarre-as pela boceta. Você pode fazer o que quiser."

"É claro que a atenção de todos se voltou para o que Donald Trump estava dizendo a Billy Bush", lembra Podesta.

Dentro da campanha de Clinton, a reação foi de choque e celebração. Confiantes na vitória, seus funcionários de campanha começaram a falar sobre quando Trump se retiraria da corrida e quem o substituiria. Um funcionário me disse naquela noite que Trump estava acabado.

O *Washington Post* lançou a gravação às 16h02, horário da Costa Leste dos EUA. Pareceu ser uma enorme vantagem para a campanha de Clinton. Mas, 29 minutos depois, o WikiLeaks surpreendeu o mundo com este tuíte: "LANÇAMENTO: Os e-mails de Podesta #HillaryClinton #Podesta #imWithHer", com um link para os arquivos roubados.

"Em poucos minutos, o primeiro e-mail foi publicado no WikiLeaks", lembrou Podesta. "Com uma declaração de Julian Assange dizendo que tínhamos o conteúdo do sistema de e-mail dele e divulgaríamos no decorrer da campanha."

O WikiLeaks revelou que adquirira todo o conteúdo da conta de e-mail particular de John Podesta, totalizando mais de 50 mil e-mails, incluindo milhares entre ele e cada membro sênior da campanha presidencial de Hillary Clinton. Funcionários da comunidade de inteligência dos EUA suspeitaram de que a liberação havia sido programada para causar o máximo impacto. Mais uma vez, a evidência estava escondida à vista de todos. Membros da campanha de Clinton, sem surpresa, concordaram.

"Vamos colocar assim", disse Podesta. "É uma grande coincidência que eles tenham escolhido puxar o gatilho em uma noite de sexta-feira, quando estavam segurando-o há tanto tempo."

Hillary Clinton imediatamente tornou pública sua preocupação, dizendo a repórteres: "Não, não tenho nada a dizer sobre o WikiLeaks, a não ser que acho que todos devemos nos preocupar com o que os russos estão tentando fazer com nossa eleição."

Esse e-mail de sexta-feira à noite seria apenas o primeiro de muitos. O WikiLeaks enviaria os arquivos roubados em lotes de mais ou menos mil, a cada poucos dias, até o dia das eleições. E esses lançamentos se tornaram uma característica forte da campanha.

"Os russos são grandes observadores do que acontece neste país", disse-me Clapper. "E [eles] tentaram coletar informações e, como vimos, explorá-las da forma como podem."

Na trilha da campanha, uma dinâmica bizarra surgia. Enquanto Hillary Clinton alertava sobre a invasão de um adversário estrangeiro no processo eleitoral dos EUA, Donald Trump os incentivava.

"WikiLeaks. Eu amo o WikiLeaks!", declarou em um evento da campanha, em 10 de outubro.

Três dias depois, ele disse à multidão da campanha: "É incrível o que tem saído no WikiLeaks."

Então, em 31 de outubro: "Esse WikiLeaks é um tesouro!"

Em 4 de novembro, quatro dias antes da eleição, ele declarou mais uma vez: "Rapaz, eu amo ler esse WikiLeaks."

O então candidato Trump e alguns de seus apoiadores trataram a interferência russa como insignificante e ultrapassada. A Rússia, de fato, tentava há décadas interferir nas eleições norte-americanas. No entanto, os oficiais de inteligência que supervisionaram a resposta dos EUA à intromissão russa em 2016 dizem que o escopo e a intensidade eram sem precedentes.

"Foi o armamento das informações que tiraram do DNC. Isso foi diferente", disse o ex-vice-diretor da NSA Rick Ledgett. "Agora eles o implantarão, para tentar influenciar a eleição."

Mais tarde, em outubro, o armamento da Rússia de e-mails roubados do Partido Democrata se expandiria para novos alvos na campanha de Clinton, incluindo Neera Tanden, uma confidente de longa data de Clinton e membro de sua equipe de transição. Tanden soube da investida pelos noticiários.

"Acho que ouvi meu nome na TV", disse-me ela. "E eu fiquei tipo: 'O que aconteceu?'"

Nos e-mails roubados, Tanden era vista criticando outros funcionários da campanha e a própria Hillary Clinton. Em um e-mail, escrevera que quem permitisse que Clinton usasse e-mails privados deveria ser "amarrado e esquartejado". Em outro dizia que, ao não articular uma posição no oleoduto Keystone XL, Clinton estava "esquivando-se de outra questão". Talvez no comentário mais infame, escrevera: "Hillary. Deus. Seus instintos são subótimos."

Mais uma vez, Trump se divertiu com as revelações. No terceiro e último debate, em 19 de outubro, ele disse: "O WikiLeaks acabou de sair [...] Agora, John Podesta disse que você tem instintos terríveis. Bernie Sanders disse que tem um mau julgamento. Concordo com os dois."

Ele citou os e-mails de forma equivocada. Fora Tanden, não Podesta, quem chamou os instintos de Clinton de "subótimos", mas, independentemente do material, era uma munição incandescente para a campanha de Trump, bem como uma carta na manga em um debate presidencial televisionado nacionalmente.

"Ele julgou mal, dizendo que era John Podesta", disse-me Tanden mais tarde. "Era meu. Mas eu me lembro de assistir à TV e querer me enfiar em um buraco."

A divulgação de e-mails e memorandos roubados da campanha de Clinton continuaria até o dia das eleições. Embora confiantes em público, em particular alguns funcionários da campanha de Clinton temiam que os vazamentos a fizessem perder as eleições.

"Todos esses e-mails estavam sendo despejados dia após dia. E em todas as manhãs eu acordava com medo do que viria a seguir", disse Tanden. "Eu ficava tipo: 'Isso vai afundar a campanha ou não?'"

Na Casa Branca, às vezes surgem debates, colocando conselheiros seniores, incluindo o secretário de Estado John Kerry, que pressionava os EUA para dar uma resposta mais contundente, contra outros, liderados por Obama, que temia tanto a escalada com a Rússia no exterior quanto que as alegações influenciassem as eleições.

Em uma coletiva um mês após a eleição, Obama explicou suas preocupações. "No momento em que qualquer coisa que fora dita por mim ou por alguém da Casa Branca é visto pelo viés partidário, quero ter certeza de que todos entendam que temos as melhores intenções."[6]

À medida que o dia das eleições se aproximava, o maior medo do governo Obama era o de que a Rússia interrompesse ou tentasse interromper os sistemas de votação, incluindo máquinas de votação e bancos de dados de registro de eleitores. A Rússia só precisaria interferir na votação em alguns distritos para pôr toda a eleição em questão. Particularmente em uma votação apertada, as consequências seriam desastrosas.

Na cúpula dos líderes do G20, em Pequim, no início de setembro de 2016, Obama advertira o presidente Putin pessoalmente de não interferir nas eleições.

"Eu achava que a maneira mais eficaz de garantir que isso não acontecesse era falar diretamente com ele e pedir que parasse, pois haveria sérias consequências", disse o então presidente em 16 de dezembro.

Mais tarde, Obama fez um uso raro de um sistema de mensagens diretas entre a Casa Branca e o Kremlin, originalmente destinado a evitar a guerra nuclear, para alertar Putin mais uma vez.

Até hoje, os consultores de campanha de Clinton lutam para avaliar o quanto a interferência russa danificou sua campanha e sua candidata.

"Olha, era nosso trabalho vencer, e não o fizemos", disse-me Podesta. "O que houve? Você sabe, muitas coisas. E nós carregamos nossa responsabilidade por isso. Mas acho que um elemento importante para eleger Donald Trump foi que os russos colheram o que plantaram."

Somente após a eleição, com um novo presidente eleito, que poucos esperavam, incluindo Obama, seu governo finalmente retaliou a Rússia de forma mais substancial. Obama ordenou o fechamento de dois compostos diplomáticos russos que os Estados Unidos acreditavam ser usados para espionagem. Expulsou cerca de 35 diplomatas russos, cuja maioria, segundo a crença da inteligência norte-americana, era de agentes de inteligência trabalhando sob cobertura diplomática. O governo também impôs novas sanções econômicas a indivíduos e entidades russos.

Em segredo, Obama considerou tomar medidas mais agressivas, incluindo o início de um plano da NSA para colocar armas cibernéticas nas redes de computadores da infraestrutura crítica da Rússia. Esses sistemas poderiam ter sido ativados se os russos realizassem novos ataques cibernéticos aos Estados Unidos. No entanto, por enquanto, a retaliação parou até o novo presidente tomar posse.

Hoje, o ex-vice-diretor da NSA Rick Ledgett acredita que a resposta dos EUA à interferência da Rússia nas eleições de 2016 foi fraca, convidando, portanto, futuros ciberataques russos nas eleições norte-americanas.

"Passamos a mão na cabeça deles", disse Ledgett, com frustração gritante. "Se permite que coisas ruins continuem a acontecer, consciente disso, você define uma política. Define um precedente. Indica que isso é um comportamento aceitável."

Ledgett disse que suas críticas se direcionavam, de maneira ampla, à resposta dos EUA aos ataques cibernéticos russos, que visam uma variedade de infraestruturas críticas.

"Acho que não temos uma maneira coerente de responder a isso, então eles continuam", disse Ledgett. "Então, o que farão a seguir?"

Autoridades da NSA declararam várias vezes que os EUA têm capacidades cibernéticas incomparáveis, superando a Rússia e a China. No entanto, as autoridades de inteligência norte-americanas admitem que o país também tem vulnerabilidades incomparáveis, devido à dependência de tecnologias vulneráveis a ataques cibernéticos, de redes de comunicações, satélites e redes elétricas a eleições.

"Os EUA não estão em uma boa posição para entrar em uma guerra cibernética com outras pessoas, porque somos mais vulneráveis do que quase todo mundo", disse Ledgett. "É o velho ditado: você não começa uma briga de pedras se mora em uma casa de vidro."

Os adversários dos EUA estão cientes da vulnerabilidade norte-americana e, portanto, estão sempre procurando novas maneiras de explorá-la. Esses esforços não se limitam aos serviços de inteligência estrangeiros. As autoridades norte-americanas acreditam que as empresas privadas de tecnologia da Rússia são obrigadas, por lei, a fornecer às agências governamentais russas acesso a suas tecnologias. Isso inclui o mais conhecido provedor de tecnologia internacional do país, o Kaspersky Lab. O software antivírus e de segurança cibernética da Kaspersky era onipresente nos Estados Unidos. No entanto, especialistas em segurança cibernética acreditam que os produtos Kaspersky contêm as chamadas portas traseiras acessíveis à inteligência russa. A Kaspersky negou a existência de tal recurso.

"Por lei, se os serviços de inteligência russos pedirem [à Kaspersky] que lhes dê acesso às informações que possuem, eles são obrigados a fazer isso, independentemente de onde estejam operando no mundo", disse Ledgett. "Qualquer empresa que opere na Rússia e qualquer empresa russa que opere em qualquer lugar do mundo. É assim que a lei funciona."

Ainda assim, somente em dezembro de 2017 — mais de dois anos após os hackers russos invadirem as organizações políticas dos EUA para interferir nas eleições de 2016 — o Congresso aprovou uma lei que proíbe o software Kaspersky em todos os computadores do governo.

A senadora Jeanne Shaheen, que ajudou a patrocinar a legislação, chamou os produtos da Kaspersky de "grave risco" para a segurança nacional dos EUA, acrescentando: "A oposição à Kaspersky é bem documentada e preocupante. Essa lei está muito atrasada."[7]

Ledgett e outras autoridades de inteligência dos EUA veem o crescimento da "Internet das Coisas", que leva uma série de dispositivos conectados à internet para os lares norte-americanos, de geladeiras a assistentes ativados por voz, como a Alexa, como um perigo novo, óbvio e onipresente. Ledgett, por sua vez, proíbe qualquer instância da "Internet das Coisas" na própria casa.

"Ainda não existem padrões oficiais, e os dispositivos não têm o tipo de protocolo de segurança que eu gostaria", disse Ledgett. "Não tenho uma Alexa, ou a versão da Amazon, porque é um microfone direcional que pode ser controlado remotamente."

Uma vulnerabilidade notável dos EUA não é de fácil solução. A interferência russa nas eleições de 2016 mostrou que a política fortemente dividida do país cria um terreno fértil para esse tipo de operação. As fake news não precisavam ser alimentadas à força no debate político norte-americano. Ele foi engolido. Às vezes, os presidentes Trump e Putin parecem compartilhar pontos de vista. Um exemplo poderoso são as perenes dúvidas sobre a interferência russa em 2016.

Rick Ledgett se irrita com a própria pergunta.

"Pessoalmente, analisei todas as informações que entraram na avaliação da comunidade de informações, de todas as partes da comunidade", disse. "Passei de sete a oito horas, em algum lugar daquele bairro, conversando com nossos analistas, que participavam da avaliação da comunidade, e, vou lhe dizer, não há absolutamente nenhuma dúvida de que foram os russos, organizados pelo presidente Putin. Não há dúvida disso."

"Seja qual for o motivo para não aceitar esse fato, talvez esteja acontecendo como no júri de OJ [Simpson], não acredite em DNA", acrescentou. "Ok, mas isso é uma opinião."

No futuro, Ledgett acredita que, devido ao sucesso em 2016, a Rússia terá como alvo eleições e outras infraestruturas críticas dos EUA.

"Acredito que insistirão. Quer dizer, por que o comportamento deles mudaria?", perguntou ele.

A Rússia penetrou em outras infraestruturas críticas, como redes de energia, sistemas de telecomunicações e de tratamento de água. Esses ataques invasivos dão à Rússia a opção de desligar tais sistemas, em caso de guerra.

"Acho que isso faz parte de uma guerra de tiros, se chegarmos a esse ponto, ou um precursor digno de uma guerra de tiros", disse Ledgett. "Que países — como a Rússia e a China, talvez a Coreia do Norte, talvez o Irã — têm capacidade de adentrar e afetar nossa infraestrutura crítica, em coisas como a rede elétrica, o sistema de telecomunicações e o setor financeiro."

No entanto, a preferência da Rússia é permanecer abaixo do limiar de uma guerra de tiros. Seu objetivo é infligir danos aos Estados Unidos sem provocar uma retaliação que acarrete custos insuportáveis para a Rússia. O perigo para os Estados Unidos é que o dano sofrido até agora parece ter sido suportável o suficiente para ser ignorado. Ledgett usa a analogia do sapo na panela de água fervente.

A Rússia está constante, mas lentamente, aumentando a temperatura, até que, em algum momento, "o sapo será fervido", disse Ledgett. "Então, eu me preocupo em permitir que o tipo de coisa que está acontecendo continue. Redefinimos os limites. Não houve nenhuma resposta significativa, nada que realmente os detivesse. Essa é a nova linha de base. Essa é a nova fundação."

"Foi uma grande vitória para os russos", alerta Ledgett sobre a interferência nas eleições de 2016. "Tenho certeza de que muitas pessoas receberam medalhas no peito e promoções. Se eu fosse o chefe delas, teria feito isso, porque fizeram um ótimo trabalho. Baixo custo, sem impacto real na Rússia, e grande retorno em termos de prejudicar o status dos Estados Unidos."

LIÇÕES

A interferência da Rússia nas eleições presidenciais dos EUA, em 2016, provou que uma operação de influência simples poderia manipular uma eleição na nação mais poderosa do mundo, com graves consequências tanto no sistema político do país quanto nas questões mais críticas de segurança no tocante à Rússia. Se os russos fizeram isso com a assistência ou o conhecimento dos cidadãos norte-americanos, incluindo membros da campanha de Trump, permanece em aberto. No entanto, a resposta equivocada do presidente republicano e de alguns de seus correligionários à intromissão russa demonstrou que o Kremlin não encontraria uma resistência norte-americana unificada, o que encoraja Moscou a adotar interferências semelhantes no futuro.

Os ataques investigativos da Rússia aos alvos políticos dos EUA, no período que antecedeu as eleições de 2018, mostraram que a resposta norte-americana a sua intromissão em 2016, em grande parte sob a forma de sanções econômicas, não impôs custos suficientes para impedir as atividades malignas de Moscou contra os Estados Unidos.

Mais recentemente, o presidente Trump autorizou o Pentágono e o Comando Cibernético a responder a ataques cibernéticos estrangeiros com operações cibernéticas ofensivas próprias dos EUA. No entanto, não está claro qual nível de interferência estrangeira desencadeará tal resposta. Os especialistas em cibernética e os formuladores de políticas dos EUA concordam que a manutenção da integridade das eleições atuais e futuras requer um impedimento ofensivo crível e medidas defensivas mais eficazes. Ainda não está claro se os Estados Unidos conseguiram. Sem isso, há evidências de que não apenas a Rússia, mas outros adversários estrangeiros, liderados pela China, Irã e Coreia do Norte, tentarão ou até farão uma interferência eleitoral semelhante, minando a confiança da população norte-americana no processo eleitoral. Um potencial golpe debilitante à democracia que, uma vez enraizado no inconsciente coletivo, seria difícil de reverter.

CAPÍTULO 8

A Guerra Submarina

(RÚSSIA E CHINA)

A paisagem do Círculo Polar Ártico é um caleidoscópio cinza-azulado de gelo quebrado, como cacos de vidro flutuando na superfície de um mar escuro e ondulado. Essa vasta extensão, no entanto, está longe do congelamento, reajustada constantemente pela rotação da Terra e pelo derretimento e recongelamento. O clima quente acelerou essa dança hipnotizante. A cada verão, mais da calota derrete, e a cada inverno, menos dela é renovado. O gelo marinho em fevereiro e março de 2018 atingiu os níveis mais baixos já registrados, cerca de 800 milhões de km² abaixo da média de 1981 a 2010.[1]

Em março de 2018, um dia antes do meu 48º aniversário, subi a bordo de um turboélice Twin Otter em Deadhorse, Alasca — uma das áreas mais populosas do norte dos EUA — para voar até um acampamento da Marinha no gelo do Ártico, próximo ao Polo Norte. Naquele dia, minha viagem foi em uma das aeronaves mais antigas da frota fretada, com piso de madeira e um fino revestimento de metal que quase não isolava os passageiros e tripulantes das temperaturas abaixo de zero. Um dia quente em Deadhorse atinge cerca de 12°C. O termômetro do aeroporto naquela manhã registrava poucos graus abaixo de zero, sem vento.

Nosso destino era um campo de gelo que serviria como centro de comando e controle para os exercícios ICEX da Marinha dos EUA em 2018. Três submarinos de ataque nuclear — dois norte-americanos e um britânico — passariam as próximas três semanas sob treinamento para a guerra submarina no ambiente mais severo do mundo. Dias antes, uma equipe avançada abrira uma pista de pouso perto do campo, em um local em que o gelo era espesso o suficiente para suportar um desembarque de três toneladas de lontras a quase 170km/hora. A margem de segurança era tênue: meus companheiros de viagem e eu fomos pesados segurando o equipamento para garantir que o avião não excedesse o peso máximo. Atingi 112kg com minhas capas, minha mochila e meu saco de dormir.

A 90 minutos de Deadhorse, o campo de gelo surgiu. Erguido em dias, parecia um acampamento de montanhismo com uma meia-lua de tendas que abrigava um posto de comando, refeitório, dormitórios e uma "tenda de xixi" amarelo-ovo. A equipe de mergulho da Marinha colocara palmeiras infláveis na entrada. Ali, a temperatura atingia -40°C, o equivalente a alguns dos dias mais frios no pico do Monte Everest.

Do ar, os arredores pareciam estáticos, mas o gelo ártico é um quebra-cabeças de blocos em movimento constante. Nosso acampamento ficava no topo de um bloco de gelo de 6km², migrando para leste-sudeste a 800m/hora, cerca de 20km/dia, em águas com 3km de profundidade. O gelo ali é o que é conhecido como "gelo de anos" — nascido no Polo Norte e formado ao longo de anos, enquanto continua sua longa migração para desaparecer nas águas mais quentes do sul. Em sua vida útil, o sal da água do mar retorna, deixando o gelo de água doce, que é de um azul cristalino encantador. O gelo do Ártico é um organismo vivo, sempre em movimento, nascendo e morrendo. Ali, nada nunca foi permanente, mas, conforme o planeta esquenta, os ciclos de vida ficam mais curtos, criando novos desafios para as forças submarinas dos EUA.

Os engenheiros da Marinha dos EUA vigiaram essa parte do Ártico por semanas, procurando gelo espesso o suficiente para sustentar o campo. O gelo fraco pode ser mortal. Durante os exercícios de 2016, uma rachadura apareceu no meio do campo em poucos minutos, forçando uma evacuação. Escolher o local certo segue o princípio de Cachinhos Dourados — espesso o suficiente para sustentar o campo, fino o suficiente para que os submarinos dos EUA o rompam ao surgir.

Nossa Lontra Gêmea fez um amplo circuito do acampamento antes de se aproximar. Eu esperava uma aterrissagem escorregadia na pista de gelo, mas a neve em pó na superfície desacelerou o avião rapidamente. Quando a equipe abriu a porta, uma explosão ártica me atingiu. A faixa de pele entre meus óculos de esqui e máscara facial — a única parte exposta do meu corpo — ficou dolorosamente dormente em segundos.

Lá fora, o Ártico me parecia a superfície de um planeta alienígena. O sol brilhava, refletindo a extensão infinita de branco. Um vento constante carregava mechas de neve, assobiando tão alto que eu mal conseguia distinguir as vozes. Eu usava várias camadas de equipamento polar de nível militar, mas o frio atacou minhas extremidades rapidamente. Imaginei os primeiros exploradores caminhando por ali em couro e pele, e fiquei maravilhado com a determinação e a ambição que os motivavam.

Ao longe, nossa viagem nos próximos dias atingiu o pico através da superfície. O USS *Hartford*, um submarino de ataque nuclear *Los Angeles-class*, rompeu o gelo no início do dia. Apenas sua torre monolítica de controle preta, aparentemente destacada do resto do barco, era visível. Os submarinos *Los Angeles-class* são alguns dos maiores do mundo, mas, na paisagem ártica, o *Hartford* parecia minúsculo.

Da superfície congelada do Ártico, o gigante charuto de metal amontoado com um reator nuclear, capaz de alimentar uma pequena cidade, de repente parecia convidativo. Desci a escotilha e entrei no calor abaixo. Embarcar em um submarino o leva a um mundo impermeável. Como um cassino de Las Vegas, o interior de um submarino não lhe dá noção de tempo nem de condições externas. Mesmo em alta velocidade, você só sente o movimento em curvas fechadas ou subidas e descidas íngremes. Há um zumbido mecânico baixo e uma temperatura uniforme, de cerca de 20ºC, independentemente de a temperatura da água, fora do casco, ser 30ºC no Caribe ou 0ºC no Ártico. O clima é seco. O submarino age como um condensador natural, lixiviando a umidade interna para fora.

Fica claro, no entanto, que ele é uma arma de guerra. Um submarino moderno de ataque nuclear é uma maravilha da engenharia de proporções devastadoras. O reator nuclear bombeia 165 megawatts de energia por mais de 30 anos sem reabastecer. O arsenal do submarino inclui 4 tubos de torpedo frontais e 12 de lançamento de mísseis verticais, permitindo que atinja alvos abaixo e acima da superfície e em terra.

Com armas e sistemas de propulsão ocupando mais da metade do interior, resta pouco espaço para a tripulação. Há menos de 120 beliches para os 150 submarinistas a bordo. Isso significa que os tripulantes com classificação mais baixa e menor tempo de serviço enfrentam a indignidade que os submarinistas chamam de "hot-racking", ou seja, compartilham beliches apertados, parecidos com caixões, em turnos de 8 horas. Como hóspede, recebi um beliche só para mim, embora, com 1,83m, minha cabeça e meus pés tocassem as extremidades, e meu nariz estivesse a menos de 15cm do beliche de cima. Não é à toa que os submarinistas comparam essas camas a caixões.

Como o espaço é escasso, nenhum é desperdiçado. Sob cada assento, abaixo de cada beliche, atrás de cada parede, há um compartimento com alguma função. Até o espaço sob os assentos do refeitório é reservado para condimentos, cada compartimento devidamente marcado como "ketchup e mostarda", "barbecue e A1", e assim por diante. Mover-se pelos corredores e subir e descer as escadas dos três deques requer certa consciência corporal. Sempre que você para, mesmo que no banheiro, logo fica no caminho de alguém. Assim, é necessário estar pronto para se mover rapidamente em locais apertados. Os movimentos entrelaçados da tripulação são uma dança delicada de deslizar para a esquerda e direita, e para trás e para a frente. De alguma forma, esses marinheiros conseguem fazê-lo com um sorriso e um aceno educado.

Sua diligência se alinha a sua missão única. As forças submarinas são chamadas de "serviço silencioso", tanto por sua capacidade de esgueirar-se dos adversários quanto pela humildade característica diante de condições brutais e pelas longas e isoladas incursões pelo mar. Durante seis meses, um submarino pode aparecer por menos de dez dias. Isso significa longos períodos sem nenhum contato com o mundo exterior: sem e-mails de casa, sem ligações pelo Skype com os filhos.

Essa capacidade de desaparecer faz parte do trabalho. O mantra da frota submarina é: "Em cena, invisível." Com a combinação de alcance, resistência e silêncio, os submarinos têm uma capacidade única de projetar poder militar em qualquer lugar do mundo, especialmente no Ártico. Durante a maior parte do ano, ainda é uma região acessível apenas por submarinos e quebra-gelo. A Marinha norte-americana não possui um único quebra-gelo em sua frota, diferentemente da russa, que tem dezenas. A Guarda Costeira dos EUA tem três quebra-gelos. No entanto, os submarinos continuam sendo a melhor opção para operar no Ártico e, se necessário, travar a guerra.

Os submarinos têm um papel desmedido na dissuasão nuclear dos EUA. Hoje, os submarinos da Marinha dos EUA carregam cerca de 70% das ogivas nucleares, diferentemente da Rússia, que utiliza a maior parte de suas armas nucleares em silos de mísseis terrestres. Embora esses silos possam ser localizados e destruídos, os submarinos estão constantemente em movimento e praticamente invisíveis para o inimigo. Isso significa, em teoria, que os submarinos dos EUA podem se implantar fora do alcance de mísseis no território inimigo sem aviso e desencadear o Armagedom nuclear.

O poder destrutivo de um submarino de mísseis balísticos perturba a imaginação. Os submarinos de mísseis balísticos *Ohio-class* carregam 24 mísseis balísticos lançados por submarinos Trident II (SLBMs). Uma vez na atmosfera, viajando 24 vezes mais rápido que a velocidade do som, o Trident se divide em 8 ogivas separadas, o que lhe dá a capacidade de atingir oito alvos separados. Cada ogiva fornece o poder destrutivo de até 475 quilotons, ou 30 vezes o poder da bomba atômica que destruiu Hiroshima. Isso significa que um único submarino SSBN tem o poder de destruir cerca de 200 cidades do tamanho de Hiroshima.

O que o USS *Hartford* está fazendo no topo do mundo? Por que a Marinha dos EUA está implantando dois de seus submarinos mais poderosos no Ártico? E por que agora? Está claro que essa não é uma missão de segunda linha.

Para não deixar dúvidas sobre a seriedade da missão e da mensagem, o ICEX é um exercício de fogo real. No final das operações de fogo vivo, apelidadas de "TORPEX", para exercícios de torpedo, esses submarinos dispararam quatro torpedos contra alvos.

Assim como na navegação no gelo, a guerra tem desafios particulares e complexos. No ártico, os sensores de Hartford, embora competentes, confundem um submarino inimigo com o gelo ao redor. No TORPEX, a Marinha dos EUA convida seus oficiais e tripulações a provar que conseguem ver a diferença — e eliminar os submarinos inimigos.

"Serve para lembrar a todos de que isso é diferente", disse o capitão Matthew Fanning. "Estamos embaixo do gelo e precisamos saber onde estamos e que não temos acesso fácil ao GPS. Não temos acesso fácil às comunicações. Isso muda nosso padrão operacional."

Para os submarinistas do USS *Hartford*, os exercícios de torpedo estão relacionados a sua história. O primeiro navio da Marinha dos EUA a receber esse nome foi o USS *Hartford* da era da Guerra Civil, com navios a vela. E foi a bordo do *Hartford* que lutamos contra as forças confederadas no Golfo do México, quando o almirante David Farragut proferiu sua famosa ordem: "Malditos sejam os torpedos. Velocidade máxima à frente."

No TORPEX, a principal tarefa era identificar, direcionar e destruir o que os submarinistas chamam de "submarino quebra-gelo", ou seja, um submarino inimigo se escondendo na superfície, onde dificulta para os vários sistemas de rastreamento distinguir um navio inimigo ou parceiro do próprio gelo. O movimento do gelo — colisões, rachaduras e submersões — também gera ruído de fundo, o que ajuda a mascarar o som de submarinos adversários, que são praticamente silenciosos.

"Acho importante continuarmos a provar que somos capazes como sempre", disse o capitão Fanning. "Fazer esses exercícios nos dá a chance de praticar tudo o que acreditamos funcionar em um ambiente diferente aqui em cima — em um dos ambientes mais adversos do planeta."

"A água a -2°C — 0°C, olhando agora o medidor — muda a maneira como operamos o submarino", afirmou.

O campo de visão de um submarino se baseia em quatro sistemas de detecção. Há uma sonda superior, que envia ondas de rádio para cima, a fim de criar uma imagem da parte inferior do gelo. Há um sonar de varredura lateral, que mostra uma imagem dos arredores a bombordo e estibordo. Um acréscimo é uma câmera de vídeo de transmissão ao vivo, que fornece imagens ao vivo da superfície.

Esses sensores oferecem uma boa visão, mas estão longe da perfeita percepção situacional. E, como estão embaixo d'água, não conseguem rastrear a própria posição via GPS. Os sinais dos satélites GPS não penetram a água nem o gelo.

Nos exercícios, os submarinos brincam de esconde-esconde. Dois de ataque perseguem um submarino alvo, chamado de "coelho".

Jogar esse jogo no Ártico — na verdade, executar todas as operações submarinas nesse ambiente — apresenta desafios únicos.

O gelo do Ártico parece nivelado de cima. A superfície voltada para o ar e o céu é em grande parte, com exceção de rachaduras e baixos montes de neve, plana. Mas, por baixo, é como uma vasta cordilheira invertida. Onde as seções de gelo se encontram, impelem enormes camadas de gelo para baixo. Elas criam quilhas gigantes que se estendem da superfície e apresentam um enorme perigo para os submarinos. Uma colisão com uma delas na velocidade de cruzeiro, de 20 nós, pode desativar o equipamento, ferir a tripulação e, na pior das hipóteses, causar rachaduras fatais no casco.

"A parte difícil é que agora você tem um teto sobre a cabeça", disse o contra-almirante James Pitts. "O dossel de gelo. Você tem quilhas de gelo que ficam penduradas na água — elas atingem até 45m."

As quilhas de gelo também confundem os sistemas de armas de um submarino. Os torpedos as confundem com o casco de um navio ou de um submarino.

Na manhã de 9 de março de 2018, a tripulação do USS *Hartford* passou horas rastreando o "coelho" sob o gelo. Apesar de todos os sistemas sensoriais avançados, é uma arte imprecisa. Os submarinos dos EUA funcionam silenciosamente, e as quilhas de gelo e outros aparatos oferecem uma cobertura adicional. Olhando para os próprios monitores, não consegui identificar um único ponto que se parecesse com o submarino que queríamos.

Quando estava confiante de que encontrara o "coelho", a Equipe de Controle de Incêndio preparou opções de direcionamento para o comandante. Não há disparos diretos debaixo d'água quando o submarino e o alvo estão se movendo. Os oficiais de armas também precisam levar em consideração as correntes e, quanto ao submarino, as diferenças na salinidade da água que afetarão a flutuabilidade do torpedo.

Em preparação, na sala de torpedos, os oficiais de armas inundaram os tubos de torpedo um e dois. Os tubos devem ser inundados com água de um tanque interno como primeiro passo para preparar a queima. Antes da inundação, a pressão da água do mar contra o casco com a força de 20kg/cm^2 impede que a porta do tubo externo ou a do focinho se abra. Uma vez inundada, a pressão se iguala, permitindo que a porta se abra e o torpedo fique em posição de disparo.

Em questão de minutos, o oficial de armas gritou: "Preparar tubo um!"

E então: "Disparar tubo um!"

Um assobio explodiu do tubo do torpedo quando uma rajada de ar comprimido o impulsionou para a frente. Ao fazê-lo, senti uma mudança de pressão em todo o submarino, que estourou meus tímpanos.

Como tudo em um submarino, o mecanismo de disparo é preciso. Apenas o ar é expelido para enviar o torpedo em direção ao alvo, embora não seja suficiente para encher o tubo. O resto do ar é expelido para dentro do submarino quando a porta do focinho se fecha, atrás do torpedo. Caso contrário, uma bolha pode subir à superfície, revelando a posição do submarino. O tubo é rapidamente preenchido com água do mar para compensar o peso perdido do torpedo, de modo a não perturbar o nível nem o silêncio da navegação.

Agora, a espera. O alvo, o "submarino quebra-gelo", estava a cerca de 3km. As velocidades exatas dos torpedos da Marinha dos EUA são classificadas. No entanto, os comandantes dizem que estão "na vizinhança" com o dobro da velocidade do submarino. Essas velocidades são classificadas, com subvelocidades estimadas em mais de 20 nós, então os torpedos viajam além de 40 nós, algo em torno de 80km/hora.

Enquanto esperávamos, o capitão Fanning me disse. "Esta é nossa única oportunidade de ver se o que descobrimos que dá certo no meio do oceano ainda funciona embaixo do gelo."

Segundos depois, a equipe de controle de incêndio anunciou que o torpedo atingira o alvo. O USS *Hartford* havia "aniquilado" um submarino inimigo. E, agora, adquirira um novo alvo inimigo: um segundo coelho a 1,5km a bombordo. Mais uma vez, os oficiais de armas se direcionaram ao submarino inimigo.

"Preparar tubo quatro!", gritou o oficial de armas.

E finalmente: "Disparar tubo quatro!" Em um segundo, o submarino inimigo estava destruído.

―――

O encolhimento do gelo mudou o Ártico de um terreno baldio para uma terra de oportunidades e conflitos. Vastos recursos petrolíferos intocáveis estão agora ao nosso alcance. Uma rota marítima do norte, o sonho das nações marítimas que remonta ao século XVIII, está se tornando realidade. E o que é recém-aberto ao tráfego comercial também está aberto a navios de guerra e submarinos. Com o território dos EUA e da Rússia separados por poucas dezenas de quilômetros, essa frente da Guerra nas Sombras coloca os dois adversários em combate próximo. Esse é um novo grande jogo.

Os exercícios do ICEX objetivam não deixar dúvidas sobre as ambições árticas dos EUA. Esses jogos de guerra terminaram após o final da Guerra Fria, mas, nos últimos anos, foram intensificados novamente. A Grã-Bretanha, que saíra de cena em 2010, voltou em 2018. Os Estados Unidos não são o único aliado ocidental que recalibrou sua estratégia de defesa nacional para a Guerra nas Sombras.

O contra-almirante James Pitts, então comandante do Centro de Desenvolvimento de Combate à Guerra Submarina (UWDC), encontrou-me no campo. A UWDC treina a Marinha dos EUA para a guerra submarina. E, como a Rússia expande suas forças no Ártico e ao redor do mundo, os exercícios do ICEX são mais importantes do que nunca.

"Quando você olha nossa estratégia nacional de defesa", disse-me Pitts, "vê que estamos bem conscientes de que estamos em um ambiente de competição de grandes potências. O Ártico faz parte disso — mais uma razão para a Marinha praticar nele e realizar exercícios para garantir que consigamos operar de maneira eficaz".

Hoje, os comandantes de submarinos dos EUA estão confiantes de que o país tem uma vantagem sobre a Rússia abaixo da superfície. No entanto, reconhecem que essa vantagem está diminuindo.

"Temos uma vantagem, mas nossos concorrentes estão recuperando o atraso cada vez mais rápido", disse Pitts. "Portanto, nosso papel no UWDC é manter o máximo possível nossas vantagens — e preparar nossas forças submarinas para manter essa superioridade.

"Nossa orientação de alto nível — do secretário de Defesa e da Marinha, e do CNO [chefe de operações navais] — nos mostra isso", acrescentou. "Estamos alinhados, fazendo da Marinha o que a nação precisa."

A respeito da vigilância da Rússia a seus submarinos, durante o ICEX, Pitts respondeu com a bravata discreta de um submarinista: "Se está, bem, que seja. Isso não nos afeta."

Os submarinos são a ponta do iceberg desse novo grande jogo. Submarinos de ataque *Los Angeles-class*, como o USS *Hartford*, foram projetados no auge da Guerra Fria, com a Marinha soviética em mente. Sua missão: caçar e aniquilar submarinos soviéticos e navios de guerra de superfície. No entanto, quando a União Soviética entrou em colapso e a ameaça russa aos EUA diminuiu, eles se tornaram, na visão de alguns submarinistas, um navio de guerra avançado sem missão definida. Nos anos seguintes, se envolveram em missões de combate ao terror, disparando mísseis de cruzeiro contra alvos no Afeganistão e no Iraque. E também foram modificados para implantar equipes da Navy SEAL. Hoje, no entanto, estão treinando mais uma vez para sua missão original de rastrear — e, em caso de guerra, destruir — submarinos e navios de guerra russos. Não faltam submarinistas que apreciem o retorno às raízes.

Os exercícios do ICEX têm como objetivo demonstrar que submarinos da Marinha dos EUA, como o *Hartford*, são capazes de executar essa missão no Ártico. E o público-alvo é a Rússia, cujo litoral norte ficava a um curto voo do campo de gelo.

"Fazemos fronteira com esse oceano. E é de interesse estratégico para nós", disse-me o comodoro Ollie Lewis, comandante do esquadrão do USS *Hartford*, esquadrão submarino 12, com sede em New London, Connecticut. "Entendemos isso como um consenso global. Como um instrumento no qual confiaremos para que as forças submarinas deem seu melhor. Mas é essencial, para nossa vantagem estratégica, poder usá-la — e ser proficiente nisso — sempre que precisarmos."

"Os EUA são uma nação ártica", disse.

A Rússia, no entanto, também é uma nação ártica, embora, com 50% da costa no Oceano Ártico, tenha muito mais presença e dependência. Para a Rússia, o Ártico não é apenas estrategicamente valioso. É uma questão de sobrevivência. Assim, o país vê a região como território soberano.

Para esclarecer essa postura — e proteger sua costa norte e projetar seu poder —, a Rússia formou um "Arco de Aço", que abrange toda a costa norte do país. Consiste em mais de 40 campos de pouso, portos e sistemas de defesa antimísseis, complementados por tropas, navios de superfície e, é claro, submarinos.

A Rússia fez outras demonstrações de força, mais simbólicas. Em 2007, designou dois submarinos a 4.000km abaixo do Polo Norte para implantar uma bandeira russa de um metro no fundo do mar. Foi um mergulho recorde — que era um aviso. A bandeira foi implantada no cume submarino de Lomonosov, que o Kremlin alega estar vinculado à plataforma continental; portanto, de acordo com o direito internacional, dá à Rússia direitos a quase 1 milhão de km² de território ártico e às ricas reservas de petróleo abaixo.[2]

Em 2015, a Rússia fez uma demonstração ainda mais agressiva de suas ambições árticas. Em 20 de abril, o vice-primeiro-ministro russo Dmitry Rogozin pousou no arquipélago de Svalbard e postou no Twitter uma foto dele e de sua equipe com o pronunciamento: "O Ártico é a Meca Russa." O problema é que Svalbard faz parte da Noruega — como o Alasca faz parte dos Estados Unidos.

A Noruega convocou o embaixador da Rússia para registrar seu alarme, mas nem Rogozin nem o Kremlin foram dissuadidos. Na verdade, Rogozin tem sido um dos maiores apoiadores da visão ártica da Rússia, enquadrando a reivindicação do país em termos históricos. Um ano antes de sua aventura em Svalbard, Rogozin escreveu que, ao seguir suas reivindicações árticas, Moscou estava apenas corrigindo os erros do passado. Ele chegou ao ponto de afirmar que a Rússia tem um direito histórico sobre o Alasca.

"A desistência da Rússia dos bens coloniais torna necessário que reavaliemos nossa diplomacia na era de Gorbachev e Yeltsin, trocando as peças do Império Soviético", escreveu ele.[3]

Essa é uma mensagem coerente e uma força motriz da abordagem de Putin à Guerra nas Sombras. Ele vê a Rússia corrigindo erros históricos, restaurando a posição legítima do país de potência dominante, em seu "país próximo ao exterior", em pé de igualdade com os EUA no mundo. Para Putin, o principal obstáculo a todas essas ambições são os EUA.

A demonstração de força da Rússia sob a superfície se estende muito além do Ártico. Hoje, a Marinha russa está implantando submarinos de ataque nuclear e mísseis balísticos em números, alcance e agressão nunca vistos desde a Guerra Fria.

"A OTAN é entendida como uma ameaça existencial para a Rússia, e, no período pós-Guerra Fria, com sua expansão para o leste, mais perto da Rússia, e com nossa capacidade militar, o país a entende como uma ameaça visceral", contou-me o agora almirante Mark Ferguson, então comandante das Forças Navais dos EUA na Europa, em uma entrevista em abril de 2016.

"Eles aumentaram os níveis de prontidão da força [submarina]", disse Ferguson. "Estão operando com mais [...] implantações fora da área, e o que estamos vendo é uma melhoria na prontidão dessa força."

Moscou construiu e implantou novas categorias de submarinos, com recursos muito avançados. Seus novos submarinos são mais silenciosos e mais bem armados, e operam com maior alcance.

"Os submarinos que estamos vendo são muito mais furtivos", disse Ferguson. "Estamos vendo sistemas [os russos] de armas mais avançados, sistemas de mísseis que podem atacar terras a longas distâncias, e também vemos que sua proficiência operacional está melhorando à medida que se afastam das águas locais."[4]

A vanguarda dessa nova força da Marinha russa são os submarinos de mísseis balísticos nucleares *Borei-class*, do projeto 955, e os submarinos de ataque nuclear *Yasen-class*, do projeto 885. É o silêncio deles que mais preocupa os comandantes dos EUA. Discrição é a principal vantagem dos submarinos, que, quando silenciosos, podem desligar a costa de um inimigo e fazer chover ogivas nucleares com apenas alguns minutos de aviso.

Para esclarecer esse ponto, os submarinos russos têm aparecido em locais a que não vão desde os tempos soviéticos. Os submarinos russos estão invadindo o que os comandantes da Marinha dos EUA chamam de lacuna Groenlândia-Islândia-Reino Unido, ou lacuna "GIUK", a seção do Atlântico Norte que leva das bases russas, na costa norte, ao Atlântico, fornecendo acesso à Europa Ocidental, Costa Leste dos EUA e além.

A Rússia estacionou seis submarinos no Mar Negro, dando-lhe maior acesso ao Mediterrâneo, principalmente a partir de um porto de água quente que opera o ano todo. E também está abrindo uma nova base submarina na costa da Crimeia, no porto russo de Novorossiysk. Quando a construção da base foi anunciada, em 2016, foi notável que, para seus especialistas, "Novorossiysk" significa "Nova Rússia".

Desde sua intervenção na Síria, em 2015, a Rússia reabriu sua base naval da era soviética em Tartus, que já foi o lar do Quinto Esquadrão Mediterrâneo da União Soviética. Na reabertura, a rede de televisão estatal russa RT relatou: "A Rússia pode transitar qualquer tipo de 'armamento, munição, dispositivo e material' para fornecer segurança ao pessoal da instalação, tripulação e suas famílias em todo o território da República Árabe da Síria 'sem quaisquer taxas ou impostos'."[5]

Entre os navios que a Rússia enviou para a Síria, há submarinos de ataque *Kilo-class*.

Além disso, os EUA observaram um aumento significativo da atividade submarina russa no leste do Mediterrâneo, incluindo submarinos de ataque nuclear de sua frota do Mar do Norte, bem como o lançamento, por submarinos russos de mísseis Kalibr na Síria, a partir do Mar Negro.

Os comandantes da Marinha dos EUA acreditam que a expansão naval russa pretende negar aos membros da OTAN, incluindo os EUA, a capacidade de operar "próximos às fronteiras" da Rússia.

"O que vemos nessas operações é que eles estão focados em proteger sua costa, mas também em negar à OTAN a capacidade de operar nos arredores", disse o almirante Ferguson.

"E estou falando do Mar Báltico, do Mar Negro e de áreas no extremo Atlântico Norte, na Noruega", acrescentou.

Cada uma dessas áreas faz fronteira com o território dos membros da OTAN, incluindo os países bálticos da Estônia, Letônia e Lituânia, além da Noruega e Grã-Bretanha. As novas implantações submarinas da Rússia são um desafio direto aos países da OTAN, aos quais os Estados Unidos têm obrigação de defender em caso de guerra.

A demonstração de força da Rússia também se estende ao ar. As Forças Aérea e Naval dos EUA encontraram atividades cada vez mais agressivas por aviões militares russos. O sobrevoo de um jato russo pelo USS *Donald Cook* em águas internacionais no Mar Negro em 2016 — aproximando-se a 10m lateralmente e a 30m na vertical — foi a interação mais próxima vista pelas forças norte-americanas desde a Guerra Fria.

"Embora já tenhamos visto essas interações, essa foi diferente, devido à proximidade, a altitude e a trajetória de voo", disse o almirante Ferguson. "Tivemos chamadas de rádio em inglês e russo, e a aeronave não respondeu e prosseguiu em um curso direto no encalço do navio."

O mais alarmante é que os submarinos russos estão aparecendo cada vez mais na costa norte-americana. A mensagem aparente: os submarinos avançados da Rússia podem atingir o solo dos EUA sem aviso.

As atividades expandidas da Rússia no Ártico, e em todo o mundo — e seus submarinos mais avançados e silenciosos —, reacenderam um senso de urgência na OTAN. Para os EUA e a OTAN, o foco renovado em seu antigo adversário da Guerra Fria e em antigas armas e missões da Guerra Fria representa uma reversão surpreendente. Após a queda do Muro de Berlim, em 1989, e o colapso da União Soviética, dois anos depois, a OTAN reduziu suas capacidades militares. Ao fazer isso, os países europeus estavam refletindo a redução da própria Rússia. Esse tem sido um erro recorrente do Ocidente na Guerra nas Sombras: imaginar que os russos compartilharam de suas ambições, mesmo quando o comportamento de Moscou mostrou que não.

"Após a Guerra Fria, a OTAN reduziu suas capacidades navais e, principalmente, as capacidades de guerra antissubmarina. Também fizemos menos treinamentos, de modo que as capacidades e as habilidades foram reduzidas", disse o secretário-geral da OTAN, Jens Stoltenberg, a repórteres em uma entrevista em dezembro de 2017.

Além de encolher suas forças militares, a OTAN mudou sua missão. Em vez de defender a Europa, a aliança redirecionou suas ambições e forças para projetar seu poder além das fronteiras. A demonstração mais drástica desse novo foco ocorreu após os ataques do 11 de Setembro em Nova York e Washington, quando os aliados da OTAN invocaram pela primeira vez o artigo 5º do seu tratado, que pede aos aliados que defendam uma nação membro sob ataque de um adversário. As forças da OTAN entraram no Afeganistão em novembro de 2001 para combater esse novo inimigo — Al-Qaeda —, levando a aliança a centenas de quilômetros de sua fronteira oriental.

"De 1949 a 1989, a OTAN fez uma coisa: a defesa coletiva na Europa, dissuadindo a União Soviética", afirmou Stoltenberg. "Então, o Muro de Berlim desabou, a Guerra Fria terminou, e a OTAN reduziu seu foco na defesa coletiva na Europa. Nós nos transformamos em uma aliança focada em projetar estabilidade além de nossas fronteiras, combater o terrorismo nos Bálcãs, Afeganistão e assim por diante."

As pistas para a expansão militar da Rússia vieram muito antes de ela aumentar a atividade submarina, mesmo antes da anexação da Crimeia, em 2014, e da invasão ao leste da Ucrânia. Na verdade, as consequências da intervenção militar da Rússia na Geórgia, em 2008, deram os primeiros sinais claros da nova base militar do país.

O que se seguiu foi a primeira expansão militar significativa da Rússia desde o final da Guerra Fria.

"Após a Geórgia, desde 2008, houve uma modernização expressiva da capacidade russa, incluindo a naval", disse o secretário-geral Stoltenberg.

Novamente, como na invasão da Ucrânia pela Rússia e no aumento de ataques cibernéticos aos Estados Unidos e à Europa Ocidental, 2014 provou ser um ponto de virada crucial. Os comandantes da OTAN e dos EUA têm visto um foco particular nas capacidades submarinas. A Rússia implantou mais 13 submarinos desde 2014 — uma expansão drástica em pouquíssimo tempo. Desde a anexação da Crimeia, a Rússia transferiu 6 submarinos de mísseis avançados e modernos para sua frota do Mar Negro. E a Marinha russa testou e implantou novas armas nesses novos submarinos, incluindo o míssil Kalibr.

O Kremlin implantou esses novos submarinos mais avançados em áreas nas quais a Rússia não estava ativa desde os tempos soviéticos, inclusive o Mediterrâneo e a Costa Leste dos Estados Unidos.

"Eles recomeçaram a executar atividades que cessaram após a Guerra Fria", disse Stoltenberg. "Então, isso se refere, em parte, a mais [submarinos], mas também a novos tipos de atividades, ou a atividades que não ocorrem há muitos anos."

Como os Estados Unidos, a OTAN respondeu com uma demonstração de força própria. No entanto, seus líderes estão cada vez mais falando sobre a Rússia em termos existenciais. Para eles, a expansão da Rússia é uma ameaça à sobrevivência da Europa.

"A OTAN está agora no processo de implementar o maior reforço da defesa coletiva desde o fim da Guerra do Cordão", disse o secretário-geral da OTAN. "Há um novo desafio por aí, e a OTAN está respondendo."

A OTAN iniciou a modernização de sua cúpula no País de Gales em 2014. A invasão da Ucrânia — após um arrastão — finalmente colocou a aliança em ação. E os planejadores militares da aliança tiveram um foco imediato nos submarinos.

"Identificamos os recursos antissubmarinos como uma das lacunas que tivemos que preencher", disse Stoltenberg aos repórteres, "e, gradualmente, fortalecemos nossas capacidades de guerra submarina e antissubmarina com mais submarinos, aviões e navios para detectar e rastrear submarinos com mais habilidade, o que representa mais exercícios".

Os EUA implantaram na Europa, pela primeira vez, sua aeronave P-8 Poseidon, a aeronave mais avançada do mundo para rastrear e — em caso de guerra — destruir submarinos inimigos. A Noruega, aliada da OTAN, que fica perto de uma das bases submarinas mais importantes da Rússia, contratou o P-8. A OTAN também está realizando mais exercícios para aprimorar suas habilidades na guerra antissubmarina. O "Dynamic Mongoose", um exercício de guerra submarina no Atlântico Norte, é agora um evento anual. A OTAN realiza um exercício anual semelhante, apelidado de "Manta Dinâmica", no Mediterrâneo.[6]

Mais importante, a OTAN reorientou sua energia e seus recursos em sua antiga missão da Guerra Fria de defender o próprio continente da Rússia. Stoltenberg identificou 2014, em particular, como um "ano crucial para a história da OTAN e nossa segurança".

"Tivemos que voltar para casa e, mais uma vez, focar a defesa coletiva na Europa", afirmou. "O desafio é que não podemos parar de administrar crises além de nossas fronteiras; portanto, pela primeira vez em nossa história, precisamos administrar crises além de nossas fronteiras e, ao mesmo tempo, intensificar nossos esforços de defesa coletiva na Europa."

Os líderes da OTAN alertam que não têm interesse em entrar em guerra com a Rússia. Na verdade, argumentam que revigorar uma forte defesa coletiva é a melhor maneira de deter a Rússia e diminuir as chances de erro de cálculo e conflito.

"A melhor maneira de evitar um conflito é enviar um sinal claro a qualquer adversário em potencial de que podemos defender e proteger qualquer aliado, e, portanto, precisamos ter uma força substancial para poder enviar essa mensagem", alertou Stoltenberg.

Os líderes da OTAN falam do compromisso do artigo 5º dos aliados como a base de sua defesa coletiva. Para os europeus, que vivem dentro do alcance das colunas dos tanques russos, o artigo 5º é sacrossanto.

"Os aliados da OTAN estão cobertos pelo artigo 5º", acrescentou. "Eles estão cobertos pelo forte compromisso de todos os aliados defenderem uns aos outros."

Porém esse compromisso enfrenta um novo desafio. O presidente Trump foi o primeiro líder norte-americano desde a fundação da aliança a questionar publicamente o compromisso dos EUA de defender os aliados da OTAN em caso de ataque. A omissão de Trump, embora descartada por seus defensores como uma tática de negociação nas constantes batalhas orçamentárias da OTAN, ainda repercute em suas capitais.

Agora, há outro desafio ao domínio submarino dos EUA espreitando sob as ondas: a China. Nas últimas duas décadas, o país fez enormes progressos, intensificando suas forças navais acima e abaixo da superfície, a uma taxa equivalente ao rápido acúmulo naval norte-americano na Segunda Guerra Mundial.

"Sua trajetória é muito rápida. É como uma rampa", disse o comodoro Ollie Lewis, comandante do esquadrão submarino de *Hartford*. "Sua taxa de construção é incrivelmente alta; sua proficiência está aumentando" (veja as páginas 133, 135–136).

Para ter uma perspectiva da velocidade da ascensão da China, comece pelos números. De acordo com dados do Instituto Internacional de Estudos Estratégicos (IISS), em 2000, a Marinha do Exército de Libertação Popular da China (PLAN) implantou um total de 163 navios de superfície e submarinos, contra 226 dos EUA. Em 2016, a China reduziu essa lacuna para quase a paridade: 183 navios e submarinos no PLAN, em comparação com 188 dos EUA. Até 2030, os planejadores militares dos EUA projetam que os chineses ultrapassarão a Marinha norte-americana, pelo menos em número bruto, com 260 navios e submarinos, contra 199.

"Eles reconhecem o valor de uma marinha moderna e a influência que ela acarreta", disse Lewis. "Serão um concorrente por muito tempo, e estamos prontos para competir com eles, a fim de manter o equilíbrio que procuramos."

O ICEX faz parte da resposta da Marinha dos EUA aos novos desafiantes. E, para muitos oficiais submarinistas, o retorno a uma base da Guerra Fria é uma mudança bem-vinda. O comandante do USS *Hartford*, capitão Matthew Fanning, formou-se na Academia Naval dos EUA em 1999 e recebeu o primeiro destacamento submarino no USS *Los Angeles* — da mesma classe que o Hartford — em 2001, oito meses antes dos ataques do 11 de Setembro.

"Comecei minha carreira em um cenário de mentalidade antiterrorista, logo após o 11 de Setembro, e o que isso significava para a força submarina", lembrou Fanning.

Para ele, o contraterrorismo é antinatural para os submarinistas.

"Agora, estamos de volta à letalidade. A principal missão da força submarina é alavancar nosso armamento ofensivo, como torpedos, contra uma ameaça. Portanto, houve uma mudança de ênfase em nossa capacidade de fazer isso", disse Fanning.

Falando com ele em sua sala, senti sua empolgação e satisfação. Ele é, e sempre foi, submarinista, e agora está fazendo o que acredita que os submarinistas — e os submarinos em que servem — devem fazer.

"Nossas aspirações eram maiores quando projetamos esse navio em particular", disse Fanning. "Acho que acreditávamos que ele era capaz de executar todo tipo de missão. Mas isso parece mais natural. Passei a maior parte do início da minha carreira em operações de águas muito rasas, conduzindo preparações para esses tipos de ataques."

"Aqui, em águas mais profundas", acrescentou, "definitivamente é onde devemos estar".

Sob a superfície, a Rússia é o concorrente mais próximo dos EUA, progredindo não apenas com submarinos mais avançados, mas com novas plataformas submarinas. Em março de 2018, o presidente russo Vladimir Putin se gabava de um submarino drone capaz de transportar uma arma nuclear pelos oceanos para atacar cidades inimigas. Em um discurso impetuoso, semanas antes de sua eleição para o quarto mandato, Putin realizou uma corte perante o parlamento russo em frente a gigantescas telas de vídeo, do chão ao teto, exibindo animações por computador dos novos sistemas de armas. Em um deles, um drone subaquático não tripulado, lançado de um submarino, carregava uma ogiva nuclear em alta velocidade, até emergir para atacar uma cidade costeira.

"A Rússia continua sendo uma grande potência nuclear", disse Putin. "Não, ninguém queria conversar conosco sobre o cerne do problema, e ninguém queria nos ouvir. Então terão que nos ouvir agora."

O presidente russo revelou o que afirmou ser um míssil de cruzeiro nuclear com alcance ilimitado e capacidade de enfraquecer as defesas dos mísseis inimigos, e um novo míssil capaz de voar hipersonicamente, "como um meteorito, uma bola de fogo" com várias vezes a velocidade do som. Em tom ameaçador, Putin afirmou que as novas armas tornariam as defesas dos EUA e da OTAN "completamente inúteis".[7]

Os avanços da Rússia mudaram o modo como os comandantes e seus superiores pensam e planejam um possível conflito com o país.

"Eles estão melhorando o jogo deles e o nosso", disse-me o comodoro Lewis. "Nós nunca melhoraríamos de outro jeito. A competição começou, e não vamos nos sentar e descansar com o que já temos."

À medida que os EUA se adaptam e se expandem, a Rússia usa submarinos para missões novas da guerra híbrida: combinando a guerra submarina com a cibernética, em caso de guerra total. A Marinha russa modificou submarinos de mísseis balísticos para poder transportar e implantar pequenos submarinos de mergulho profundo. Capazes de descer a milhares de pés, podem alcançar o fundo do oceano e, uma vez lá, executar uma série de tarefas. Há anos, enquanto a Rússia implanta e testa esses novos submarinos, os EUA observam.

"Agora vemos a atividade subaquática russa nas proximidades de cabos submarinos como nunca", disse o almirante da Marinha dos EUA Andrew Lennon, comandante das forças submarinas da OTAN, ao *Washington Post*, em dezembro de 2017. "A Rússia está claramente interessada na infraestrutura submarina da OTAN e de seus países."[8]

Esses submarinos russos realizaram várias missões no Atlântico, localizando, monitorando e, em alguns casos, manipulando e movendo os cabos submarinos que carregam a maior parte das comunicações entre os Estados Unidos continentais e a Europa.

Outro submarino russo — o *Yantar* — foi modificado para transportar dois submarinos menores, capazes de manipular e até cortar cabos submarinos. O *Yantar* está sediado em um porto russo perto da Noruega e tem sido observado realizando atividades semelhantes em cabos dispostos no fundo do Atlântico Norte.[9]

Um terceiro submarino ampliado e modificado da Rússia foi implantado em 2017 para atividades no Ártico. A revista russa *Izvestia* informou, na época do lançamento do submarino, que "ele estudará o fundo da plataforma russa do Ártico, procurará minerais e implantará sistemas de comunicação submarinos".[10]

As autoridades militares dos EUA acreditam que, com "sistemas de comunicação submarinos", a Marinha russa indica que esse submarino implantará um novo sistema de detecção de submarinos no fundo do Ártico, projetado para localizar e rastrear submarinos norte-americanos.

Um professor da Academia de Ciências Militares da Rússia, Vadim Kozyulin, quase reconheceu isso, dizendo à *Izvestia*: "O submarino fornecerá uma implantação global do sistema de monitoramento subaquático que os militares estão construindo no fundo do Ártico."[11]

Ele chamou o *Belgorod* de "o submarino mais exclusivo da Marinha russa".

Os EUA não têm certeza das intenções russas, mas oficiais da inteligência e militares suspeitam que o país esteja aperfeiçoando a capacidade de cortar ou, de algum modo, desabilitar e restringir essas linhas em caso de conflito com os Estados Unidos. Isso teria um impacto imediato e devastador nas comunicações civis, militares e governamentais. O sistema financeiro internacional depende do fluxo por essas linhas.

Ao avaliar essa nova ameaça submarina, os comandantes militares dos EUA e da OTAN falam em termos de guerra — e de graves ameaças à Europa e aos EUA. A aliança não tem sentido se eles se separarem. Sua força depende de manter abertas tanto as linhas quanto as vias de comunicação entre o continente norte-americano e o europeu.

"Somos uma aliança transatlântica, e, para movimentar forças, equipar-nos pelo Atlântico Norte, é fundamental uma aliança no Atlântico Norte, para que a OTAN conecte a América do Norte e a Europa. Mas também é claro que é possível ter linhas de comunicação seguras e abertas", disse o secretário-geral Stoltenberg.

O submarino mais novo e misterioso da Rússia é uma ameaça expressa a essas linhas e vias de comunicação — e, portanto, uma ameaça direta à aliança e às nações-membros também.

Os submarinos, na visão de muitos comandantes dos EUA, são a melhor chance de o país lutar contra todos esses desafios.

"O papel das forças submarinas nos estágios iniciais se tornou mais crítico", afirmou o comodoro Lewis. "Os submarinos serão capazes de chegar a lugares e realizar ações que outras unidades não conseguirão."

"Agora vamos precisar das forças submarinas para chutar a porta e outras forças as respaldarem", disse ele.

Como resultado dessa dependência crescente, os submarinos são valiosos para os chefes dos comandos militares dos EUA em todo o mundo.

"Os comandantes combatentes julgam sua importância com base no número de submarinos", disse o capitão Fanning. "Estamos de volta às operações de águas azuis, para as quais fomos treinados."

As forças submarinas dos EUA estão lançando novas armas para essa nova era da guerra submarina. Novos drones submarinos — UUVs, ou veículos subaquáticos não tripulados — estão expandindo o alcance e as capacidades das forças submarinas. O USS *Hartford* é capaz de transportar UUVs, incluindo versões que podem ser lançadas por torpedos, virados para a frente, e por mísseis, virados para cima.

"Está explodindo", disse o capitão Fanning.

E, como seus antepassados maiores, os UUVs executam várias funções, de rastrear submarinos inimigos a patrulhar linhas costeiras e grupos de transportadores e entregar armas. A Marinha prevê um futuro, não muito distante, no qual submarinos tripulados fornecerão comando e controle para enxames de submarinos de drones.

Atualmente, os EUA têm 53 submarinos em seu inventário, mas, devido a decisões de desativação e orçamento, a Marinha diz que esse número cairá para 41 no final da década de 2020. O orçamento militar de 2019 pede a adição de 15 novos submarinos nucleares, como parte do plano do Pentágono para uma marinha de 355 navios. A linha do tempo para a expansão atualmente se estende até a metade do século, no entanto, a Marinha diz que esse processo pode ser acelerado.

"Não podemos manter 100% de controle sobre a atividade submarina russa hoje", disse à CNN o almirante aposentado James Stavridis, ex-comandante supremo da OTAN e atual reitor da Fletcher School, da Tufts University. "Nossos submarinos de ataque são melhores, mas não muito. Os russos representam uma ameaça existencial para grupos de transportadoras dos EUA."[12]

O treinamento no Ártico é uma frente no esforço da Marinha dos EUA para permanecer à frente.

"Estamos mudando para uma era de competição de grandes potências — e sendo capazes de operar aqui e conhecer o meio ambiente, de nos adaptarmos a ele, é isso que cria um novo nível de urgência", disse Lewis. "Em todos os casos, eles estão tentando ficar mais rápidos e melhores no que fazem. É como colocá-los em uma rampa na qual, se não subirmos também, ficaremos para trás."

―――――

De todos os locais para operações de um submarino norte-americano no Ártico, a superfície do gelo pode ser a mais delicada e que exige maior precisão. Às 18h13, horário de Zulu, em 10 de março, o capitão e a tripulação do USS *Hartford* se preparavam para realizar a segunda rodada desses exercícios ICEX. Acontece que era meu aniversário, e, como menos de uma hora antes a cozinheira da sala dos oficiais me presenteara com um bolo caseiro de chocolate, pensei comigo mesmo que essa próxima manobra seria um bom presente.

Emergir de sob o gelo não é como as imagens dramáticas que você deve ter visto de submarinos explodindo nas ondas, como uma rolha estourando no ar. Esses chamados socos de emergência são reservados para crises subaquáticas e, é claro, só são possíveis em águas quentes. Em altas velocidades, o gelo ártico é tão impenetrável quanto o cimento, de modo que a superfície do Ártico exige uma subida mais lenta e coreografada.

Por mais agourenta e sombria que seja a superfície, é a área abaixo dela que apresenta os maiores desafios para as forças submarinas. O fundo é uma floresta invertida de temidas quilhas, algumas se estendendo a 60m. Navegar e lutar sob o gelo do Ártico é como manobrar por uma enorme caverna de gelo, com estalactites à espreita a cada passo.

As águas do Ártico também criam desafios únicos. O gelo marinho mais antigo lixivia lentamente seu sal. Ele contém algumas das águas mais puras do mundo, uma qualidade visível no tom perfeito de água-marinha das seções de gelo expostas. Esse gelo de água doce derrete na superfície, criando uma camada de água com pouca ou nenhuma salinidade nas profundidades mais rasas. A água doce é menos densa que a salgada, e, à medida que o submarino se move entre as camadas, precisa ajustar a própria flutuabilidade para manter a navegação constante.

O maior desafio do Ártico para tripulações e comandantes submarinos é a resposta a emergências. No mar aberto, a opção mais segura durante uma emergência de qualquer tipo, de incêndios a brechas no casco, é chegar imediatamente à superfície, onde há um acesso mais fácil ao resgate e, em termos mais simples, ao ar. Mas o acesso à superfície não é tão fácil quando vários metros de gelo estão no caminho. Com essa dificuldade em mente, o USS *Hartford* carrega uma série de fontes alternativas de oxigênio para a equipe. Normalmente, os submarinos dos EUA têm um suprimento de seis dias desses cartuchos. Nas operações no Ártico, é suficiente para 30 dias. Em uma emergência grave, no entanto, as tripulações precisam saber como chegar à superfície o mais rápido possível, sem colocar em risco a embarcação ou a tripulação.

O primeiro passo é identificar uma seção de gelo com a espessura ideal: fina o suficiente para romper, espessa o suficiente para suportar o peso da tripulação e talvez um helicóptero para transportar os passageiros. Para um submarino de ataque, a espessura é de cerca de 1m. Com a ajuda de equipes na superfície, o USS *Hartford* selecionou uma área com essa espessura estimada, apelidando-a de "Marvin Gardens" — uma das várias referências a Monopoly usadas nesses exercícios.

Às 18h19, horário de Zulu, o Hartford começou uma série de passes no Marvin Gardens para inspecionar o local, navegando a uma profundidade de 56m e a uma velocidade de pouco mais de 5 nós. Há pouca margem para erro nessa profundidade. Manter ritmo e profundidade constantes requer ajuste contínuo de propulsão e flutuabilidade. O Capitão Fanning grita esses ajustes aos oficiais subalternos que operam o leme do submarino — um para os lemes do submarino e outro para seus planos de proa. Os submarinos *Los Angeles-class* não são fly-by-wire. Os timoneiros têm um vínculo físico com os mecanismos de direção.

Às 18h28, horário de Zulu, o *Hartford* passa diretamente sob Marvin Gardens. Seus sensores calculam que o gelo tem 45cm de espessura, um pouco mais fino que as leituras originais, mas ainda dentro da faixa segura. O capitão Fanning ordena outro giro lento de 180 graus e outro passe sob o alvo. Às 18h42, hora de Zulu, quando o submarino faz uma segunda passagem, os navegadores marcam o local da superfície com um X em suas telas. Às 18h46, a equipe verifica a distância do alvo com um único sonar ping. Tendo assistido a *Caçada ao Outubro Vermelho* várias vezes (um dos poucos filmes sobre submarinos de Hollywood aprovados por submarinistas), eu esperava ouvir um "boing" audível, semelhante a um ping. Na realidade, parecia mais o estalo de um chicote.

Eram 19h02, horário de Zulu, quando Fanning anunciou pelo interfone a toda a embarcação: "Preparar para a subida vertical!" Ainda estávamos navegando a uma profundidade de 54m, com uma velocidade mais rápida, de 7 nós. Examinei a câmera virada para cima do submarino para ver o gelo que estávamos prestes a quebrar. Debaixo d'água, há muito mais rachaduras e separações visíveis do que de cima. Eu me sentiria muito menos seguro saindo do submarino e entrando no gelo do que agora. Decidi não pensar se aquele gelo suportaria nosso helicóptero.

Às 19h12, horário de Zulu, o capitão Fanning anunciou: "O navio está chegando perto. Todas as mãos devem segurar firme quando solicitado." O capitão ordenou: "Todos parem", às 19h16, horário de Zulu. O *Hartford* faria um deslizamento suave até o ponto de superfície. Cinco minutos depois, estava a mil jardas de distância, na aproximação final. Outro lembrete pelo interfone: "Todos segurem firme."

Nos 3 minutos seguintes, o capitão reduziu a velocidade do submarino, de 4,5 nós a 1.000 jardas para 3,9 nós a 900 jardas; 3,5 nós a 800 jardas; 2,9 nós a 700 jardas e 2,8 nós a 500 jardas. Então gritou: "Parem!", encerrando a propulsão do submarino com menos de 400 jardas a percorrer. Ainda precisávamos ser mais lentos. Às 19h31, ele ordenou que os motores fossem revertidos com dois terços de potência, gritando: "Tudo de volta, dois terços." Reduzimos para 1,7 nó. Às 19h32: "Tudo de volta, dois terços" de novo. Reduzimos para 1,1 nó.

O *Hartford* estava pronto para a etapa final. "Pronto para a subida vertical!", gritou Fanning, repetindo mais 3 vezes: "Subida vertical! Subida vertical! Subida vertical!" Agora, suas equipes começaram uma série de "golpes", liberando água dos tanques de lastro do submarino e substituindo-a pelo ar — os passos para "estourar a rolha" pelo gelo. "Sopre 5 mil [libras]! Sopre 3 mil. Sopre quinhentas."

O capitão repetiu: "Todos segurem firme!"

Agora, os timoneiros viravam o *Hartford* em um ângulo de cinco graus. O ângulo é sutil, mas de pé na ponte eu sentia o chão mudar embaixo de mim. Meu corpo, de alguma forma empurrado pelas forças da gravidade, inclinou-se para a frente.

"Sopre 4 mil! Sopre 10 mil!", nossa profundidade agora era de 40m; depois, 37m.

Às 19h:38, hora de Zulu, estávamos a 35m. Através das câmeras voltadas para cima, eu podia ver bolhas saindo do submarino e quicando na parte inferior do gelo. "Sopre 8 mil!"

O capitão fez uma chamada final para a tripulação para "Segurem firme!" E, depois, uma série final e rápida de sopros: mil, 10 mil, 5 mil. A 25m e um ângulo para cima de 5 graus, 2 sopros finais de 5 mil e 10 mil libras, ouvi um suave ruído de arranhão do casco contra o gelo, uma corrente de ar e um forte empurrão. A câmera voltada para cima agora mostrava o céu ártico azul.

O capitão Fanning parabenizou a tripulação pelo interfone. Atingir a superfície segura do gelo é uma das operações mais desafiadoras de uma tripulação submarina. É claro que isso também torna o submarino visível para qualquer pessoa que monitore o Ártico — e isso, para uma embarcação projetada para operar sem ser detectada, é proposital.

"Acho que as operações no Ártico, a exploração de recursos naturais, são um compromisso de dizer que essa é nossa zona econômica exclusiva e que nossa força submarina é capaz de operar aqui, assim como operamos ao longo de nossa Costa Leste e em todo o mundo", disse Fanning.

Hoje, à medida que Rússia e China, os adversários dos EUA, expandem as capacidades e a área operacional das próprias forças submarinas, enviar essa mensagem acarreta um perigo crescente.

"Sempre que deixo o porto de Groton [Connecticut], presumo que estou operando em um ambiente hostil, e não é muito difícil imaginar que, com submarinos cercados por água, sempre estamos em um ambiente hostil", disse ele. "O pressuposto sempre deve ser o de que há alguém por aí, e precisamos ser capazes de lhe responder."

LIÇÕES

A maioria dos norte-americanos vivos hoje cresceu em um mundo em que o domínio militar norte-americano era inquestionável e supremo. Esse período acabou. Tanto a China quanto a Rússia expandiram suas capacidades militares de forma constante e rápida, com a intenção de neutralizar a vantagem militar dos EUA e impedir efetivamente o país de projetar poder militar dentro de suas respectivas esferas de influência: para a Rússia, o chamado país vizinho, as antigas repúblicas soviéticas; para a China, os mares dentro do que Pequim se refere como a "Primeira Cadeia de Ilhas", ou seja, a área a oeste e norte do Japão, Taiwan, norte das Filipinas e Bornéu.

O investimento da China e da Rússia em suas forças submarinas é uma manifestação gritante dessa estratégia: sua missão expressa é destruir grupos de transportadoras dos EUA perto de sua costa, enquanto também projeta cada vez mais o poder — e uma capacidade de ataque nuclear —, mais longe e perigosamente perto dos EUA.

Os comandantes militares dos EUA, incluindo os responsáveis por suas forças submarinas, ainda formidáveis, expressam confiança de que estão à altura dos desafios chineses e russos. No entanto, mesmo eles reconhecem que a vantagem dos EUA está diminuindo e desaparecerá sem mudanças estratégicas e tecnológicas.

Essa alteração requer que os submarinos norte-americanos se tornem mais rápidos e silenciosos, e que nossos adversários aprimorem suas capacidades para rastreá-los. Enfrentar o desafio também exige novos investimentos e avanços nos sistemas de armas da próxima geração, como as armas hipersônicas, uma área em que a China já pode estar na liderança. Investir em navios de guerra antigos, talvez até no porta-aviões referenciado, não é suficiente para manter a vantagem dos EUA. O perigo para o país é a perspectiva chocante de perder o "novo grande jogo" que está ocorrendo entre ele, a Rússia e a China desde o Atlântico, Pacífico e Mediterrâneo até o topo do mundo.

CAPÍTULO 9

Vencendo a Guerra nas Sombras

A RÚSSIA E A CHINA ESTÃO VENCENDO?

A Rússia e a China estão vencendo a Guerra nas Sombras? Nos campos de batalha descritos no livro, elas ocuparam novos territórios, comprometeram as forças norte-americanas e aliadas e adquiriram espólios de guerra, como segredos de segurança nacional roubados. A Rússia ainda controla a Crimeia e grandes porções do leste da Ucrânia. A China, as ilhas artificiais no Mar da China Meridional e está expandindo sua presença militar. Os russos e os chineses implantaram e testaram armas antissatélites que ameaçam os ativos espaciais dos norte-americanos. O roubo de segredos de estado e propriedade intelectual do setor privado pela China não deu trégua. Tanto ela quanto a Rússia foram capazes de penetrar nos partidos e sistemas eleitorais dos EUA para interferir nos processos políticos, tornando preocupantes as futuras eleições. Além disso, a Rússia estabeleceu mais uma praça de armas na Transnístria, e continua a perturbar outros lugares da Europa Oriental por meios não militares, como a tentativa de golpe em Montenegro, em 2016.

As perdas e os contratempos nessas batalhas não significam que os EUA perderam a maior concorrência global com seus dois maiores adversários. Ela está em andamento e se intensifica. No entanto, não virar a maré nesses primeiros compromissos da Guerra nas Sombras comprometeu seus interesses essenciais de segurança nacional e enfraqueceu sua posição nessa competição global e no caso de uma guerra total.

As autoridades de segurança nacional dos EUA concordam que o país deve encontrar melhores maneiras de lutar e se defender contra a Guerra nas Sombras e impor consequências que intimidem a Rússia e a China e, se possível, que revertam os ganhos obtidos ou que os inutilizem. O consenso entre funcionários atuais e antigos da segurança nacional e da inteligência com quem conversei é o de que nenhuma dessas medidas foi tomada de forma suficiente para deixar o país seguro.

Alguns comparam o cenário à década de 1930 e ao lento reconhecimento dos EUA da ameaça representada por Hitler, como um precedente perturbador da falta de urgência na luta contra seus novos e ambiciosos adversários. Durante a Segunda Guerra Mundial, foi necessário o ataque do Japão a Pearl Harbor para os EUA mudarem de ideia e tomarem uma ação decisiva. O desafio particular da Guerra nas Sombras é o de que ela é projetada para evitar uma resposta decisiva, permanecendo logo abaixo do limiar da guerra — para derrotar os Estados Unidos sem um Pearl Harbor moderno. Até um ataque ousado a sua instituição mais preciosa — uma eleição presidencial — ficou abaixo desse limiar e, para o deleite do Kremlin, conseguiu dividir ainda mais os Estados Unidos, em vez de unir líderes e público para tomarem medidas.

Pedi a vários líderes, com papéis diretos na formulação da estratégia de segurança nacional do Ocidente, recomendações sobre como vencer a Guerra nas Sombras. Juntos, o ex-diretor de inteligência nacional James Clapper, o ex-secretário de defesa Ashton Carter, o ex-diretor da

CIA e da NSA Michael Hayden e o ex-chefe do MI6 John Scarlett, têm mais de 150 anos de experiência na defesa contra ameaças em casa e no exterior. Todos são "grandes pensadores" nas comunidades de segurança nacional dos EUA e da Europa, abertos a encontrar soluções dentro e fora do senso comum. Eles concordam que vencer a Guerra nas Sombras requer respostas e soluções fora da curva.

Na primeira e mais básica questão, eles concordam amplamente: os Estados Unidos estão perdendo a Guerra nas Sombras, com base nas regras do jogo, estabelecidas pela Rússia e pela China.

"Meio que estamos, eu acho", disse-me o general Clapper. "Quando encontram maneiras de redefinir os limites, colocam-se logo abaixo do que induziria uma resposta cinética, se achassem que não recuaríamos."

"Então, quando os chineses agem no Mar da China Meridional, ou os russos, na Ucrânia", explicou ele, "eles calculam que não vamos arriscar a Terceira Guerra Mundial por interesses que parecem locais. Então arriscam".

"E eles nos entendem muito bem", acrescentou. "Eles, chineses e russos, são verdadeiros estudantes dos EUA e sabem quais são os limites das nossas políticas — articulados ou não. Eles conhecem o limite."

O general Hayden concorda. A China e a Rússia estão vencendo, com base nas regras de um jogo perigoso que estabeleceram e iniciaram.

"É uma guerra que as beneficia", disse-me Michael Hayden. "E elas tiveram ganhos."

Neste capítulo final, apresento algumas das soluções que eles propuseram, que vão desde o endurecimento das defesas dos EUA e o aumento da dissuasão, até a opção mais arriscada de empreender ações ofensivas contra a China e a Rússia.

Nº 1: CONHEÇA O INIMIGO

Uma lição recorrente da Guerra nas Sombras é que os Estados Unidos, e o Ocidente, colocam-se em uma posição de derrota, sucumbindo a uma leitura básica e arraigada da Rússia e da China.

"A esperança era a de que elas nos espelhassem", disse o general Clapper. "Quando a era soviética terminasse, os russos seriam atraídos para o sistema democrático capitalista ocidental. Começando com a visita de Nixon à China, a grande esperança era a de que o país fosse introduzido no sistema liberal ocidental."

Na verdade, só agora os tomadores de decisão dos setores público e privado estão abandonando os equívocos sobre que tipo de relacionamento é possível de estabelecer com Moscou e Pequim.

"Acredito que demorou muito tempo para nos aprofundarmos", disse Ashton Carter. "Você quer acreditar que as coisas saíram como o planejado nos anos 1990."

"No que diz respeito à China, algumas pessoas não conseguiam enxergar além do que imaginavam ser os benefícios econômicos, para elas ou talvez para o país como um todo, a partir da relação econômica com a China, por mais explorada que fosse", disse Carter. "Eles não estavam dispostos a dizer para si mesmos, o que eu diria, que a China é uma ditadura comunista. Não há outra maneira de colocar isso. Não estou sugerindo que tentemos mudar seu governo, mas temos que reconhecer o que ele é."

"O mesmo se aplica à Rússia", continuou Carter. "[Havia] um padrão de 15 a 20 anos de alertas agressivamente perdidos. Foi muito difundido nos Estados Unidos e na Europa."

John Scarlett, que serviu por mais de 30 anos na inteligência britânica, inclusive como chefe da estação de Moscou, vê um fracasso recorrente em compreender as motivações da Rússia e da China.

"Em particular, você precisa entender a mente do outro lado", disse. "E temos que nos perguntar: nós a entendemos?"

Sua resposta é não. Para ilustrar, ele dá o exemplo da reação do Ocidente ao colapso da União Soviética, em 1991. Logo após, e por vários anos depois, os líderes e formuladores de políticas ocidentais assumiram que todos ou a maioria dos líderes russos e de seus civis compartilhavam valores e ambições ocidentais. Scarlett estava na Rússia na época, como chefe da estação de Moscou do MI6.

"Não acho que tenhamos nos aprofundado o suficiente nas emoções que foram despertadas pelo que aconteceu em 1991 — a enorme escala dos eventos", disse Scarlett. "Sou influenciado por ter estado lá na época: a mudança expressiva, sombria e inesperada, o colapso de uma superpotência quase sem aviso, a perda colossal de prestígio, o deslocamento dos principais níveis nacionais."

Essas emoções e ressentimentos foram muito mais profundos e se mostraram mais duradouros do que os líderes ocidentais perceberam. Anos mais tarde, essas forças ajudariam a alimentar a ascensão de Vladimir Putin e de sua Rússia: um poder declinante, empenhado em recuperar o status de superpotência e o prestígio percebido dos tempos soviéticos, à custa dos rivais ocidentais.

"O sentimento de surpresa em 2016 foi muito marcante para nós — o quanto as pessoas não estavam prontas para isso", disse-me Scarlett. "E isso agora está mudando, e, por si só, é uma melhoria."

Hoje, o colapso da União Soviética é uma advertência em Moscou e Pequim. Os líderes chineses — tanto quanto os colegas russos — estudam o que percebem como os erros catastróficos de 1991, a fim de evitar repeti-los. As ações da Rússia e da China hoje podem ser explicadas, em parte, por esse medo. Elas buscam crescer e manter seu poder de qualquer maneira — à custa dos Estados Unidos — porque sabem que esse poder é frágil. Já viram esse filme.

É claro que existem diferenças nas motivações e comportamentos russos e chineses. O General Clapper observa que o relacionamento comercial dos EUA com a China — avaliado em colossais US$600 bilhões por ano — torna os países dependentes um do outro em um grau significativo. Os Estados Unidos e a Rússia não têm essa relação comercial, e, portanto, nenhuma dependência mútua.

"Uma [distinção] que, até certo ponto, atenua a investida chinesa é o fato de que nossas duas economias estão inexplicavelmente vinculadas", observa Clapper. "Considerando que, com os russos, são mutuamente excludentes. Eles lutavam durante a era soviética e agora de novo."

Vencer a Guerra nas Sombras exigirá que os líderes norte-americanos e ocidentais compreendam e reconheçam essas motivações — e abandonem os conceitos equivocados que duraram quase uma geração. Essa mudança já está ocorrendo nos círculos de inteligência e militares dos EUA e do Ocidente — e se reflete nas implantações militares realizadas pelo Ocidente. A OTAN está enviando tropas em maior número para defender sua fronteira oriental da agressão militar russa. E, na Ásia, os Estados Unidos estão exibindo seu poder militar, por exemplo, aumentando as operações de liberdade de navegação em torno das ilhas artificiais da China no Mar do Sul da China. (Discuto esses movimentos militares em mais detalhes neste capítulo.) As agências de inteligência ocidentais estão dedicando mais recursos à coleta humana e eletrônica dos alvos de inteligência russos e chineses. No entanto, essa urgência está faltando na área em que é mais importante — no nível do presidente dos EUA e de alguns de seus assessores e apoiadores mais próximos. Sem uma percepção unificada do inimigo, uma resposta unificada é impossível.

Nº 2: DEFINA AS LINHAS VERMELHAS

Assim como os Estados Unidos e o Ocidente muitas vezes não conseguem entender a mentalidade russa e chinesa, Moscou e Pequim interpretam mal as intenções dos EUA e do Ocidente. E o Ocidente compartilha a responsabilidade por isso. Enviar sinais claros — e definir linhas vermelhas claras — é essencial para impedir mais agressões. Por exemplo, existe um amplo acordo em toda a comunidade de segurança nacional dos EUA de que o país ainda não estabeleceu uma linha vermelha clara sobre interferência eleitoral, principalmente devido à recusa do presidente em priorizar a ameaça. Os EUA e a OTAN, às vezes, foram mais claros e diretos com relação à agressão militar russa no território da Europa, especialmente no que se refere aos Estados-membros mais próximos da ameaça russa: os países bálticos da Estônia, Lituânia e Letônia.

"A linha vermelha está ao redor do Báltico", disse John Scarlett.

A Rússia certamente testou essa linha vermelha, começando com seu ousado ataque cibernético em 2007 e continuando até agora por meio de invasão cibernética e da atividade militar nas fronteiras dos estados bálticos. Após a invasão russa da Crimeia e do leste da Ucrânia em 2014, a OTAN respondeu com o aumento de mobilizações e exercícios militares em sua frente oriental. A mensagem pretendida: a OTAN não tolerará "soldadinhos verdes" nem qualquer outra atividade militar dentro do território de seus Estados-membros. Scarlett acredita que essa é uma mensagem que Moscou, pelo menos, recebeu.

"Quando você observa seu comportamento, não vê sinais de ilusão. Quero dizer, eles sempre apostarão na sorte", disse Scarlett. "E você vai apertar as fronteiras, invadir pelo ar, executar atividades navais. Isso não é o mesmo que instituir uma agressão real."

Os EUA deram um passo para definir essas linhas vermelhas no mundo cibernético, com o US Cyber Command sendo fundado em 2018 para realizar operações ofensivas a fim de defender as redes norte-americanas. Mas, como suas principais autoridades de inteligência testemunharam em fevereiro de 2018, o presidente Trump ainda não havia instruído as agências de inteligência do país a tomar as medidas necessárias para repelir os ataques contra as eleições nos EUA. Quanto aos chineses, embora sucessivas administrações os tenham alertado para reduzir os agressivos ataques cibernéticos aos setores público e privado dos EUA, eles continuaram.

Nº 3: INTENSIFIQUE AS CONSEQUÊNCIAS

A interrupção e a dissuasão dos ataques de guerra híbrida da China e da Rússia exigem uma intensificação das consequências dessas agressões. Até a escrita deste livro, os EUA aderiram a medidas retaliatórias conservadoras, incluindo a imposição de custos econômicos sob a forma de sanções a indivíduos e entidades, arquivando acusações criminais contra indivíduos envolvidos em atos hostis, e nomeando e envergonhando publicamente Estados e líderes que ordenaram e dirigiram os ataques. Essas medidas têm custado caro aos adversários dos EUA. Por exemplo, as várias tentativas da Rússia de pressionar Trump como candidato e presidente para remover ou enfraquecer a Lei Magnitsky revelam seu sucesso em penalizar os líderes russos. No entanto, essas medidas não mudaram de forma significativa o comportamento agressivo da Rússia.

"[Vladimir Putin] precisa se sentir desconfortável provocando os EUA", disse Ash Carter. "Acho que ele ainda não ficou desconfortável."

Hoje, autoridades de segurança nacional e formuladores de políticas recomendam mais sanções punitivas. Isso inclui sanções em setores inteiros da economia chinesa ou da russa. Por exemplo, os EUA poderiam sancionar bancos estatais chineses por ajudar a Coreia do Norte a escapar das sanções econômicas internacionais impostas para reduzir seu programa nuclear. Os EUA também podem impor sanções às exportações de petróleo da Rússia, como o Ocidente fez em resposta ao programa nuclear do Irã, ou aos bancos russos, negando ou limitando o acesso a transações financeiras em dólares. A última puniria severamente o presidente russo Vladimir Putin, em nível pessoal. Até agora, os governos de Obama e Trump evitaram investidas econômicas tão amplas.

Conhecer o adversário, estabelecer linhas vermelhas claras para comportamentos inaceitáveis e intensificar suas consequências são etapas que os EUA e os países do Ocidente começaram a implementar em resposta à agressão russa e chinesa. No entanto, os líderes e formuladores de políticas norte-americanos e ocidentais ainda estão pensando e debatendo uma resposta mais abrangente, que abarque as ações defensivas e as ofensivas.

Mudar a maré da Guerra nas Sombras exigirá uma combinação de defesa — como ativos espaciais dos EUA contra armas espaciais russas e chinesas, proteção dos aliados da OTAN na Europa Oriental contra a agressão militar russa e proteção dos sistemas eleitorais dos EUA contra ataques cibernéticos e outras interferências estrangeiras — e ataque, incluindo opções que vão desde o uso de armas espaciais norte-americanas até o lançamento de ataques cibernéticos ofensivos contra os adversários estrangeiros.

O desafio da defesa concentra recursos suficientes em ameaças que podem não ser imediatas ou claras para os formuladores de políticas ou para o público norte-americano. A resposta hesitante à interferência russa nas eleições de 2016 demonstra que mesmo um perigo imediato e claro não gera necessariamente uma resposta unificada e convincente.

"Nós, como povo dos EUA, não lidamos muito bem com as coisas que não aconteceram conosco", disse-me o general Clapper. Ele então apresentou uma hipótese para defender seu ponto de vista. "Se George Tenet, que era diretor da inteligência central, no verão de 2001, fosse a público dizer: 'Estamos muito preocupados com a Al-Qaeda. Estamos em uma trama envolvendo aeronaves de comando usadas como mísseis que colidem com edifícios. Não temos detalhes específicos. Mas, como consequência, o que todo mundo precisa fazer agora é ir ao aeroporto duas horas mais cedo, tirar os sapatos, tomar líquidos e submeter-se a uma varredura eletrônica e uma possível busca pelo corpo.'"

"Que tipo de reação você acha que ele conseguiria?", perguntou Clapper. "Não teria sido levado a sério. Debochariam dele nos bastidores, porque não conseguimos entender uma ameaça que não vivemos."

"Acho que o mesmo vale para o domínio cibernético e o espaço, porque você não vê nenhum deles", falou.

O desafio do ataque é calibrar as respostas ofensivas para não desencadear um conflito mais amplo ou retaliações que punirão os Estados Unidos mais profundamente do que qualquer ação que possam realizar contra os adversários. O objetivo é superar a Rússia e a China em seu próprio jogo — ou seja, virar a Guerra nas Sombras contra elas — enquanto permanece abaixo do limiar de uma guerra a tiros real. Mas como os Estados Unidos conseguem esse equilíbrio? E onde está esse limiar no ciberespaço? Na fronteira oriental da OTAN? No espaço? Atingir esse equilíbrio precário é objeto de enorme debate na comunidade de segurança nacional hoje.

De forma decisiva, ataque e defesa estão entrelaçados. Assim como no campo de futebol, um ataque viável não é possível sem uma defesa viável. E na Guerra nas Sombras, não está claro que os EUA e o Ocidente possam armar uma defesa viável devido à abertura inerente das sociedades ocidentais. Isso é particularmente verdade na dimensão cibernética.

"Participei de muitas discussões durante horas sobre isso na Sala de Situação da Casa Branca", disse o general Clapper. "O problema que percebi é que é quase inútil falar sobre ataques cibernéticos, a menos que você tenha muita confiança em sua capacidade de defender e seja resistente, no caso de uma tréplica."

O perigo é que os Estados Unidos sejam tão vulneráveis na Guerra nas Sombras que talvez não consigam arcar com os custos da escalada sem mudanças tangíveis.

Nº 4: REFORCE AS DEFESAS

A. Proteja a Frente Doméstica

Os líderes da inteligência e militares dos EUA concordam que uma estratégia vencedora para a Guerra nas Sombras começa com um ataque viável. E apontam para a vulnerabilidade exposta tão claramente pela interferência russa nas eleições de 2016. Rússia, China e outros adversários estrangeiros tentaram por décadas interferir nas eleições dos EUA. No entanto, os recursos cibernéticos aumentaram bastante sua capacidade de fazê-lo com sucesso. Isso inclui operações de informação, como a de Moscou, roubando e expondo e-mails do Partido Democrata e da DNC, e ataques mais alarmantes aos próprios sistemas eleitorais dos EUA. O vice-procurador-geral Rod Rosenstein deixou claro, em julho de 2018, que uma futura fraude eleitoral provocada pela Rússia continuava sendo uma grande preocupação. A Rússia ainda não havia realizado ataques para perturbar os sistemas de votação, mas muitas autoridades acreditam que seja apenas uma questão de tempo. Proteger esses sistemas, portanto, torna-se urgente e essencial.

"Um ponto de partida pode ser, da forma que puder, reforçar as defesas", disse John Scarlett. "O exemplo óbvio é defender o processo eleitoral. É preciso ter recursos. É preciso habilidade. É preciso compreensão."

O foco, diz Scarlett, deve estar na manutenção da confiança dos eleitores no sistema e nos resultados eleitorais. Depois que essa confiança é perdida — e a interferência eleitoral da Rússia, em 2016, já minou essa confiança para muitos norte-americanos —, é difícil reparar e restaurá-la.

"Essa é a melhor maneira de derrotar suas tentativas de instaurar o caos", disse Scarlett.

Embora o sistema de votação norte-americano seja diversificado e descentralizado, as autoridades de inteligência e segurança interna conhecem os alvos e têm os meios para reforçar as proteções cibernéticas deles. Um obstáculo são os estados, que, por lei e tradição, têm controle sobre o processo de votação. Alguns estados têm relutado em procurar e aceitar a ajuda federal, que entendem como interferência.

De maneira mais ampla, como a Rússia e a China têm alvejado com sucesso toda uma série de infraestruturas críticas dos EUA — de usinas elétricas à rede elétrica, estações de tratamento de água, redes, bancos de dados e e-mails do governo e do setor privado —, a defesa deve se estender por todo o país. Esses esforços estão em andamento há mais de uma década, mas os atacantes geralmente estão um passo à frente. As autoridades de segurança nacional precisam de um esforço nacional mais urgente para eliminar ou, pelo menos, mitigar essa vantagem.

Um problema persistente é o risco, sempre presente, de erro do usuário. A Rússia atacou uma série de organizações e indivíduos políticos por meio de ferramentas cibernéticas bruscas, como spear phishing (como fez com o presidente da campanha de Clinton, John Podesta). Nesses ataques, se o usuário morder a isca, toda a defesa cibernética do mundo não faz a menor diferença.

"Este é um caso em que você é tão forte quanto seu elo mais fraco", enfatizou Clapper. "Então fica difícil que façamos a defesa. Quero dizer, é quase impossível."

A solução é o que os especialistas em cibersegurança chamam de "higiene digital", na qual os indivíduos protegem a si e ao sistema como um todo, mudando os hábitos, para não facilitar os ciberataques. A Estônia mobilizou com sucesso sua população após o ataque cibernético da Rússia em 2007. Hoje, a higiene digital é religião para os estonianos. Implantar essa mudança em um país como os EUA, com cem vezes sua população, é um enorme desafio.

B. Concilie, em vez de Inflamar, as Cisões Internas

Uma lição recorrente da Guerra nas Sombras é que algumas das feridas dos EUA são autoinfligidas. Algumas resultam da sociedade aberta e democrática, o que torna o país mais vulnerável às táticas da Guerra nas Sombras do que seus adversários. Por exemplo, as democracias são mais vulneráveis às operações de informação porque são simplesmente mais abertas. O governo chinês tem seu "ótimo firewall" para monitorar e limitar a dissidência na internet. O governo russo cooptou com sucesso praticamente todos seus meios de comunicação.

No entanto, o grau de cisão política dos EUA hoje exacerba a vulnerabilidade do país às operações de informação, tornando partes do público norte-americano propensas a interferências estrangeiras. As fake news russas durante as eleições de 2016 encontraram terreno fértil nos cantos da extrema-direita, antes de migrar para plataformas conservadoras maiores e, às vezes, diretamente para o presidente dos EUA.

"Eles usam memes criados pelos norte-americanos para fazer ataques nas redes sociais, geralmente da direita alternativa, ocasionalmente do presidente", observou Hayden. "A influência encoberta, na melhor das hipóteses, apenas identifica e explora lacunas. Assim, como primeira ordem, se queremos nos defender, devemos começar no nível individual."

Em seu livro, *The Assault on Intelligence: American national security in an age of lies* ["O Ataque à Inteligência: A segurança nacional americana em uma era de mentiras", em tradução livre], Hayden conta uma história reveladora sobre o crescimento explosivo da indignação conservadora nos protestos de "joelhos" dos jogadores da NFL durante o hino nacional. Os bots russos identificaram um alvo útil para a exploração no início da controvérsia e logo começaram a gerar milhares de posts usando as hashtags #takeaknee, #NFL e — em uma pista interessante sobre a origem de muitos desses posts — a hashtag gramaticalmente incorreta #taketheknee.

"A coisa mais difícil de traduzir são artigos definidos", explicou Hayden, com um sorriso. "'Take the knee' foi a terceira hashtag nos trending topics, então a direita alternativa a usou, foi para a Fox, vazou em Hannity; depois, de Hannity, foi para *Fox & Friends* e, em seguida, ele [o presidente Trump] a retuitou."

"Todos fazem isso para os próprios propósitos, mas todos nos levam ao mesmo lugar", disse Hayden. "Em um grau importante, somos nossos piores inimigos. Damos-lhes as oportunidades."

Os EUA não curarão repentinamente essas cisões. No entanto, alguns especialistas em segurança nacional veem maneiras de torná-las mais difíceis de explorar, incluindo medidas fora da esfera da guerra. Hayden mira a empresa de rede social mais dominante dos EUA, o Facebook, e seus algoritmos, que ele acredita que ajuda a fazer com que os norte-americanos espalhem informações mais rapidamente.

"O modelo de negócios do Facebook — lucro — demanda sua presença; ele se baseia em cliques, no tempo gasto", disse Hayden. "Quanto mais tempo você fica, mais o algoritmo o leva a pessoas que pensam da mesma forma, porque, cientificamente, o algoritmo sabe que você fica mais tempo porque está recebendo reforço positivo."

"Você pode reclamar de Zuckerberg postar fake news. Pode reclamar que ele deveria agir sob as mesmas regras de propaganda política que você, mas é pior do que isso", continuou. "É o próprio modelo de negócios que nos faz descer aos recônditos mais sombrios de nossos próprios guetos. Na verdade, ele é pensado para nos dividir como nação."

"Esse negócio, esse algoritmo, é péssimo", disse Hayden; palavras notáveis para se ouvir do ex-diretor da CIA.

A solução dele? Declarar o Facebook um utilitário e permitir que o governo regule a rede de mídia social, inclusive ao exigir alterações em seu algoritmo e modelo de negócios.

Ashton Carter se irrita com o argumento de que a vulnerabilidade dos EUA às operações de informações estrangeiras é um problema doméstico.

"Estamos falando sobre a possibilidade de a Rússia ter atacado os Estados Unidos, não sobre essa ser a maior parte dos problemas ou questões que enfrentamos", disse Carter. "Ninguém culpa a Rússia por todas as cisões norte-americanas. Esse não é o meu problema. Meu problema é que um país estrangeiro está tentando criar o caos no meu país, o que é uma forma de agressão."

Hayden compartilha a desaprovação no rancor da Rússia de atacar os Estados Unidos de forma agressiva e ousada. No entanto, vê as crescentes cisões norte-americanas em casa — e os esforços de alguns políticos para explorá-las — como algo que ajuda e incentiva o inimigo.

"Há um grande movimento em andamento, que o presidente apoia, que está nos redefinindo como uma nação de sangue, solo e história compartilhada", disse Hayden. "Isso para mim é ainda mais perturbador do que algumas coisas que estão acontecendo, esse tipo de redefinição de si mesmo, e você a vê na política de imigração, no sentido de exclusão, na visão transacional de relações internacionais, em vez de relacional."

Reconhecendo essas crescentes divisões, a Rússia encontrou maneiras de explorá-las, a fim de dividir e enfraquecer ainda mais os EUA.

Curar as cisões dos EUA é um desafio político amplo e de longo prazo. Proteger o país de fake news e outros ataques nas redes sociais, feitos para exacerbar essas cisões, é possível em curto prazo. Os EUA podem procurar modelos no exterior. A Itália, por exemplo, implementou um programa nacional para que os alunos identifiquem fake news.

Em termos de uma defesa significativa contra a Guerra nas Sombras, muitas autoridades de segurança nacional acreditam que educar o público dos EUA sobre essas operações é tão importante — ou ainda mais — quanto qualquer ferramenta cibernética de alta tecnologia.

C. Consolide a Resistência

No domínio cibernético e no espacial, o avanço tecnológico dos EUA cria uma vulnerabilidade: como o país é muito dependente dos recursos espaciais e cibernéticos, fica mais suscetível a ataques direcionados a esses recursos. Reduzir essa dependência criaria custos econômicos e sociais intoleráveis para o público norte-americano. Hoje, as autoridades de segurança nacional enfatizam a resistência, isto é, a construção de sistemas que suportem os ataques sem se desligarem completamente.

No espaço, isso significa implantar satélites em maior número, para que tecnologias dependentes de satélite, como GPS, suportem perdas ou danos em alguns deles sem perder a funcionalidade no solo. Os satélites são, obviamente, muito caros, tanto sua construção quanto seu lançamento, portanto o setor militar e o privado dos EUA estão projetando uma nova geração de satélites menores e mais baratos para enviar ao espaço. Os microssatélites (conforme discutido no Capítulo 6) também têm aplicações potenciais na promoção da resistência no espaço.

Da mesma forma, no espaço cibernético, isso significa projetar sistemas e organizar empresas e instituições governamentais para que consigam continuar operando caso haja ataques cibernéticos, e até mesmo em meio a eles. O objetivo é ser capaz de suportá-los sem se desligar completamente ou, idealmente, ainda desempenhando suas funções principais.

A Estratégia de Defesa Nacional de 2018 enfatizou a resistência nos domínios de combate espacial e no ciberespaço: "O departamento priorizará investimentos em resistência, reconstituição e operações para assegurar nossas capacidades espaciais. Também investiremos em defesa cibernética, resistência e integração contínua de recursos cibernéticos em todo o espectro das operações militares."[1]

O Departamento de Defesa está exigindo cada vez mais essa resistência de seus muitos parceiros e empreiteiros do setor privado.

N° 5: ATAQUE

Quando se trata de medidas ofensivas, os estrategistas dos EUA não falam em um tipo de mobilização do país para a guerra contra a Rússia e a China. Na verdade, enfatizam que nem os Estados Unidos e nem a Rússia ou a China querem uma guerra de tiros. No entanto, muitos acreditam que é necessária uma capacidade ofensiva viável para impedir ações hostis antes da guerra. "Na era nuclear, isso foi chamado de força contrária e valor contrário."

"O alvo da força contrária é: 'Vou desarmar o inimigo.' O valor contrário é: 'Bem, não posso desarmá-lo, mas posso dissuadi-lo de usar suas armas, porque tenho como barganhar com o que ele quer.'"

Então, como os EUA implementam medidas de "valor contrário" na Guerra nas Sombras? Uma pergunta essencial: o que a Rússia e a China prezam? Mais especificamente, o que Vladimir Putin e Xi Jinping prezam? E como os Estados Unidos podem demonstrar com credibilidade sua capacidade — se questionada — de lhes oferecer essas coisas?

A. Operações de Informação

Uma opção é os Estados Unidos realizarem operações de informação próprias sobre a Rússia e a China. O mais arriscado seria atacar Putin e Xi. Em meio à interferência da Rússia nas eleições de 2016, o governo Obama considerou invadir as vastas participações financeiras de Putin e torná-las públicas, para expor a extensão de seus ativos financeiros ilícitos e minar seu apoio doméstico. Fazer isso durante a eleição presidencial da Rússia, em 2018, teria sido particularmente impactante.

"Isso significa ir além das sanções, desafiando a legitimidade básica de Putin", afirmou Carter.

Os Estados Unidos também poderiam realizar operações de informação para semear dúvidas e confusão entre o público russo, assim como a Rússia fez com eles. Ashton Carter deu o exemplo de expor o povo russo à verdadeira extensão da ação militar de seu país no exterior. Por exemplo, a Rússia esconde como e quantos de seus soldados perderam a vida nos campos de batalha da Ucrânia e da Síria. Os parentes contam mentiras, ganham dinheiro e às vezes são até ameaçados para esconder a verdade. Os Estados Unidos têm meios de provar o contrário — e podem espalhar essas informações dentro da Rússia.

"Nunca fizemos um esforço sequer para explicar as atrocidades russas na Síria ou os cadáveres russos voltando de lá", disse Carter. "Isso é algo que os Estados Unidos simplesmente não fizeram."

"Fazer seu povo se perguntar sobre o que é verdade ou não — é isso que seus trolls tentam fazer com os norte-americanos", continuou Carter. "Isso pode ser feito de volta. Agora, essa não tem sido a postura tradicional norte-americana. Eu não diria que [de imediato] seríamos bons nisso, em geral, mas acho que temos pessoas que podem ser."

O ex-chefe do MI6, John Scarlett, alerta que as operações de informação dirigidas a líderes estrangeiros, incluindo Vladimir Putin, podem sair pela culatra.

"Putin é muito rápido em assumir que todo tipo de ação é direcionado a ele, mesmo que não seja", disse Scarlett. "Ele tem uma abordagem altamente egoica, um pouco paranoica, na verdade."

"É por isso que ele insiste, há anos, nas tentativas ocidentais de miná-lo e minar a Rússia, e assim por diante, o que é uma grande característica de seu pensamento e do que ele diz publicamente, e acho que é o que pensa, em particular, das pessoas ao redor", continuou Scarlett.

O perigo, adverte ele, é que as operações de informação destinadas a deslegitimar Putin poderiam legitimar suas alegações de que as tramas ocidentais o derrubariam — provocando mais agressões russas.

"Parece impossível tranquilizá-lo nesse momento, por isso, se fôssemos um pouco mais sistemáticos a esse respeito, se o visássemos, bastaria provocá-lo e convencê-lo de que sua paranoia está correta", alertou Scarlett.

Até o momento, as autoridades norte-americanas insistem que os Estados Unidos não tentaram minar o governo russo por meios secretos, desde a Guerra Fria.

"Falamos sobre os direitos humanos da Rússia, a democracia, e assim por diante. Tenho certeza de que Putin não gosta disso, mas não é algo secreto. Implementamos espionagem cibernética, mas não ataques à Rússia", disse Carter.

Se os Estados Unidos aumentassem sua interferência, por meio de operações de informação direcionadas especificamente aos líderes russos ou chineses, a questão seria: como eles reagiriam?

B. Ciberataques em Infraestruturas Críticas

No extremo mais alto da escalada está a realização de ataques cibernéticos em infraestruturas críticas da Rússia, China e outros agentes estatais, ou a elucidação do ensejo de fazê-lo. Em novembro de 2014, um grupo, identificado como "Guardiões da Paz", invadiu a Sony Pictures, roubando os e-mails da gerência sênior, informações sobre salários e cópias inéditas de filmes, e os distribuiu pela internet. Os Estados

Unidos atribuíram o ataque à Coreia do Norte. O motivo da suspeita: o lançamento do filme *A Entrevista*, da Sony Pictures, que fez uma imagem cômica e pouco lisonjeira do ditador norte-coreano Kim Jong-un.

No mês seguinte, em dezembro de 2014, a internet da Coreia do Norte caiu por horas. Embora o governo dos EUA não tenha reivindicado ou, pelo menos, reconhecido oficialmente seu envolvimento, houve uma especulação geral de que a interrupção resultara de retaliação pelo hacker da Sony. E, em março de 2015, o congressista Michael McCaul, presidente do Comitê de Segurança Interna da Câmara, deu a entender que esse era realmente o caso. Em um evento organizado pelo Centro de Estudos Estratégicos e Internacionais, McCaul disse: "Houve algumas respostas cibernéticas à Coreia do Norte."[2]

O ciberataque, muito mais expansivo e punitivo para o programa nuclear do Irã, por meio do chamado vírus Stuxnet, desenvolvido e implantado em conjunto pelos Estados Unidos e Israel, agora é visto como um evento revolucionário na guerra cibernética. Descoberto em 2010, acredita-se que o ataque Stuxnet tenha levado a Rússia, a China e outros agentes estatais a expandir a própria capacidade cibernética ofensiva.

Muitos especialistas em segurança nacional continuam acreditando que tais ataques cibernéticos ofensivos são justificados sob algumas circunstâncias, inclusive em retaliação por ataques estrangeiros sérios e mortais nos Estados Unidos. O desafio é definir essas circunstâncias e julgar as possíveis consequências. Muitos alertam que esses ataques à infraestrutura podem rapidamente se transformar em uma guerra cibernética mais ampla ou, nas piores circunstâncias, em uma guerra de tiros.

"O que nos inibiu foi termos tentado ser muito precisos, cirúrgicos e legalistas", explicou Clapper. "Você não pode contar com um adversário para ser igualmente preciso, cirúrgico e legalista. Nos casos em que contemplamos um contra-ataque cibernético agressivo, isso sempre voltava para nos assombrar — a incerteza com relação ao que o adversário que você está cutucando faria como contrarretaliação."

Os Estados Unidos já têm à disposição os meios para conduzir esses ataques a infraestruturas críticas no exterior. Essas capacidades permanecem secretas — e os líderes militares continuam a debater e definir as circunstâncias sob as quais recomendariam seu uso.

O lançamento da Revisão da Postura Nuclear do Pentágono, em fevereiro de 2018, levantou uma nova e alarmante possibilidade: os Estados Unidos poderiam, em circunstâncias muito limitadas, ordenar o uso de armas nucleares em resposta a um ataque cibernético devastador. Os comandantes militares dos EUA alertaram que os "ataques estratégicos não nucleares" que poderiam precipitar uma resposta nuclear limitada eram restritos. Especificamente, enfatizaram que é improvável que os ataques cibernéticos, apesar de prejudiciais, causem a amplitude de baixas civis necessárias para justificar uma resposta nuclear. No entanto, a discussão pública da possibilidade trouxe à tona o debate sobre medidas cibernéticas ofensivas de uma maneira que alertou os adversários dos EUA.

C. Implantações como Dissuasão

Como a Guerra nas Sombras envolve o uso do poder coercitivo, as autoridades militares e de inteligência dos EUA concordam que o Ocidente deve demonstrar sua capacidade e vontade de usá-lo, também. Para pegar emprestado um elemento da estratégia militar "alto-baixo" da China, os EUA devem se engajar na extremidade inferior e estar preparados para se engajar na superior.

Até certo ponto, os EUA e o Ocidente já seguem essa estratégia com a Rússia e a China. No Mar da China Meridional, as chamadas operações de liberdade de navegação da Marinha dos EUA, ou FONOPs, pretendem mostrar não apenas que os EUA consideram internacionalmente as águas e o espaço aéreo disputados, mas também que têm a capacidade de investir com suas Forças Armadas, independentemente das construções chinesas ou de reivindicações legais. O trânsito dos navios de guerra da Marinha dos EUA pelo Estreito de Taiwan é um recado similar a respeito de uma Taiwan independente.

Os comandantes militares dos EUA comunicaram mensagens ainda mais explícitas sobre as ilhas artificiais da China. Em junho de 2018, um general norte-americano deixou claro que as Forças Armadas têm a capacidade de destruir rapidamente as ilhas em caso de conflito militar.

"Gostaria apenas de dizer que as Forças Armadas dos EUA têm muita experiência no Pacífico Ocidental derrubando pequenas ilhas", disse a repórteres o tenente-general Kenneth McKenzie Jr., diretor do Estado-maior Conjunto. Foi uma resposta à pergunta de um repórter sobre a capacidade dos EUA de "destruir" as ilhas artificiais da China.

E ele continuava dizendo que apenas afirmava um "fato histórico".

"Com a Segunda Guerra Mundial, ganhamos experiência em derrubar pequenas ilhas isoladas", explicou, acrescentando que "essa é uma competência essencial das Forças Armadas dos EUA. O que você lê não é nada mais do que uma simples declaração de fato histórico".[3]

As autoridades militares dos EUA me disseram o mesmo em particular, desde que a China começara a construir as ilhas. E é verdade que os Estados Unidos têm mísseis poderosos, capazes de inutilizá-las. No entanto, esse aviso público foi notável.

No dia seguinte, a China reagiu ao que um general chinês de alto escalão descreveu como "irresponsabilidade" de funcionários e comandantes militares dos EUA em relação ao Mar da China Meridional.

"Quaisquer comentários irresponsáveis de outros países não podem ser aceitos", disse o tenente-general He Lei, em um fórum internacional em Singapura. "A implantação de tropas e armas em ilhas no Mar da China Meridional está dentro do direito soberano da China e é permitida pelo direito internacional."[4]

Para dar um recado similar à Rússia, em relação à ameaça de atividade militar na frente oriental da OTAN, os EUA enviaram forças adicionais para a Europa Oriental, incluindo aviões de combate e uma unidade de fuzileiros navais no Báltico. A OTAN expandiu seus exercícios militares conjuntos, e os EUA implantaram aeronaves P-8 Poseidon de subcaça na Europa e aumentaram a atividade submarina na região.

"Todos nós estamos consumidos pela guerra branda, se assim quiserem, e não estamos prestando atenção ao que estão fazendo para aumentar a capacidade de travar uma guerra real", alertou o General Clapper.

"Eles chegarão a esse ponto? Acho que não, porque respeitam o que lhes aconteceria se o fizessem", continuou. "Principalmente se travarem uma guerra nuclear. Acho que eles sabem, como sabemos, que seria suicídio."

À medida que os EUA expandiram suas atividades e exercícios militares no exterior, a Rússia e a China também o fizeram. Portanto, o desafio passa a corresponder às implantações e exercícios para enfrentar a ameaça. Encontrar o equilíbrio é uma batalha constante com adversários que estão sempre testando os limites das Forças Armadas dos EUA.

"Como faziam na era soviética, eles estão investindo pesado em algo que legitima sua reivindicação do status de grande potência global", disse Clapper.

D. Armas no Espaço?

Enquanto os EUA expandem sua presença militar no mundo, seus formuladores de políticas ainda precisam decidir sobre o uso de capacidades ofensivas no espaço. Tal como acontece com a atividade cibernética, o medo é o de que responder a uma ofensa leve o conflito a um ponto em que ambos os lados percam. No caso do espaço, mesmo um conflito limitado pode inutilizar grandes extensões de espaço por décadas. Por enquanto, os Estados Unidos estão focados em defender melhor os satélites e criar resistência, sempre que possível, para reduzir a eficácia de qualquer ataque a seus ativos espaciais. Mas novamente, como na cibernética, a questão é se a dissuasão é possível sem uma ameaça viável de retaliação. Por enquanto, essa pergunta permanece sem resposta.

Nº 6: ALERTE SOBRE AS CONSEQUÊNCIAS

O ponto central da dissuasão eficaz é a comunicação mais clara possível das consequências da agressão. Isso é tão verdadeiro na Guerra nas Sombras quanto era durante a Guerra Fria, quando o conflito nuclear era o risco central. No entanto, mais uma vez, falta uma mensagem clara e coerente, principalmente dos mais altos níveis do governo, mesmo quando os planejadores militares dos EUA se preparam para a Guerra nas Sombras, com o objetivo de impor as mais severas consequências à Rússia, China e a outros agentes estatais.

"O que isso significa é evidenciar — dentro dos limites do sigilo — todas as consequências que somos capazes de criar para a Rússia por agressão", disse Carter. "A Rússia tem uma vasta superfície de ataque que não pode defender. Toda essa superfície deve fazer parte da vulnerabilidade que exploramos tanto em tempos de guerra — que Deus não permita que isso aconteça — como em outros casos, como uma maneira de mostrar que a agressão é uma via de mão dupla."

"A Rússia é uma sociedade com grande vulnerabilidade — enormes fronteiras incontroláveis", continuou Carter. "Se eles agirem em um lugar como o Báltico, provavelmente sentirão a pressão dos 180°C."

Os líderes dos EUA devem deixar claro para a Rússia, China e outros adversários que as consequências da guerra são claras e devastadoras.

Nº 7: NOVOS TRATADOS PARA O ESPAÇO E O CIBERESPAÇO

Até o momento, a Rússia e a China estão travando uma guerra não declarada contra os Estados Unidos, em um conflito sem regras. Não existe uma Convenção de Genebra para a Guerra nas Sombras — nenhuma Lei do Mar para o espaço ou para o ciberespaço.

Mesmo durante o auge da Guerra Fria, quando era possível conceber uma guerra nuclear entre as superpotências, os EUA, a União Soviética e a China, em menor grau, respeitavam certos acordos que governavam o uso da força em um conflito. A intenção compartilhada era mitigar as chances de um pequeno conflito escalar para a Terceira Guerra Mundial.

Esses tratados e acordos funcionaram até certo ponto. Existe um amplo acordo entre autoridades atuais e ex-oficiais de segurança nacional de que os Estados Unidos devem começar a negociar com seus aliados e adversários para estabelecer novas regras para novos campos de batalha.

"Uma boa analogia para mim é a Lei do Mar", disse-me o general Clapper. "[É] algo que evoluiu ao longo de centenas de anos, e, agora, a maioria das nações marítimas entende e cumpre a Lei do Mar, de um modo geral. E nós não temos isso."

"Até agora, reconhecemos normas internacionalmente, como fazemos para a Lei do Mar", continuou Clapper. "Será um Oeste Selvagem."

Nº 8: MANUTENÇÃO E CONSOLIDAÇÃO DE ALIANÇAS

Republicanos e democratas da segurança nacional enfatizam a importância de manter e fortalecer alianças internacionais com duas nações, China e Rússia, cujas estratégias se baseiam, em grande parte, em miná-las, para, na verdade, dividir e conquistar o Ocidente. Na Ásia, há alianças militares entre EUA e Japão, Coreia do Sul e Filipinas, além de organizações regionais como a ASEAN, cujos Estados-membros têm interesse nos EUA, mantendo sua posição como poder regional como um contrapeso a uma China em ascensão.

Na Europa, a OTAN não tem sido mais relevante ou necessária desde o colapso da União Soviética. As autoridades europeias, que vivem mais próximas da ameaça russa, veem o papel da OTAN direcionado a situações de crise.

"Basta, enfatizando a necessidade de agirmos juntos, promovermos e explicarmos nossos valores comuns, tranquilizarmos uns aos outros, protegermos nossas defesas. Estes são argumentos muito poderosos", disse Scarlett.

A busca e a defesa de uma ordem internacional baseada em regras tem sido um foco central da política externa dos EUA há décadas, por meio de administrações de ambas as partes, como demonstrado pelos compromissos dos EUA não apenas com a OTAN e outras alianças militares, mas também com a Organização Mundial do Comércio, o Banco Mundial, o Fundo Monetário Internacional e outras organizações e tratados internacionais. Mais uma vez, muitos ex-oficiais de segurança nacional, que serviram à administração republicana e à democrata, acreditam que os Estados Unidos estão minando a própria segurança ao minar esses compromissos.

"Nosso próprio presidente também desafia esse cenário", disse o general Clapper, "tocando essas narrativas russas e chinesas, e suas filosofias híbridas de guerra, o que, conscientemente ou não, acaba ajudando e incentivando o que estão fazendo".

Nº 9: LIDERANÇA

Os líderes militares e de inteligência dos EUA enfatizam que todas essas soluções são impossíveis sem uma liderança clara, do topo. Os Estados Unidos e o Ocidente não podem lutar e vencer a Guerra nas Sombras, dizem eles, quando os próprios líderes não concordam com a natureza dos adversários, ou mesmo que uma Guerra nas Sombras esteja ocorrendo. Essa inconsistência se infiltra nas populações das nações envolvidas.

"É uma questão de melhor explicar, articular e entender [a ameaça] por parte do público em geral", afirmou Scarlett. "Então as pessoas se acostumam a entender o que está acontecendo, enquanto outras ainda nem sequer estão entendendo."

De forma mais alarmante, diz Scarlett, "O sistema dos EUA é vulnerável por causa do comportamento de algumas das pessoas envolvidas".

O presidente Trump desacreditou várias avaliações norte-americanas de atividades russas malignas contra os Estados Unidos, principalmente sua interferência nas eleições de 2016. Em algumas vezes, também contradisse as posições políticas dos EUA em relação a outros atos de agressão russos, por exemplo, sugerindo abertamente que a Crimeia pertence à Rússia por direito. Seu apoio a Vladimir Putin durante sua conferência, em julho de 2018, em Helsinque, foi um momento decisivo, provocando indignação bipartidária por seu fracasso em confrontar Putin pessoalmente sobre toda uma série de agressões russas.

Por fim, a Guerra nas Sombras pode ser vencida ou perdida com base em um senso de missão compartilhada — tanto nos EUA quanto entre aliados ocidentais. A divisão é a menina dos olhos da Rússia e da China. Na verdade, ela é um produto e um objetivo da Guerra nas Sombras. Derrotar essas táticas requer um entendimento unificado dos objetivos pelos quais o Ocidente luta.

"A melhor maneira de se defender disso é termos um conceito mais claro do que representamos, do que uma democracia liberal realmente significa", disse John Scarlett. "Nossa liderança deve ser capaz de articular os valores da democracia liberal, e em uma linguagem acessível."

"É para isso que servem os políticos. Eles estão lá para representar, articular, explicar, comunicar", acrescentou. "Essa é uma tarefa óbvia para eles."

Vencer a Guerra nas Sombras requer que se revide com o mesmo grau de comprometimento e unidade demonstrado pelos adversários dos EUA. E Washington precisa gerar essa resposta sem um momento do tipo Pearl Harbor ou 11 de Setembro, precisamente porque a Guerra nas Sombras foi articulada para evitar esses momentos. Os norte-americanos, com efeito, devem virar a principal característica da Guerra nas Sombras a seu favor, e a capacidade de fazê-lo com sucesso determinará o estado da segurança nacional dos EUA nos próximos anos.

EPÍLOGO

Passe cerca de 20 anos como correspondente estrangeiro, cobrindo o mundo, e você começará a perceber conexões entre guerras, revoltas políticas, ataques terroristas e outros eventos — nem sempre tristes, mas, na maioria das vezes, sim — desenrolando-se diante de seus olhos. Não é que as notícias se repitam. Toda história e as pessoas que as vivem são diferentes e merecem atenção particular. É que as causas e os agentes por trás desses eventos estão muito relacionados.

Escrevi uma matéria há vários anos, que chamei de "manual do estado policial". Não era sobre uma, mas uma série de tarefas que eu realizara em Estados autoritários, incluindo Rússia e China, por muitos anos, mas também Mianmar, Zimbábue, Egito, Arábia Saudita e Síria. Cada tarefa era única. E, no entanto, em cada uma delas, fiquei impressionado com a forma como países tão diferentes em cultura, história, geografia e religião se imitavam no exercício do poder absoluto sobre o próprio povo.

O "manual" era mais ou menos assim. Todos culpavam os inimigos do exterior por qualquer dissidência em casa. Todos usavam a vitimização do passado para reunir o povo em uma causa comum hoje. Todos consideravam os dissidentes e outros críticos como traidores. Todos alimentavam suas populações com informações falsas. E, juntos, justificavam uma série de comportamentos ruins a repreensíveis com as emoções cruas do medo e do ódio.

Vi esse manual em ação em primeira mão em todos os continentes. Em Mianmar, eu estava em solo quando a junta militar esmagou uma revolução popular liderada por milhares de monges budistas. No Zimbábue, vi Robert Mugabe roubar uma eleição da oposição por meio de uma combinação de flagrante fraude eleitoral e violência assustadora, incluindo o suposto assassinato da esposa do líder da oposição. No Egito, eu estava lá quando cidadãos derrubaram Hosni Mubarak em protestos populares na Praça Tahrir, do Cairo, apenas para ver outro general tomar seu lugar.

Rússia e China, no entanto, foram os verdadeiros prodígios do poder autoritário, aperfeiçoados ao longo de décadas. Cobri uma eleição presidencial na Rússia que claramente não era eleição. Os candidatos à oposição e seus apoiadores foram seguidos, perseguidos, presos e, às vezes, até coisas piores. A China não se incomodou com as eleições, mas procurou e reprimiu os menores sinais nascentes de dissidência, anulando a oposição antes que se tornasse pública.

Desde o início, muitas vezes, vivi os modelos do manual. Em 1994, em Hong Kong, no meu primeiro emprego como repórter, o governo chinês ordenou que a emissora para a qual trabalhava matasse uma história que eu havia relatado sobre os maus-tratos a empresários estrangeiros na China continental. Foi uma pequena história para uma pequena emissora de um repórter novato, mas me deu um gostinho do alcance e poder do governo chinês. Eu saí de lá e procurei outro emprego.

Em 2007, em Londres, me vi sendo testado para exposição à radiação após cobrir o envenenamento do dissidente russo Alexander Litvinenko. Fui a muitos dos locais que ele havia visitado com seus assassinos russos, e, agora, como dezenas de outros residentes de Londres, eu era uma possível vítima do que as autoridades britânicas chamavam de primeiro ataque terrorista radiológico em solo internacional.

Todos esses países — todos esses estados policiais — tinham pouco em comum, e, no entanto, exerciam o poder de forma quase idêntica, usando o mesmo manual brutal.

Anos depois, quando voltei aos EUA e assumi novas funções, como correspondente-chefe de segurança nacional da CNN, notei um padrão no exercício do poder daqueles estados policiais contra seus inimigos, em particular os EUA. Os ataques eram díspares — da invasão furtiva da Rússia à Ucrânia e sua interferência nas eleições de 2016 nos EUA, à formação chinesa de um novo território no Mar do Sul da China e o roubo agressivo de propriedade intelectual dos EUA. Nos últimos anos, seus métodos se tornaram ainda mais amplos e violentos, estendendo a guerra não declarada de debaixo das ondas até o espaço.

No entanto, na cobertura desses eventos e na discussão pública sobre eles, em Washington, todos foram tratados como isolados. Eu não os via dessa maneira. Com o tempo, cada ação agressiva se encaixa em uma estratégia mais ampla de minar os EUA e, em caso de guerra, nivelar o campo de batalha com a maior potência militar do mundo. China e Rússia, divididas mais uma vez por geografia, história e cultura, estavam seguindo estratégias quase idênticas para enfraquecer e ultrapassar os Estados Unidos. Isso estava acontecendo diante de nossos olhos, e, no entanto, não tínhamos uma estratégia abrangente para responder. Em muitos círculos, autoridades e legisladores dos EUA nem sequer reconheciam que havia uma ameaça à qual responder.

Alguns anos atrás, comecei a registrar esses eventos aparentemente díspares e a me certificar de que eu estava no solo — ou no mar, quando necessário — para testemunhá-los e explorá-los em primeira mão.

De 2012 a 2013, enquanto trabalhava como chefe de gabinete do embaixador dos EUA na China, vi empresas norte-americanas terem seus segredos e propriedade intelectual roubados pelo governo chinês e por empresas estatais chinesas. O roubo não decorria de um mau comportamento de agentes isolados, mas da política chinesa, pensada para enfraquecer os EUA e beneficiá-la. Também vi outro comportamento chinês maligno, incluindo o silenciamento dos críticos na China e no mundo, mesmo daqueles que escaparam para o que consideravam a segurança dos EUA. Pequim se sentia capaz de perseguir seus interesses de forma agressiva, sem restrições de leis, instituições internacionais ou da defesa norte-americana dessas leis e instituições.

Quando voltei a meu trabalho de jornalista, as oportunidades de testemunhar esse crescente conflito se expandiram. Em 2014, fui ao leste da Ucrânia, no início da invasão secreta da Rússia, para testemunhar operações russas destinadas a desestabilizar uma nação europeia soberana. Na época, a Ucrânia tentava realizar uma eleição. A Rússia tentou minar os resultados queimando as assembleias eleitorais do leste.

Em 2015, recebi permissão do Pentágono para embarcar em um jato de vigilância dos EUA em uma missão operacional no Mar da China Meridional — a primeira vez que um jornalista foi autorizado a fazê-lo. Do ar, vi como a China, em questão de meses, transformou vários recifes que mal despontavam das ondas em enormes instalações militares.

Mais tarde, visitei a equipe da Agência de Inteligência de Defesa que determinara, horas após a perda do MH17 sobre a Ucrânia, que um míssil russo disparado de território controlado pela Rússia havia derrubado o jato e seus 298 passageiros e tripulantes. Ficou claro que os EUA souberam no mesmo dia que a Rússia era responsável, o que não ficou claro foi como impediriam o próximo ato de violência.

Cada ato de agressão e suas consequências mostravam uma enorme ousadia por parte de Moscou e Pequim, e um equívoco implacável dos EUA. E a incerteza da resposta do país parecia alimentar as provocações e tomadas de poder seguintes. A Rússia e a China claramente tinham uma estratégia. Os Estados Unidos e o Ocidente, como um todo, não.

A interferência da Rússia nas eleições de 2016 levou a agressão a um nível novo e alarmante. Como principal correspondente de segurança nacional da CNN, observei e relatei como a extensão da interferência russa se tornou clara ao longo do tempo, surpreendendo até os oficiais de inteligência mais antigos dos EUA e impedindo o governo Obama, pego entre alertar a Rússia sobre a interferência adicional e evitar minar a confiança nas eleições e na vencedora esperada, Hillary Clinton.

A interferência da Rússia também expôs as próprias vulnerabilidades dos EUA. Os trolls russos injetavam fake news no processo político, ou exacerbavam as cisões existentes, sobre questões que variavam de Black Lives Matter à violência armada e mudanças climáticas. Algumas das empresas mais admiradas dos EUA, como o Facebook, mais tarde foram acusadas de resposta tardia e até de encobrir a extensão da intromissão russa. O ano de 2016 levantou uma perspectiva assustadora para os norte-americanos: as futuras eleições seriam livres, justas e honestas?

Agora, dois anos após uma nova administração ter começado, vejo muitos dos mesmos erros sendo repetidos. O presidente Trump, em seus comentários públicos, se recusa a denunciar a agressão russa e até mina as avaliações da inteligência dos EUA sobre ela. Ele tomou medidas que o governo Obama não tomou, inclusive a autorização de medidas cibernéticas ofensivas e o reforço à necessidade de responder às ameaças aos ativos espaciais. Ele também reclamou agressivamente do roubo chinês de segredos dos EUA. No entanto, de maneira mais ampla, o governo, o Congresso, as comunidades de defesa e inteligência e o setor privado ainda precisam articular uma estratégia para responder à gama de esforços da Rússia e da China para minar o país. Os EUA têm um plano para vencer a Guerra nas Sombras? Reconhecem que está ocorrendo?

Minha motivação pessoal ao escrever este livro está longe de ser política. Eu o escrevi apenas como um norte-americano preocupado. Sempre acreditei que viver no exterior reforça, em vez de enfraquecer, seu patriotismo. Sim, muitas vezes você identifica melhor as fraquezas de seu país vendo-as do exterior. Mas também reconhece melhor seus pontos fortes. Na minha perspectiva, não há dúvida de que os EUA têm muito mais a oferecer ao mundo do que a China e a Rússia. A Guerra nas Sombras é, em grande parte, uma batalha de perspectivas. Vejo este livro como um alerta a meus colegas norte-americanos para esta guerra e a ameaça que representa para tudo o que nosso país preza.

Como o grande Eric Sevareid disse uma vez sobre jornalistas: "Tudo o que tentamos fazer é viver nos pontos de crescimento da sociedade e detectar as arestas da história."[1]

A Guerra nas Sombras é o, talvez decisivo, divisor de águas da história norte-americana.

NOTAS

CAPÍTULO 1: NAS SOMBRAS DA GUERRA

1. "The Litvinenko Inquiry: Report into the death of Alexander Litvinenko", Chmn, Sir Robert Owen, janeiro de 2016, 192.
2. Ibid.
3. "Valery Gerasimov, the General with a Doctrine for Russia", *Financial Times*, 15 de setembro de 2017.
4. "The Gerasimov Doctrine: It's Russia's new chaos theory of political warfare. And it's probably being used on you", Molly McKew, *Politico Magazine*, setembro/outubro de 2017.

CAPÍTULO 2: ABRIR FOGO (RÚSSIA)

1. Estonian Public Radio ("ERR"), 25 de abril de 2017.
2. North Atlantic Treaty Organization, official text, The North Atlantic Treaty, 4 de abril de 1949.
3. Statement by the foreign minister Urmas Paet, *Eesti Paevaleht* (newspaper), 1º de maio de 2007.
4. e-Estonia, Government of Estonia, junho de 2017.
5. Estonian Defence League ("Kaitseliit").
6. Ibid.

CAPÍTULO 3: SEGREDOS ROUBADOS (CHINA)

1. Criminal complaint, *USA v. Su Bin*, 3, filed in US District Court, Central District of California, 27 de junho de 2014.
2. Ibid., 19.
3. Ibid., 20.
4. Ibid., 11.

5. Ibid., 16.
6. Ibid., 17.
7. Ibid., 5.
8. Ibid., 45.
9. Ibid., 15.
10. Ibid., 17.
11. Ibid., 18.
12. Ibid., 17.
13. Ibid., 22.
14. Ibid., 24.
15. Ibid., 35.
16. Statement, US Attorney's Office, Central District of California, 15 de agosto de 2014.
17. Statement, US Department of Justice, 23 de março de 2016.
18. Ibid.

CAPÍTULO 4: SOLDADINHOS VERDES (RÚSSIA)

1. "Ukraine Military Plane Shot Down as Fighting Rages", BBC News, 14 de julho de 2014; Aviation Safety Network.
2. Em uma coletiva de imprensa, no dia seguinte, um oficial ucraniano acusou a Rússia de abater um jato Su-25, pois identificou um jato militar russo como possível culpado. Na época, rebeldes pró-Rússia, no campo, alegaram ter derrubado dois jatos Sukhoi.
3. "Helsinki Final Act: 1975–2015", OSCE, 2015.
4. Reports: "Crash of Malaysian Airlines Flight MH17", Dutch Safety Board, setembro de 2014 e outubro de 2015.
5. Ibid.
6. Ibid.
7. Transcript, *Fox News Sunday*, John Kerry interview with Chris Wallace, 20 de julho de 2014.
8. "Kerry: Ukrainian Separatist 'Bragged' on Social Media about Shooting Down Malaysia Flight 17", PolitiFact, 20 de julho de 2014.
9. "A Global Elite Gathering in the Crimea", *Economist*, 24 de setembro de 2013.
10. Yalta European Strategy (YES) Conference, Yalta, Crimeia, setembro de 2013.
11. "Ukraine's EU Trade Deal Will Be Catastrophic, Says Russia", *Guardian*, 22 de setembro de 2013.
12. Putin's Prepared Remarks at 43rd Munich Conference on Security Policy, 12 de fevereiro de 2007.
13. "Putin Hits at US for Triggering Arms Race", *Guardian*, 10 de fevereiro de 2007.

14. Report of the International Advisory Panel (IAP) on its review of the Maidan Investigations, 31 de março de 2015.
15. Report, Ukraine's Prosecutor General's Office, como citado pela investigação IAP.
16. "Ukraine: Excessive Force against Protesters", Human Rights Watch, 3 de dezembro de 2013.
17. IAP Report, 31 de março de 2015.
18. Ibid.
19. "Ukraine Crisis: Transcript of Leaked Nuland-Pyatt Call", BBC News, 7 de fevereiro de 2014.
20. Transcript, "The Putin Files", *Frontline*, PBS, 14 de junho de 2017.
21. IAP Report, 31 de março de 2015.
22. Reuters, 5 de março de 2014.
23. Transcript, "Address by the President of the Russian Federation", Presidential Executive Office, 18 de março de 2014.
24. Report: "Flight MH17 Was Shot Down by a BUK Missile from a Farmland Near Pervomaiskyi", Joint Investigation Team (JIT), 28 de setembro de 2016.
25. Ibid.

CAPÍTULO 5: PORTA-AVIÕES INAFUNDÁVEIS (CHINA)

1. "Air Force History: The evacuation of Clark Air Force Base", US Air Force, 12 de junho de 2017.
2. Bill Hayton, *The South China Sea: The struggle for power in Asia* (Yale University Press, 2014), 92.
3. Ibid., 97.
4. Stephen Jiang, "Chinese Official: US has ulterior motives over South China Sea", CNN, 27 de maio de 2015.
5. White House transcript, Remarks by President Obama and President Xi of the People's Republic of China in Joint Press Conference, 25 de setembro de 2015.
6. "Advance Policy Questions for Admiral Philip Davidson, USN Expected Nominee for Commander, U.S. Pacific Command", Senate Armed Services Committee, 17 de abril de 2018.
7. Uma exceção notável é o Johnson Reef Skirmish, de 1988, no qual forças navais chinesas e vietnamitas travaram um conflito por causa do Johnson South Reef, nas Ilhas Spratly. O conflito resultou na morte de 64 soldados vietnamitas.
8. François-Xavier Bonnet, "Geopolitics of Scarborough Shoal", Research Institute on Contemporary Southeast Asia (IRASEC), novembro de 2012.
9. *The South China Sea Arbitration Award of 12 July 2016*, Permanent Court of Arbitration (PCA Case nº 2013-19).

10. State Department Transcript, Daily Press Briefing, Washington, D.C., 12 de julho de 2016.
11. Ian James Storey, "Creeping Assertiveness: China, the Philippines and the South China Sea Dispute", *Contemporary Southeast Asia* 21, nº 1 (abril de 1999): 96, 99.
12. "Pentagon Says Chinese Vessels Harassed U.S. Ship", CNN, 9 de março de 2009.
13. "Countering Coercion in Maritime Asia: The theory and practice of gray zone deterrence", Center for Strategic and International Studies (CSIS), 9 de maio de 2017.
14. "Advance Policy Questions for Admiral Philip Davidson, USN Expected Nominee for Commander, U.S. Pacific Command", Senate Armed Services Committee, 17 de abril de 2018.
15. Bethlehem Feleke, "China Tests Bombers on South China Sea Island", CNN, 21 de maio de 2018.

CAPÍTULO 6: A GUERRA NO ESPAÇO (RÚSSIA E CHINA)

1. Desde então, o Joint Space Operations Center foi renomeado como Combined Space Operations Center [Centro Combinado de Operações Espaciais], ou CSpOC, pois agora inclui na aliança a representação de parceiros internacionais para o compartilhamento de inteligência "Five Eyes".
2. Air Force Space Command.
3. P. W. Singer e August Cole, *Ghost Fleet: A novel of the next World War* (Boston: Houghton Mifflin Harcourt, 2015).
4. "DepSecDef Work Invokes 'Space Control'; Analysts Fear Space War Escalation", *Breaking Defense*, 15 de abril de 2015.
5. History, 50th Space Wing, Schiever Air Force Base, 2 de maio de 2018.
6. Brig. Gen. David N. Miller Jr. é diretor de planos, programas e gestão financeira do Comando Espacial da Sede da Força Aérea, Peterson Air Force Base, Colorado.
7. History of Offutt Air Force Base, United States Air Force, agosto de 2005.
8. "The 50th Anniversary of Starfish Prime: The nuke that shook the world", *Discover*, 9 de julho de 2012.
9. "Going Nuclear Over the Pacific", Smithsonian, 15 de agosto de 2012.
10. NASASpaceflight.com.
11. Ibid.

CAPÍTULO 7: HACKEANDO AS ELEIÇÕES (RÚSSIA)

1. Barbara Starr, "U.S. Official: Spy plane flees russian jet, Radar; ends up over sweden", CNN, 4 de agosto de 2014.
2. "Freed and Defiant, Assange Says Sex Charges 'Tabloid Crap'", ABC News, 10 de dezembro de 2010.
3. "A Timeline of the Roger Stone–WikiLeaks Question", *Washington Post*, 30 de outubro de 2018.
4. "Putin Says DNC Hack Was a Public Service, Russia Didn't Do It", Bloomberg News, 2 de setembro de 2016.
5. "Joint Statement from the Department Of Homeland Security and Office of the Director of National Intelligence on Election Security", ODNI, 7 de outubro de 2016.
6. "Transcript: Obama's End-of-Year News Conference on Syria, Russian Hacking and More", *Washington Post*, 16 de dezembro de 2016.
7. Statement, Office of Senator Jeanne Shaheen, 12 de dezembro de 2017.

CAPÍTULO 8: A GUERRA SUBMARINA (RÚSSIA E CHINA)

1. "Sea Ice Tracking Low in Both Hemispheres", National Snow and Ice Data Center, 6 de fevereiro de 2018.
2. "Russian Mini-Subs Plant Flag at North Pole Sea Bed", *Globe and Mail*, 2 de agosto de 2007.
3. "Is Alaska Next on Russia's List?", *Moscow Times*, 14 de outubro de 2014.
4. "Top Navy Official: Russian sub activity expands to Cold War level", CNN, 19 de abril de 2016.
5. "Up to 11 Russian Warships Allowed Simultaneously in Port of Tartus, Syria — New Agreement", RT, 20 de janeiro de 2017.
6. NATO Allied Maritime Command.
7. "Presidential Address to the Federal Assembly", Presidential Executive Office, 1º de março de 2018.
8. "Russian Submarines Are Prowling Around Vital Undersea Cables. It's Making NATO Nervous", *Washington Post*, 22 de dezembro de 2017.
9. "From This Secret Base, Russian Spy Ships Increase Activity Around Global Data Cables", *Barents Observer*, 12 de janeiro de 2018.
10. Ibid.
11. Ibid.
12. Ibid.

CAPÍTULO 9: VENCENDO A GUERRA NAS SOMBRAS

1. "2018 National Defense Strategy of the United States of America: Sharpening the American Military's Competitive Edge", Department of Defense, janeiro de 2018.
2. "North Korea Web Outage Response to Sony Hack, Lawmaker Says", Bloomberg News, 17 de março de 2015.
3. "US Warns of Ability to Take Down Chinese Artificial Islands", CNN, 31 de maio de 2018.
4. "China General He Lei Slams 'Irresponsible Comments' on South China Sea", *The Straits Times*, 2 de junho de 2018.

EPÍLOGO

1. Eric Sevareid, *Address at Stanford University's 80th Commencement*, 13 de junho de 1971.

ÍNDICE

Símbolos

11 de Setembro, 29

A

Alexander Hug, 65–71, 101
Alexander Litvinenko, 3–5, 286
algoritmo, 269
aliança ocidental, 34
Al-Qaeda, 238
ambiente de negócios global, 61
Andrew Engle, 148
Andrew Erickson, 122
Andrew Lennon, 244
armas
    antissatélites, 148
    de energia direcionada, 150
    espaciais, 152
    químicas, 4
Arseniy Yatsenyuk, 99
artefatos linguísticos, 202
Ártico, 233
Ashton Carter, 10, 159
Ásia
    boom econômico, 141
    fronteiras, 146
assassinato extraterritorial, 4
assinaturas digitais, 37
ataque nuclear
    sistema de alerta, 74
ataques
    11 de Setembro, 15
    cibernéticos, 23–42
        atentado, 31
        correção, 32
        repelir, 30
    DDoS (distributed denial of service), 25
    eleições ocidentais, 39
    negação de serviço, 35
    ransomware de 2017, 35
atividades cibernéticas obstrutivas, 35
avanço da tecnologia, 61

B

Banco Mundial, 282
bancos eletrônicos, 25
Barack Obama, 8
Batalha das Ilhas Paracel, 130
batalha de Gettysburg, 172
Benigno Aquino, 127
Ben Read, 202
Bernie Sanders, 205
big data, 193
Bob Anderson, 14, 43, 49

Bock's Car, bombardeiro, 170
Boris Berezovsky, 4
bots de computador, 24
   confundir, 32
briefing delta, 112

C

Cecil Haney, 171–172
cerca espacial, 151
Charles Miller, 111
China, 43–64
   assertividade rastejante, 131
   embarcações paramilitares, 137
   empresas estatais do setor militar, 45
   espionagem, 45
   grande potência marítima, 134
   Guarda Costeira, 137
   ilhas artificiais, 114–115, 277
      lições, 146
      militarização, 120–123
   interesses principais, 134
   lições, 63–64
   mercado, 48
   mudanças políticas, 136
   objetivos, 48, 132
   poder aéreo, 135
   prioridades de segurança, 133
   vantagem, 58
cibersegurança, 32
   ciberataque, 7
   vulnerabilidades, 34
Círculo Polar Ártico, 221
coleta de informações, 111
competição contínua, 14, 123

confiança
   processos democráticos, 34
   sistema ocidental, 34
Constituição da Ucrânia de 2004, 89
contrainteligência de aplicação da lei, 49
contraterrorismo, 243
Coreia do Norte, 12, 275–276
corrida armamentista
   século XXI, 184
corrida espacial, 184
Crimeia, 70
   anexação, 7, 96
   invasão, 94
   o Maidan, 84
      operação antiterrorista, 89
      repressão, 85
   soldadinhos verdes, 70, 110
crime internacional, 71
crises no Estreito de Taiwan, 136
CrowdStrike, 201
CSI para zonas de guerra, 73
cultura de inteligência, 14

D

dados tecnológicos, 52
David Buck, 163, 183
David Miller, 167
Debbie Wasserman Schultz, 206
defesas internas, 266–267
democracia liberal, 283
Departamento de Estado dos EUA, 191
   invasão, 192
   rede não confidencial, 193
dependência mútua, 260
desenvolvimento conjunto, 127
destruição mútua garantida, 173

dinheiro e patriotismo, 56
direita alternativa, 15, 268
direito internacional, 95
Dmitry Rogozin, 233
dominação mundial, 48
Donald Trump, 15, 210–213
    relacionamento com a Rússia, 83

E

embaixada de dados, 37
Emmanuel Macron, 40
engenhosidade, 48
Enola Gay, bombardeiro, 170
espaço, 151
    armamento, 155
    arquitetura espacial, 169–170
    competição, 156–157
    corrida armamentista, 172, 175
    era espacial, 174
    lições, 189–190
    militarização, 162
espionagem
    indícios, 60
    internacional, 49–64
        extensão dos danos, 62
Estados Unidos
    ataque ao Departamento de Estado, 192–194
    capacidades espaciais, 177
    eleição presidencial de 2016, 7, 191–196
    lições, 219–220
    Estratégia de Defesa Nacional, 271
    governo Bush, 82
    governo Obama, 119
    governo Trump, 188
    roubo de informações, 203–204

segurança cibernética, 59
segurança nacional, 257
    ameaça, 10
sistema político, 191–192
vulnerabilidades, 161, 216–217
Estônia, 21–42
    ciberataque, 25–26
    defesa e recuperação, 31
    educação cibernética, 36
    independência, 22
    lições, 41
    protestos, 21–24
    retaliação, 30
    vulnerabilidade, 26
ex-Estados soviéticos, 33
expansão militar, 238

F

Facebook, 269
fake news, 14, 20, 218, 268
ferramentas cibernéticas, 50
Filipinas, 124–129
    Base Aérea Clark, 112
    bloqueio, 125, 128
    forças submarinas, 225
    lições, 253–254
fronteiras da Europa
    alterar, 95
    redesenhar, 110
Fundo Monetário Internacional, 282

G

Gary Locke, 124
Geoffrey Pyatt, 78
gravação do Access Hollywood, 210
Guccifer 2.0, 203–204

guerra, 12–13
  da informação, 98, 191–192
  espacial, 157–159, 160, 162, 178
  Golfo Pérsico, 75
  híbrida, 11–17, 244
    China, 13–14
    consequências, 262–263
    Rússia, 14
  Iraque, 161
  moderna, 111
Guerra Fria, 1, 234, 274

H

hackers, 194
herança russa, 23
higiene cibernética, 35–37, 267
Hillary Clinton, 200–201
histórias falsas, 31
Holanda, 103
Hu Jintao, 133

I

Ian Storey, 131
Igor Strelkov, 76
impressões digitais eletrônicas, 33
interceptações aéreas, 116
Internet das Coisas, 217

J

Jaak Aaviksoo, 24
Jaanus Lillenberg, 21
James Clapper, 94, 196–200
James Pitts, 231
Jennifer Rizzo, 111
Jens Stoltenberg, 238
Jiang Zemin, 136

Jogos Olímpicos de Inverno em Sochi, 92
John Hultquist, 199
John Hyten, 160
John Kerry, 76, 214
John Podesta, 196
John Scarlett, 17, 94, 107, 259
Julian Assange, 204

K

Kaspersky Lab, 216–217
Kersti Kaljulaid, 34

L

lacuna "GIUK", 235
lasers terrestres, 156
Lei de Segurança Nacional, 134
lei internacional, 123
Lei Magnitsky, 7, 263
Leis Draconianas, 86
líderes ocidentais, 105
Liga de Defesa da Estônia, 38
linha dos nove traços, 117
linha vermelha, 261–262
Liu Huaqing, 133
lixo espacial, 147, 150

M

manifestações públicas, 22
manutenção da paz, 70
Mao Tsé-Tung, 117
Mar da China Meridional, 112, 278–279
Marinha dos EUA, 115
Mark Ferguson, 234
Matt Simpson, 112
Michael Hayden, 11
Michael McCaul, 275

micropropulsores, 150
microssatélites, 182, 271
Mike Parker, 113
Mikhail Gorbachev, 19
missão nuclear, 170
mísseis, 75
Mitt Romney, 106

N

nacionalismo, 57
navios pesqueiros, 131
Neera Tanden, 213–214
negociação multilateral, 118

O

Ollie Lewis, 233
operações
    de liberdade de navegação, 277
    informação, 33
    militares, 33
ordem pós-Segunda Guerra Mundial, 95
Organização Mundial do Comércio, 64, 282
Oriente Médio, 15
OTAN, 2, 4, 14, 26, 29, 234

P

países bálticos, 27
Paul Graziani, 152–190
Pearl Harbor, 161
poder assimétrico, 132
polônio-210, 5–6
Polo Norte, 222
posse territorial, 124
propriedade intelectual, 47, 64
protestos pró-russos, 33
putinismo, 96

R

radioatividade, 5
reivindicações territoriais concorrentes, 117
Rick Ledgett, 191
Robert Work, 159, 178
Roger Stone, 207
Ronald Reagan, 175
roubo de segredos, 47–64
    comprometimento, 57
Russell Moseley, 165
Rússia
    atividades no exterior, 2
    envenenamentos, 40
    intervenção militar na Geórgia, 238
    mídia, 23
    sanções, 105, 110, 215
    táticas cibernéticas, 195

S

sanções punitivas, 263
satélites, 181
    alerta nuclear, 167
    capacidade de manobra, 186
    kamikaze, 148, 156, 182
    manobráveis, 152, 167
    sequestradores, 139
    sistema de posicionamento global (GPS), 157, 165
    SJ-17, 187–188
    teste antissatélite, 161
separatistas pró-russos, 76–77, 77
Sergei Glazyev, 80–81
Sergei Skripal, 1
spear phishing, 199, 199–200, 267

Stephen Su, 43-44
  acusação, 58
  deficit orçamentário, 57
  e-mails, 56
  modus operandi, 45
  motivos, 56
  prisão, 58
  relato de crimes, 52
Steve Hall, 197
Su Bin. *Consulte* Stephen Su
submarinos, 140, 226
  ataque nuclear, 224-225
  de ataque, 142
  drone, 243, 247
  mísseis balísticos, 226
  poder destrutivo, 226
  quebra-gelo, 230
Sun Tzu, 123
Sven Mikser, 23

T

tecnologia da informação, 154
teorias da conspiração, 31
Terceira Guerra Mundial, 152, 257
Tetiana Chornovol, 85
Tom Donilon, 198
tráfego espacial, 151
tráfego online, 32-33

U

Ucrânia, 65, 80-81
  integração, 80
  lições, 110
  manifestação pró-europeia, 84
Urmas Paet, 30

V

Valery Bolotov, 66
Valery Gerasimov, 12
valor contrário, 272
Victoria Nuland, 87
Vietnã, 129, 132
vigilância de proximidade, 120
Viktor Yanukovych, 84
Vladimir Putin, 1, 195, 198
  interesses revisionistas, 96
voo MH17, 68-69
  abatimento, 79
  desaparecimento, 73
  investigação, 103-104
  queda, 76-77
voo MH370
  desaparecimento, 68

W

WikiLeaks, 204-207
William Shelton, 158

X

Xi Jinping, 48, 120, 123
  sonho chinês, 134

Z

zona cinzenta, 11-17

SOBRE O AUTOR

Jim Sciutto é o principal correspondente de segurança nacional da CNN e âncora da *CNN Newsroom*. Após mais de duas décadas como correspondente estrangeiro na Ásia, na Europa e no Oriente Médio, retornou a Washington para cobrir o Departamento de Defesa, o Departamento de Estado e as agências de inteligência para a CNN. Seu trabalho lhe rendeu o Emmy Awards, o George Polk Award, o Edward R. Murrow Award e o Merriman Smith Award por excelência na cobertura presidencial. Formado em Yale e membro da Fulbright, ele mora em Washington D.C., com sua esposa, Gloria Riviera, jornalista da *ABC News*, e seus três filhos.

CONHEÇA OUTROS LIVROS DA ALTA CULT

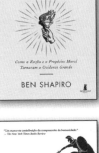

Todas as imagens são meramente ilustrativas.

+ CATEGORIAS

Negócios - Nacionais - Comunicação - Guias de Viagem - Interesse Geral - Informática - Idiomas

---

SEJA AUTOR DA ALTA BOOKS!

Envie a sua proposta para: autoria@altabooks.com.br

Visite também nosso site e nossas redes sociais para conhecer lançamentos e futuras publicações!

www.altabooks.com.br

ALTA BOOKS
EDITORA

/altabooks • /altabooks • /alta_books

Este livro foi impresso nas oficinas gráficas da Editora Vozes Ltda.,
Rua Frei Luís, 100 – Petrópolis, RJ.